Peter Kutter (Hrsg.)

Methoden und Theorien der Gruppenpsychotherapie

Psychoanalytische und tiefenpsychologische Perspektiven

Beiträge von
Raymond Battegay, Harold L. Behr,
Sigrid Damm, Urte D. Finger-Trescher,
Peter Fürstenau, Lisbeth E. Hearst,
Franz Heigl, Annelise Heigl-Evers,
Gregory A. van der Kleij,
Leonore Kottje-Birnbacher, Peter Kutter,
Ulrich Sachsse, Dieter Sandner,
Walter Schindler, Theodor Seifert

problemata
frommann-holzboog 107

Herausgeber der Reihe „problemata“: Günther Holzboog

CIP-Kurztitelaufnahme der Deutschen Bibliothek

Methoden und Theorien der Gruppenpsychotherapie
Psychoanalytische und tiefenpsychologische Perspektiven / Peter Kutter (Hrsg.). –
Stuttgart- Bad Cannstatt : frommann-holzboog, 1985.
(problemata ; 107)
ISBN 3-7728-1032-2 brosch.
ISBN 3-7728-1031-4 Gewebe

NE: Kutter, Peter [Hrsg.] ; GT

Satz und Druck: Laupp & Göbel Tübingen 3
Einband: Otto W. Zluhan Bietigheim

Im vorliegenden Buch sind die wichtigsten Methoden und Theorien der Gruppenpsychotherapie von namhaften Autoren, vorwiegend unter psychoanalytischer und tiefenpsychologischer Perspektive dargestellt. Dazu kommen sozialpsychologische (Battegay) und systemtheoretische (Fürstenau) Überlegungen.

Die einzelnen *Methoden* der Gruppenpsychotherapie zielen in unterschiedlicher Akzentuierung auf die Gruppe als Ganzes oder auf die einzelnen in der Gruppe, auf die beobachtbarten Daten oder auf die nur indirekt erschließbaren Informationen aus Rede und Verhalten der Gruppenteilnehmer. Die einzelnen *Theorien* der Gruppenpsychotherapie berücksichtigen in verschiedenem Ausmaß die psychoanalytischen Theorien des Ödipus-Komplexes, der Objektbeziehungen, des Narzißmus und der frühen Mutter-Kind-Beziehung. Eine Theorie der Technik fragt nach den verändernden Faktoren im Laufe einer Gruppenpsychotherapie. Die Grundlage aller Beiträge ist die Psychoanalyse Sigmund Freuds einschließlich ihrer Weiterentwicklungen. Die methodologischen Probleme bei der Anwendung der Psychoanalyse auf die Gruppe bzw. in der Gruppe sind nicht ausgespart. Der Herausgeber scheute sich auch nicht, in Ergänzung zu den stringent psychoanalytisch orientierten Beiträgen auch solche aufzunehmen, in denen die Analytische Psychologie C. G. Jungs (Seifert), das Katathyme Bilderleben Leuners (Sachsse & Kottje-Birnbacher) und die Primärtherapie Janovs (Damm) erfolgreich in tiefenpsychologischer Perspektive auf die Gruppenpsychotherapie angewandt werden.

Der Band gibt jedem einschlägig interessierten Leser die Möglichkeit, sich relativ rasch einen Überblick über die wichtigsten methodischen und theoretischen Ansätze der Gruppenpsychotherapie zu verschaffen. Im Verein mit dem im gleichen Verlag erschienenen *„Praktikum der Gruppenpsychotherapie“* von Kadis, Krasner, Weiner, Winick und Foulkes hat er darüber hinaus Gelegenheit, Methode, Theorie und Praxis der Gruppenpsychotherapie in ihrer gegenseitigen Wechselwirkung aufeinander zu beziehen. Die vielfältigen und komplexen Prozesse in Gruppen werden verständlich und die Arbeit mit Gruppen wird erleichtert; nicht nur in der Therapie, sondern auch in den Bereichen Psychologie, Sozialarbeit und Pädagogik.

This book provides a review of the major methods and theories of group psychotherapy in a series of articles by well-known authors in the field. Their approach to the subject is based primarily on the principles of psychoanalysis and depth psychology. Related aspects of social psychology (Battegay) and general system theory (Fürstenau) are also taken into consideration.

The various *methods* of group psychotherapy focus in differing degrees on the group as a whole or on its individual participants, on directly observable phenomena or on material which can be obtained only indirectly by discovering the implied meaning in what the participants say or do. The *theories* of group psychotherapy rely to a greater or lesser extent on the psychoanalytical theories dealing with Oedipus complex, object relations, narcissism, and early mother-child relationship. Another theory is concerned with identifying the factors which promote change throughout the course of a group psychotherapy. All articles in this series are based on Freudian psychoanalysis and its subsequent developments. However, there has been no attempt to exclude from consideration the methodological problems that arise in the application of psychoanalytic techniques to the group and/or within the group. Nor has the discussion been limited to the presentation of views which are strictly psychoanalytical in orientation. Approaches based on the analytical psychology of C. G. Jung (Seifert), the catathymic imagination method of Leuner (Sachsse & Kottje-Birnbacher), and Janov's concept of primae scream therapy can also be effective in group psychotherapy. This volume will enable the interested reader to familiarize himself with the major methodological and theoretical approaches to group psychotherapy within a relatively short period of time. Together with another work available from the same publisher, „Praktikum der Gruppenpsychotherapie“ by Kadis, Krasner, Weiner, Winick and Foulkes, the present survey of the subject can also give the reader an insight into the dynamic interrelationship of methodology, theory and practice in group psychotherapy. A better understanding of the multifarious and complex group processes will be helpful to those who work with groups – not only therapists, but also psychologists, social workers, and educators.

Inhaltsverzeichnis

Vorwort

Die Literatur über die Praxis psychoanalytisch orientierter Gruppenpsychotherapie ist unübersehbar geworden[1]. Deren theoretische Fundierung läßt indessen immer noch sehr zu wünschen übrig. Dies trifft auch weitgehend für das aus dem Foulkes'schen Arbeitskreis stammende „Praktikum der Gruppenpsychotherapie[2]" zu; ein Buch, das unter bewußter Zurückstellung der Theorie eine Einführung in die „Praxis der Gruppenpsychotherapie" auf psychoanalytischer Grundlage sein will. Hier werden ganz konkrete Fragen der Praxis erörtert wie die Sitzordnung, die Auswahl der Patienten und die Gestaltung der ersten Gruppensitzung. Gruppenphänomene, -typen und Strukturmodelle werden beschrieben, und im Hinblick auf den Umgang mit Träumen in der Gruppe, mit dem Widerstand werden dem Praktiker fast Handlungsanweisungen nahegelegt, die dieser unmittelbar in die Praxis umsetzen kann.

Was aber fehlt, ist 1. eine klare Beschreibung der Prinzipien der *Methode* und 2. eine die Arbeit mit Gruppen begründende *Theorie*. Diesen beiden Mängeln soll das vorliegende Buch abhelfen. *Insofern stellt es zu dem in derselben Reihe erscheinenden „Praktikum der Gruppenpsychotherapie" die methodische und theoretische Ergänzung dar.*

Es existiert zwar bereits eine Übersicht über die verschiedenen theoretischen Konzepte der analytischen Gruppenpsychotherapie[3], in der ebenso ausschließliche Anwendungen psychoanalytischer Prinzipien auf die Gruppe wie Kombinationen psychoanalytischer mit gruppendynamischen Konzepten abgehandelt sind. Auch der Herausgeber[4] hat in einem Aufsatz die verschiedenen Modelle der psychoanalytisch orientierten Gruppentherapie zusammenfassend dargestellt. Gegenüber diesen sekundären Darstellungen fehlt indessen eine authentische Auseinandersetzung mit den entscheidenden methodischen und theoretischen Ansätzen der psychoanalytischen Gruppenpsychotherapie.

Die einzelnen Theorien und Methoden ließen sich natürlich an Hand der Originalliteratur am besten studieren. Dazu wäre allerdings die Lektüre umfangreicher Bücher[5] notwendig; ein Zeitaufwand, den heute viele

Leser scheuen. Es erscheint daher lohnend, einmal die wichtigsten methodischen und theoretischen Ansätze psychoanalytischer und tiefenpsychologisch fundierter Gruppenpsychotherapie in Form eines „Readers", und zwar vertreten durch namhafte Vertreter der jeweiligen Richtungen, zusammenzustellen.

In einem Fall gelang es, den Autor eines Modells, nämlich des Familien-Modells, selbst für eine authentische Darstellung zu gewinnen: Es ist *Walter Schindler,* London, der es sich, trotz seines hohen Alters, nicht nehmen ließ, seine im deutschen wie im englischen Schrifttum vielfach vernachlässigten Beiträge zur psychoanalytisch orientierten Gruppenpsychotherapie in ihren wesentlichen Aspekten selbst darzustellen. Der andere glückliche Umstand ist die Tatsache, daß sich *Annelise Heigl-Evers* und *Franz Heigl* bereit erklärt haben, ihr ‚Göttinger Modell' in einer neuen aktualisierten Fassung dem interessierten Leser vorzustellen. Auch Raymond Battegay ist mit einem Beitrag aus seinem eigenen Konzept vertreten.

Das derzeit die britischen und in zunehmendem Maße auch deutschsprachigen Bereiche beeinflussende methodische und theoretische Konzept der Gruppen-Analyse, wie es von *S. H. Foulkes* von 1948 bis 1975 entwickelt wurde, wird durch drei frühere engste Mitarbeiter Foulkes', die den Begründer der Gruppen-Analsyse viele Jahre persönlich kannten, in einer Form dargestellt, die sich ebenso durch außerordentliche Klarheit wie durch eine neuartige Differenzierung des wichtigsten Konzeptes der ‚Matrix' auszeichnet (*Harold L. Behr, Lisbeth E. Hearst* und *Gregory van der Kleij*).

Mit dem Familien-Modell Walter Schindler's, dem Bion'schen Konzept der Gruppe als Ganzes, der Gruppenanalyse im Sinne von Foulkes und mit dem Göttinger Modell des Ehepaars Heigl sind, zusammen mit der Beachtung der „primär-narzißtischen Repräsentanzenwelt in der Gruppe" und der Bedeutung von „Einsicht und korrigierender emotionaler Erfahrung" in der analytischen Gruppenpsychotherapie, die wichtigsten methodischen und theoretischen Konzepte der Gruppenpsychotherapie, soweit sie aus der Psychoanalyse stammen, dargestellt.

Die Gruppenpsychotherapie wurde aber in Ergänzung zu den psychoanalytischen Ansätzen durch Sozialpsychologie und Gruppendynamik wesentlich bereichert. Deswegen durfte ein sozialpsychologische Ge-

setzmäßigkeiten berücksichtigender Ansatz im vorliegenden Buch nicht fehlen; er wird von *Raymond Battegay*, der sich seit Jahrzehnten um die Sache der Gruppenpsychotherapie verdient gemacht hat, beigesteuert und wegen seiner klaren Ableitungen gruppentherapeutscher Prozesse aus Sozialpsychologie und Psychoanalyse an den Anfang gestellt.
Im Anschluß an die stringent psychoanalytischen Konzepte folgen drei tiefenpsychologisch fundierte Ansätze, in denen *Theodor Seifert* die analytische Psychologie C. G. Jung's für die Gruppenpsychotherapie nutzbar macht, *Sachsse und Kottje-Birnbacher* das gemeinsame katathyme Bilderleben in einer Gruppe beschreiben und *Sigrid Damm* ein aus der Janov'schen Methode der Primärtherapie entwickeltes neuartiges Gruppenkonzept vorstellt. Den Schluß bildet eine systemtheoretisch ausgerichtete Evaluierung der Gruppenpsychotherapie durch *Peter Fürstenau.*

Abschließend dankt der Herausgeber den Autoren für ihre Geduld, ihr Vertrauen und für die finanzielle Unterstützung des Projekts. Besonderer Dank gebührt den Teilnehmerinnen und Teilnehmern der Tagung der Sektion „Analytische Gruppentherapie" im DAGG in München vom 11. bis 13. Mai 1984, die einen Anteil ihres Tagungsbeitrags mit Zustimmung der Mehrheit der Mitglieder zur Verfügung gestellt haben, ohne den das Buch hätte nicht verwirklicht werden können. Schließlich verdient die gute Zusammenarbeit von Verleger und Autor besondere Würdigung.

Einleitung

Die *Methode* der Psychoanalyse entspricht in reiner Form einem *hermeneutischen Vorgehen,* das heißt: es wird in idealer Weise versucht, zu *verstehen,* was der Patient sagt. Gelingt es, *den verborgenen Sinn* seiner Rede zu *finden,* resultiert *Einsicht* in bisher unbewußte Zusammenhänge. Die *Grundregel des Patienten,* nämlich alles zu sagen, was ihm einfällt, sei es auch noch so belanglos, scheinbar unwesentlich oder peinlich, und die *Grundregel des Analytikers,* nämlich sich ohne jede Theorie intuitiv in „gleichschwebender Aufmerksamkeit" auf den Patienten einzustellen, sich in ihn ebenso einzufühlen, wie auf seine Rede und a-verbalen Signale mit den eigenen Gefühlen zu reagieren, ermöglichen dieses Vorgehen, das wir in der Folge der einzelnen Sitzungen *„psychoanalytischen Prozeß"* nennen. Dazu gehören als weitere unabdingbare „Essentials" der Psychoanalyse *regressive Prozesse*, in deren Verlauf zwangsläufig nicht überwundene frühkindliche Erfahrungen *wiederbelebt* und auf den Analytiker gegen innere *Widerstände übertragen* werden. Dabei ist die Entwicklung einer sogenannten *Übertragungsneurose und deren Lösung durch Deutung* der entscheidende Angelpunkt der psychoanalytischen Methode.

Es ist nicht unproblematisch, die in der dyadischen Beziehung zwischen Analytiker und Analysand entwickelte und bewährte Methode der Einzelanalyse auf die Gruppe anzuwenden. Man hat versucht, die damit zusammenhängenden methodischen Schwierigkeiten dadurch zu überwinden, daß man entweder den einzelnen so wie in der Einzelanalyse auch in der Gruppe zu analysieren[6] *oder* die Gruppe als Ganzes einfach wie ein Individuum zu behandeln[7]. Um zwei Tatbestände kommt der Psychoanalytiker, der Psychoanalyse in der Gruppe anwenden will, nicht herum, nämlich:

1. Er hat es *mit mehreren einzelnen* zu tun, die jeweils ein ganz individuelles Interesse daran haben, Einsicht in die Hintergründe ihres neurotischen oder psychosomatischen Leidens zu gewinnen.
2. Gleichzeitig hat er es *mit einer Gruppe* zu tun, die aus verschiedenen Teilnehmern oder Mitgliedern zusammengesetzt ist.

Seine komplizierte Aufgabe besteht also darin, daß er sowohl
1. den einzelnen beachten muß als auch
2. die Gruppe als Ganzes.

Damit wendet er *in zweifacher Dimension* die *Methode der Psychoanalyse auf den einzelnen* und *die Methode der Gruppen-Analyse auf die Gruppe* an. An den Leiter einer psychoanalytisch arbeitenden Gruppe werden also doppelt hohe Anforderungen gestellt: Er muß nicht nur im Umgang mit einzelnen umfangreiche Erfahrungen in der Psychoanalyse gemacht haben, er muß darüber hinaus in bezug auf die Gruppe eine zusätzliche eigenständige Methode, nämlich die Gruppen-Analyse, erlernt haben, um angemessen mit der Gruppe als Ganzes umgehen zu können. Die damit zusammenhängenden methodologischen Probleme können keinesfalls als gelöst gelten.

Dasselbe trifft für die *Theorie* der Gruppe zu. Es gibt zwar eine ganze Reihe soziologisch orientierter Theorien über die Gruppe, wie sie besonders in die ‚*Gruppendynamik*‘ der ‚National Training Laboratories‘ Eingang gefunden haben[8], in denen die vielschichtige Gruppendynamik nach *sozialpsychologischen Gesichtspunkten* diskutiert wird. Gruppenkohäsion, Gruppendruck, Gruppennorm, Gruppenziel und Führungsprobleme spielen hierbei ebenso eine Rolle wie theoretische Vorstellungen über Arbeitsteilung, Gruppengleichgewicht, Gruppenemotion, soziale Wahrnehmung, Kommunikation, Rollendifferenzierung und Führungsstil. In zahlreichen sozialpsychologischen Experimenten wurden verschiedene Ebenen einer Gruppe, ihre Normen und Ziele und die Art der Beziehungen ihrer Teilnehmer untereinander beschrieben. Allen diesen Konzepten fehlt aber die in der Psychoanalyse so wichtige *unbewußte Dimension,* auf die bereits Sigmund Freud[9] in ‚Massenpsychologie und Ich-Analyse‘ hingewiesen hat, als er die unbewußte Identifizierung der Gruppenmitglieder mit ihrem Leiter und deren libidinöse Bindung untereinander psychoanalytisch interpretierte.

Nach Freud haben vor allen Dingen drei Pioniere der psychoanalytischen Gruppenpsychotherapie Theorien der Gruppe vorgelegt, nämlich *W. Schindler*[10], *W. R. Bion*[11] und *S. H. Foulkes*[12]. Während W. Schindler in der Gruppe eine Situation sieht, in der sich *die jweilige Familiensituation* der einzelnen Teilnehmer abbildet, mit dem Gruppenleiter als Vater, den einzelnen Gruppenmitgliedern als Geschwister und der Gruppe als Ganzes als Mutter-Symbol, sieht Bion in der Gruppe vorwiegend *archaische Prozesse* am Werk, die *aus frühesten Entwicklungsstufen der Mutter-Kind-Beziehung* stammen. Da die damit verbundenen Ängste sehr bedrohlich erlebt werden, versuchen die Gruppenmitglieder (nach Bion) „wie durch einen geheimnisvollen Zwang" (D. Sandner) den regressiv heraufbeschworenen Gefahren dadurch zu entgehen, daß sie sich unbewußt auf eine „Grundannahme" einigen, die sie vor den gefürchteten Gefahren schützt. Nach Ezriel[13] ist es dabei immer eine ganz bestimmte *Katastrophe,* die dann droht, wenn ein unbewußter *Wunsch* Erfüllung sucht, weshalb dieser Wunsch in aller Regel abgewehrt oder *vermieden* wird. *Sherwood*[14] hat Bion's Gruppentheorie in einer philosophischen Analyse als empirisch nicht hinreichend begründet, lediglich a priori angenommen und vorzeitig verallgemeinernd kritisiert. Trotzdem lassen sich nach zahlreichen Erfahrungen praktizierender Gruppenanalytiker die von Bion beschriebenen Grundannahmen der Abhängigkeit, der Kampf/Flucht-Konstellation und der Paar-Bildung immer wieder beobachten und für die Interpretation des Gruppenprozesses nutzen.

Bions Ansatz nimmt daher im vorliegenden Buch nach Battegay's Übersicht über die sozialpsychologisch zu definierenden Gesetzmäßigkeiten der in einer Gruppe ablaufenden Prozesse nach Norm, Rollen und Regeln und Walter Schindler's Darstellung des von ihm entwickelten Familien-Modells einen breiten Raum ein. *Sandner* nimmt die von Raymond Battegay eingangs aufgeworfene Zwei-Dimensionalität sozialpsychologischer und psychoanalytischer Perspektiven als roten Faden wieder auf und untersucht nicht nur, wie Bion selbst, sondern auch dessen Nachfolger[15] mit diesem Problem umgehen. Dabei wird das Konzept der Gruppe als Ganzes im Hinblick auf die neben der Gruppe nicht zu vernachlässigende individuelle Dimension konstruktiv kritisiert.

Noch größere Bedeutung als das Bion'sche ‚Tavistock-Modell' hat in letzter Zeit das Konzept der Gruppenanalyse von *S. H. Foulkes*[16] gewonnen. Es litt bisher vor allem darunter, daß Foulkes seine Theorie und Methode im Laufe seines Lebens nur bruchstückhaft, vielfach widersprüchlich und nie systematisch dargestellt hat. Es ist daher besonders verdienstvoll, daß Harold L. Behr, Lisbeth E. Hearst und Gregory

A. van der Kleij als prominente Vertreter der ‚London Group Analytic Society' Methode und Theorie der Foulkesschen Gruppenanalyse in einem ebenso umfassenden wie tiefgründigen gemeinsam geschriebenen Aufsatz abgehandelt haben, der hier zum erstenmal in deutscher Übersetzung vorgelegt wird. Bisher schwer verständliche Positionen werden durch ihre logische Ableitung aus Psychoanalyse, kritischer Theorie der Frankfurter Schule, aus der Feld-Theorie Lewin's und aus dem holistischen Ansatz Kurt Goldsteins unmittelbar einsichtig und verständlich. Auch Meads[17] Theorie des Selbst, Levi-Strauss' Anthropologie[18] wie die Philosophie Merlau-Pontys[19] sind dabei berücksichtigt. Sie verwirren den Leser nicht, sondern helfen ihm vielmehr dadurch, daß endlich die theoretischen Konzeptionen, aus denen Foulkes implizit schöpfte, explizit gemacht werden. Die Foulksche Methode der Gruppenanalyse und die sie begründende Theorie der Gruppe erscheinen somit in einem nahezu widerspruchsfreien, in sich konsistenten, aber nach außen offenen System, das so überzeugend ist, daß es *als die derzeit am besten entwickelte Theorie der Gruppe* gelten kann.

Der Beitrag enthält auch eine erst kürzlich veröffentlichte[20] klare Definition des bislang vieldeutigen Foulkschen Begriffs der Matrix mit Differenzierung einer 1. fundierenden, 2. dynamischen und 3. persönlichen Matrix. Gruppenspezifische Merkmale werden auf dem Hintergrund der entwickelten Theorie präzise definiert. Spezifische Haltung und methodisches Vorgehen sowie Interventionstechnik des Gruppenleiters werden somit theoretisch gut begründbar und unmittelbar einsichtig. Auch der rote Faden der zweidimensionalen Perspektive der Gruppe und ihrer Teile einschließlich deren Relation zueinander wird gleichzeitig wieder aufgenommen und fortgeführt.

Das „Göttinger Modell" von A. Heigl-Evers und F. Heigl wird von ihren Begründern auf das stringent psychoanalytische Ziel, unbewußte Konflikte zu lösen, zurückgeführt und dahingehend erweitert, daß der Gruppenprozeß – den roten Faden der Zweidimensionalität wieder aufnehmend – mit dem Begriff der *„psychosozialen Krompromißbildung"* überzeugend erklärt wird. Dabei wird dieses psychosoziale Phänomen im Sinne einer wechselseitigen *„projektiven* Identifizierung"[21] viel besser verständlich. Das Konzept des „Göttinger Modells" läßt sich methodisch auf dem Hintergrund des Freud'schen topographischen Mo-

dells von „bewußt – vorbewußt – unbewußt – “ in drei auch theoretisch begründbare Modelle aufteilen, nämlich einen vorzugsweise die bewußten *interaktionellen* Prozesse zwischen den Teilnehmern berücksichtigenden ausgerichteten Ansatz, eine auf vorbewußte Prozesse konzentrierte *tiefenpsychologisch orientierte* Gruppentherapie und schließlich eine unbewußte, gemeinsame Tagträume einschließende Dimension der *eigentlichen psychoanalytischen* Gruppentherapie.
Urte Finger wendet die *Narzißmus-Theorie* insofern auf die Gruppe an, als in einer Gruppe besonders leicht Abkömmlinge des „primären Narzißmus“ auftreten, worunter sie sehr frühe in der Interaktion zwischen Mutter und Kind vorkommende Erweiterungen des eigenen Selbst im Sinne eines „purifizierten Lust-Ich[22]“ versteht. Dabei bilden der Bion'sche Ansatz der Gruppendynamik und das Kohut'sche Narzißmus-Konzept insofern eine gelungene Synthese, als die Bion'sche Grundannahmen jetzt als sekundäre Phänomene gegenüber frühen Erschütterungen des primären Narzißmus erscheinen. Wie sich ursprünglich narzißtische Traumata im Verlauf des Gruppenprozesses wiederholen, wird dabei an einem wörtlich wiedergegebenen Fallbeispiel eindrucksvoll gezeigt.
Waren die psychoanalytischen Konzepte der Gruppe *als Familie* und *als Ganzes* Versuche, das Phänomen Gruppe genauso wie das Phänomen Individuum durch theoretische Ansätze in den Griff zu bekommen, so greift der Beitrag über „*Einsicht und korrigierende emotionale Erfahrung*“ das methodologische Problem der Gruppenpsychotherapie, wie es Battegay gleichermaßen unter sozialpsychologischer und psychoanalytischer Perspektive entwickelt und wie es im methodischen Vorgehen der Gruppenanalyse der ‚London Group Analytic Society‘ am differenziertesten zum Ausdruck kommt, wieder auf. Es untersucht die Rolle der Einsicht und der korrigierenden emotionalen Erfahrung und gelangt dabei zu einer *Einsicht ersten Grades* in die sich wiederholgenden pathologischen Beziehungsmuster und eine *Einsicht zweiten Grades* gegenüber den danach möglichen korrigierenden emotionalen Erfahrungen.
Kommt es im Laufe einer *analytischen Gruppenpsychotherapie* zu gemeinsamen Aktionen der Gruppe als Ganzes, in deren Verlauf der einzelne unbewußt unter Mobilisierung regressiver Prozesse die Funktion

von inneren Repräsentanzen übernimmt, so geht es in der *tiefenpsychologisch orientierten Gruppenpsychotherapie* um ein psychodynamisches Feld, in das jeder Patient in personenspezifischer Weise einbezogen ist. Damit lassen sich bisher latent gebliebene, aktuell wirksame Konflikte unmittelbar manifest machen und gezielt unter Einschränkung regressiver Prozesse bearbeiten. Ein derartiger tiefenpsychologisch fundierter Ansatz stellt *das gemeinsame katathyme Bilderleben in der* Gruppe dar; Resultat einer gruppendynamsichen Leistung aller Mitglieder einer Gruppe. Der Gruppenprozeß läuft hier in charakteristischen Phasen der Themenfindung, der Gruppen-Imagination und deren anschließender Bearbeitung, teils im Liegen, teils im Sitzen, ab, verknüpft das ‚Hier und Jetzt' mit der Geschichte der einzelnen und deren Lebenssituation und scheint besonders bei den heute so häufigen Charakterneurosen und psychosomatischen Störungen effektiv zu sein.
Weiter in den unbewußten Bereich greift die *von C. G. Jung entwickelte analytische Psychologie,* die Theodor Seifert für die Gruppenpsychotherapie insofern geschickt genutzt hat, als besonders Jung's Begriff des „Kollektiven Unbewußten" den tragenden Grund jeder Gruppe einem Verständnis nahebringen kann. Daß aber auch die von C. G. Jung zur Individuation notwendige Mobilisierung des Schattens, der Anima beziehungweise des Animus und der Archetypen auf die Gruppe angewandt werden können, wird deutlich. Erfahrungen, die von einem Mitglied der ‚London Group Analytic Society' (J. Brieger 1983) bestätigt werden konnten[23].
Sehr ungewöhnlich erscheint die Kombination der an den Namen A. Janov[24] geknüpften Methode der *„Primärtherapie"* mit sowohl psychoanalytischen als auch gruppendynamischen Aspekten der Gruppe durch *Sigrid Damm.* Hierbei handelt es sich um eine neuartige Regressionstechnik, in der der einzelne die Gruppe als Auslöser, Verstärker, Mutterfigur, Zeuge, Spiegel und Projektionsschirm erfährt, über die ungeahnte Veränderungen möglich scheinen, wie sie weder durch die klassische Methode der Psychoanalyse noch durch die wichtigsten Methoden der Gruppenpsychotherapie zu erzielen sind.
Peter Fürstenau lokalisiert schließlich die Gruppenkonzepte nach systemtheoretischen Aspekten dadurch, daß er unter der Zielrichtung einer *Entwicklung zur Gesundheit* spezielle Rahmenbedingungen unter-

scheidet, die ihrerseits zum Gegenstand der Analyse gemacht werden können. Dabei kommt der Gruppe in der Gruppenpsychotherapie insofern eine Sonderstellung zu, als hier Menschen mit dem Ziel der Gesundung im Gegensatz zur Einzeltherapie und Famlilien-Therapie *künstlich* zu einer Gruppe zusammengestellt werden. Die vielen theoretischen Ansätze und die methodische Vielfalt der Gruppenpsychotherapie sind nach Fürstenau deswegen notwendig, um auf diese Weise besser den desintegrierenden und fragmentierenden Tendenzen des Gruppenprozesses, besonders bei Patienten mit strukturellen Ich-Störungen, begegnen zu können.

Der Herausgeber hofft abschließend, daß mit den im vorliegenden Buch zusammengefaßten methodischen und theoretischen Ansätzen der Gruppenpsychotherapie für jeden interessierten Leser Möglichkeiten geschaffen sind, die vielschichtigen, stets in zweidimensionaler Sicht Individuum und Gruppe als Ganzes einschließenden Prozesse auf dem Hintergrund der vorgelegten *Theorie* besser einordnen zu können. Die zur Diskussion gestellten *Methoden* sollen jedem Interessenten helfen, in der Praxis der Gruppenpsychotherapie, sowohl mit dem einzelnen in der Gruppe wie mit der Gruppe als Ganzes umgehen zu können. Dieses Ziel zu erreichen wird um so eher möglich sein, als die hier vorgestellten theoretischen Ansätze aus ihren verschiedenen Quellen gut nachvollziehbar abgeleitet werden. Der Leser kann somit die wichtigsten Modelle der Gruppenpsychotherapie, wie sie hier durch namhafte Vertreter der jeweiligen Schulen dargestellt sind, „auf Herz und Nieren prüfen“ und selbst entscheiden, welche Konzepte am besten geeignet sind, um ebenso die quantitativ außerordentlich umfangreichen wie qualitativ verschiedenartigen Prozesse besser als bisher verstehen und erklären zu können.

Literatur

Vorwort und Einleitung

1 *Ammon, G.* (Hrsg.): Gruppenpsychotherapie, Beiträge zur Theorie und Technik der Schulen einer psychoanalytischen Gruppentherapie. Kindler, München 1976. – *Battegay, R.:* Der Mensch in der Gruppe, I-III. Hans Huber, Bern und Stuttgart 1967 und 1969. – *Durkin, H. E.:* The Group in Depth. Int. Univ. Press, New York 1964. – *Ginott, H. G.:* Gruppenpsychotherapie mit Kindern. Beltz Monographien, Weinheim und Basel 1966. – *Grotjahn, M.:* Analytische Gruppentherapie, Kunst und Technik. Kindler Studienausgabe, München 1979. – *Hinckley, R. G. & L. Hermann:* Gruppenbehandlung in der Psychotherapie. Rascher, Zürich 1954. – *Mullan, H. & M. Rosenbaum:* Group Psychotherapy, Theory and Practice. The Free Press, New York/London 1962, 2. A. 1978. – *Naar, R.:* A Primer of Group Psychotherapy. Human Sciences Press, New York 1982. – *Kissen, M.:* From Group Dynamics to Group Psychoanalysis. John Wiley & Sons, New York 1976. – *Pagès, M.:* Das affektive Leben der Gruppen, eine Theorie der menschlichen Beziehung. Stuttgart, Klett 1974. – *Pines, M.* (Hrsg.): The Evolution of Group Analysis. Routledge & Kegan Paul, London 1983. – *Preuss, H. G.:* Analytische Gruppenpsychotherpaie, Grundlagen und Praxis. Urban & Schwarzenberg, München 1966. – *Rosenbaum M. & M. Berger:* Group Psychotherapy and Group Function, Basic Books, New York 1963. – *Rosenbaum, M. & A. Snadowsky:* The Intensive Group Experience. The Free Press, New York/London 1976. – *de Schill, St.* (Hrsg.): Psychoanalytische Therapie in Gruppen. Klett, Stuttgart 1971. – *Scheidlinger, S.:* Focus on Group Psychotherapy, Clinical Essays. Int. Univ. Press, New York 1982. – *Slavson, S. R.:* Analytische Gruppentherapie, Theorie und praktische Anwendung. S. Fischer, Frankfurt 1977. – *Stock Whitaker, D. & M. A. Lieberman:* Psychotherapy through the Group Process. Tavistock Publs., London 1965. – *Wolf, A. & E. K. Schwartz:* Psychoanalysis in Groups. Grune and Stratton, New York/London 1962. – *Walton, H.* (Hrsg.): Small Group Psychotherapy. Penguin Books, London 1971. – *Yalom, I. D.:* Gruppenpsychotherpaie, Grundlagen und Methoden, Ein Handbuch. Kindler, München 1974

2 *Kadis, A. L., Krasner, J. D., Weiner, M. F., Winick, C. & S. H. Foulkes:* Praktikum der Gruppenpsychotherapie, Hrsg. v. P. Kutter, Problemata Frommann-Holzboog 90, Stuttgart-Bad Cannstatt 1982

3 *Heigl-Evers, A.:* Konzepte der analytischen Gruppenpsychotherapie, 2. A. Verlag für medizinische Psychologie im Verlag Vandenhoeck & Ruprecht, Göttingen 1978

4 *Kutter, P.:* Modelle psychoanalytischer Gruppenpsychotherapie und das Verhältnis von Individuum und Gruppe. Gruppenpsychother. Gruppendyn. 13, 1978, 134–151

5 Zum Beispiel: *Bion, W. R.:* Erfahrungen in Gruppen und andere Schriften. Klett, Stuttgart 1971. – *Foulkes, S. H.:* Praxis der gruppenanalytischen Psychotherapie. Ernst Reinhardt Verlag, München/Basel 1978. – *Greenberg, L. M. Langer* und *E. Rodrigué:* Psychoanalytische Gruppentherapie, Praxis und theoretische Grundlagen. Hg. v. W. W. Kemper. Klett, Stuttgart 1960. – *Argelander, H.:* Gruppen-Prozesse, Wege zur Anwendung der Psychoanalyse in Behandlung, Lehre und Forschung. rororo studium 5, Reinbek bei Hamburg 1972. – *Sandner, D.:* Psychodynamik in Kleingruppen, UTB Reinhardt, München/Basel 1978. – *Finger, U.:* Narzißmus und Gruppe. Fachbuchhandlung für Psychologie, Verlags-Abteilung Frankfurt 1977

6 *Wolf, A. & Schwartz, E. K.:* Psychoanalysis in Groups, Grune and Stratton, New York/London 1962
7 *Argelander, H.:* Gruppen-Prozesse, Wege zur Anwendung der Psychoanalyse in Behandlung, Lehre und Forschung. rororo studium 5, Reinbek bei Hamburg 1972
8 *Cartwright, D. & Zander, A.:* Group Dynamics, Research and Theory, 2. Ed. Row, Peterson and Co., Evanston/Elmsford 1960. – *Golembiewski, R. T. & Blumberg, A.* (Ed.): Sensitivity Training and the Laboratory Approach. Peacock Publs., Itasca 1970. – *Hare, A. P., Borgatta, E. F. & Bales, R. F.:* Small Groups, Studies in Social Interaction. Knopf, New York 1962. – *Hofstätter, P. R.:* Gruppendynamik. Rowohlts Deutsche Enzyklopädie 38, Reinbek bei Hamburg 1957. – *Horn, K.* (Hrsg.): Gruppendynamik und der ‚subjektive Faktor', Repressive Entsublimierung oder politisierende Praxis. Edition Suhrkamp, Frankfurt 1972. – *Mills, T. M.:* Soziologie der Gruppe. Juventa-Verlag, München 1969
9 *Freud, S.* (1921): Massenpsychologie und Ich-Analyse. G. W. XIII, 71-162. Imago, London 1940
10 *Schindler, W.:* Die analytische Gruppentherapie nach dem Familien-Modell. Ernst Reinhardt, München/Basel 1980
11 *Bion, W. R.:* Erfahrungen in Gruppen und andere Schriften. Klett, Stuttgart 1971
12 *Foulkes, S. H.:*Praxis der gruppenanalytischen Psychotherapie. Ernst Reinhardt Verlag, München/Basel 1978
13 *Ezriel, H.:* Bemerkungen zur psychoanalytischen Gruppentherapie, Interpretation und Forschung. Original in: Psychiatry, 15, 1952, 119-126. Deutsch in: *Brocher, T. & Kutter, P.* (Hrsg.): Entwicklung der Gruppendynamik. Wissenschaftliche Buchgesellschaft, Darmstadt 1984
14 *Sherwood, M. :* Eine kritische Betrachtung von Bions ‚Erfahrungen in Gruppen'. Original in: Human Relations, 17, 1964, 113-130. Deutsch in: *Brocher, T. & Kutter, P.* (Hrsg.): Entwicklung der Gruppendynamik. Wissenschaftliche Buchgesellschaft, Darmstadt 1984
15 z. B. *Greenberg, L., Langer, M. & Rodrigué E.:* Psychoanalytische Gruppentherapie. Hg. v. W. W. Kemper. Stuttgart Klett 1960
16 siehe 12
17 *Mead, G. H.:* Mind, Self and Society, Univ. Chicago Press 1934
18 *Levi-Strauss, C.:* Die elementaren Strukturen der Verwandtschaft. Suhrkamp, Frankfurt 1984
19 *Merleau-Ponty, M.:* The Structure of Behaviour. Beacon Press, Boston 1963
20 *von der Kleij, G.:* About the Matrix. Group Analysis XV, 3, 1982, 219-234
21 *Klein, M.:* Das Seelenleben des Kleinkindes und andere Beiträge zur Psychoanalyse. Klett, Stuttgart 1982. – *Grotstein, J. S.:* Splitting and Projective Identification. Jason Aronson, New York/London 1981
22 *Freud, S.* (1911): Formulierungen über die zwei Prinzipien des psychischen Geschehens. G. W. VIII, 229-238. Imago, London 1943
23 *Brieger, J.* (1983): persönliche Mitteilung
24 *Janov, A.:* The Primal Scream, Putman's Sons, New York 1970. Deutsch: Der Urschrei, ein neuer Weg der Psychotherapie. Fischer, Frankfurt 1975

1. Gruppenpsychotherapie: Sozialpsychologische und psychoanalytische Aspekte

Raymond Battegay (Basel)

Die Gruppenpsychotherapie bedient sich des Mediums der Gruppe zur Psychotherapie. Sie ist eine Behandlungsmethode, bei der sich drei oder mehrere therapeutisch Erfaßte unter der Leitung eines oder zweier Therapeuten gemeinsam um das Erreichen eines psychotherapeutischen Zieles bemühen. Es können sich auch mehrere Therapeuten für die Behandlung eines Patienten einsetzen (*Lébovici* 1957). Gruppenpsychotherapie nennen wir auch eine Methode, bei der sich ein Kollektiv von Patienten gemeinsam mit einem, zwei oder gar mehreren Therapeuten um einen Patienten bemühen. Es wird auch von Gruppenpsychotherapie in, mit und durch die Gruppe gesprochen.
Um das Geschehen in der Gruppenpsychotherapie zu verstehen, müssen wir zuerst ein Licht auf die *Gesetzmäßigkeiten* werfen, die in einer (therapeutischen) Gruppe vorherrschen. Wir werden dabei die Gruppe nicht nur vom psychologisch-motivationell-vertikalen Gesichtspunkt aus betrachten. Vielmehr werden wir auch einen rein soziologisch-interaktionell-horizontalen Ansatz wählen, um dem Geschehen in der therapeutischen Gruppe gerecht zu werden. Dabei müssen wir uns bewußt sein, daß in den therapeutischen wie in den sozialen Gruppen die psychologischen und die soziologischen Prozesse ineinanderwirken und zu einer Resultante führen, die im Gruppenprozeß allein ersichtlich wird.

Einmal wird das resultierende Geschehen mehr vom Soziologischen her, ein andermal mehr vom Psychologischen her bestimmt sein. Um gruppenpsychotherapeutische Besonderheiten hervortreten zu lassen,

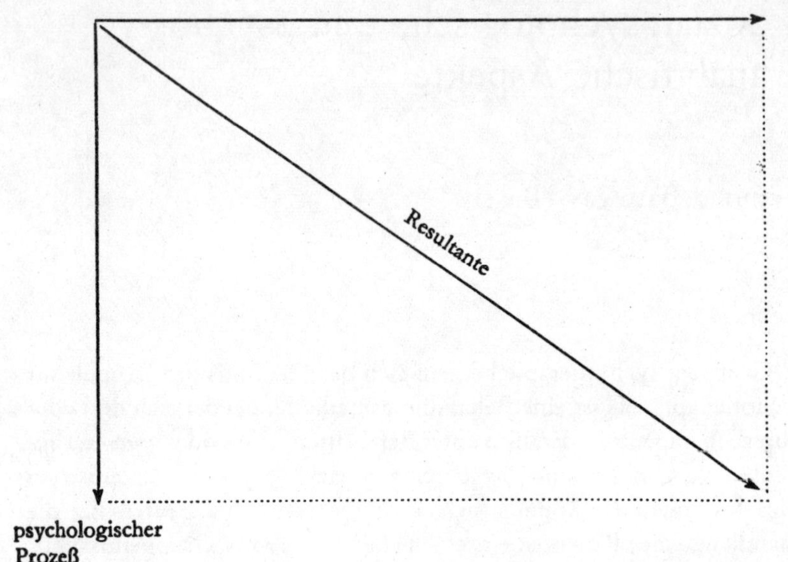

müssen wir jene Gesetzesmäßigkeiten besonders herausgreifen, die den therapeutischen Prozeß in der Behandlungsgruppe speziell auszeichnen. Dementsprechend werde ich das Entstehen einer Gruppe und das Geschehen in ihr vom soziologischen, vom psychologischen sowie eingestreut in den letzteren, vom therapeutischen Aspekt her besprechen.

Die soziologische Perspektive

In soziologischer Perspektive haben wir so vorzugehen, daß wir beobachten, was sich im sozialen Felde (*Kurt Lewin* 1963) der Gruppe ergibt. So können wir sagen, daß in jeder Gruppe vielseitige und vielschichtige Interaktionen bzw. wechselseitige Austauschvorgänge vorkommen. Die Zugehörigen sind damit in ein Interaktionsnetz verwoben. Von diesem soziologischen Aspekt her treten die einzelnen Beteiligten in den Hintergrund, und es werden die Qualität und die Zahl der Interaktionen entscheidend. Es interessiert in diesem Zusammenhang z. B., welche Färbung die gefühlsmäßigen Austauschvorgänge haben und wieviele Interaktionen vor sich gehen. Wir können auch erkennen, daß bei steigender Interaktionsdichte in einer Gruppe, sich umso mehr ein Unterschied zwischen Binnen-Distanzen (zwischen den Mitgliedern einer Gruppe) und Außen-Distanzen (zwischen den Mitgliedern der Gruppe und Außenstehenden) ergibt. Der Amerikaner *Homans* (1950) hat festgestellt, daß bei steigender Interaktionsdichte die gegenseitigen Sympathien in einer Gruppe ansteigen. Es ist jedoch unsere Erfahrung, daß bei wachsender Interaktionszahl nicht nur die gegenseitigen positiven Gefühlsinteraktionen in der Zahl anwachsen, sondern auch andere emotionale Austauschvorgänge, wie z. B. die aggressiven. Wir können demnach sagen, daß mit steigender Interaktionsdichte in einer Gruppe die emotional geladenen Interaktionen zunehmen.

Diese Tatsache kann sich in der Gruppenpsychotherapie so äußern, daß zwar die gegenseitige Gleichgültigkeit abnimmt, gleichzeitig aber nicht nur zunehmend freundliche Gefühle unter den Gruppenmitgliedern ausgetauscht werden, sondern auch Aggressionen untereinander entstehen.
Im Hinblick auf die Zahl der Interaktionen bestehen in einer Gruppe zwei Grenzwerte: Ein unterer Grenzwert, bei dem die Gruppe Gefahr läuft, auseinanderzufallen, weil nichts mehr geschieht, und ein oberer Grenzwert, bei dem die Gruppe wieder durch den Zerfall bedroht ist, weil die Beteiligten sich zu sehr gefordert fühlen und sich nicht selten vor dem Ich- bzw. dem Individualitätsverlust ängstigen.
Auch im Tierversuch kann beobachtet werden, daß steigende Interaktionsdichte Auswirkungen auf die emotionalen Austauschvorgänge hat. So konnte beispielsweise *Barnett* (1969) bei wilden Ratten nachweisen, daß bei dichter werdenden Interaktionen die gegenseitigen Aggressionshandlungen zwischen den Ratten zunehmen. Im Mäuse-Experiment (*Charpentier* 1969) wurde beobachtet, daß die Aggressivität zwischen den einzelnen Tieren umso größer ist, je kleiner der Käfig ist, das heißt, je mehr Mäuse gezwungen sind, auf engem Raum zu leben bzw.miteinander in Interaktion zu treten.

Für den menschlichen Bereich habe ich zu zeigen versucht, daß Aggressionen im Sinne des lateinischen adgredi (herantreten, angreifen , sich zu etwas anschicken, etwas unternehmen, jemanden für sich zu gewinnen versuchen, sich an jemanden wenden, auch etwas angehen, etwas anpacken (*Battegay* 1979) auch zupackendes Interesse bedeutet. Wir gehen daher mit *Brocher* (1968) einig, wenn er betont, daß eine der entscheidenden Anpassungsleistungen im Sozialisationsprozeß der Menschheitsgeschichte in der Abwehr der Aggression und in einer Umwandlung in Aktivität bestehe, denn er anerkennt damit ebenfalls die Korrelation zwischen Aggression und Interaktion.
Bei der Beschreibung der Gruppe vom soziologischen Aspekt her muß auch die Tatsache angeführt werden, daß mit zunehmender Dauer der Gruppe die Unterschiede der Ansichten und Verhaltensweisen abnehmen. Es kommt, wie *Sherif* (1957) gezeigt hat, zu einer zunehmenden Konvergenz und Normierung der Verhaltensweisen und Einstellungen der an einer Gruppe Beteiligten. Dieses Herausbilden einer sozialen *Norm* zeigt sich in allen Gruppen, in den sozialen wie den therapeutischen. Dabei wirkt sich diese Norm einerseits haltgebend für die Dazugehörigen aus, andererseits aber auch einschränkend in bezug auf die individuellen Freiheiten. Allerdings entstehen solche Normen je nach Zusammensetzung der Gruppe innert unterschiedlicher Zeit. Neurotiker, die in besonderem Maße mit dem Problem der Angst konfrontiert sind, neigen speziell dazu, die Gruppe zu institutionalisieren bzw. den Gruppenprozeß durch stereotype Abläufe zu gliedern. Auch bei Schizophrenen können wir beobachten, daß sie aus einer existentiellen Verängstigung heraus dazu tendieren, sich nach Verhaltensregeln zu orientieren. Die Interaktionen gehen dann nicht mehr nach den Regeln des Zufalls vor sich, sondern nach Interaktionsschablonen.
In den therapeutischen Gruppen übernehmen die Beteiligten, in mehr oder weniger freier Wahl, soziale *Rollen,* also Aktionsmuster, die einerseits die Position und den entsprechenden Status des Individuums angeben, andererseits Verpflichtungen und Rechte für das Funktionieren der Gruppe mit sich bringen. Die Rollen sind standardisiert, doch hängt das Ausmaß der Standardisierung vom Individuum ab, das eine bestimmte Rolle innehat. So ist das Leiterverhalten nicht nur durch dessen Rolle bestimmt, sondern auch durch dessen Persönlichkeit gefärbt. Eine oft

zu wenig beachtete Tatsache ist ferner, daß der Therapeut, im Verlaufe seines Lebens, mit zunehmendem Älterwerden, sein Leiterverhalten ändert. In jüngeren Jahren wird er eher dazu neigen, sich strikte gemäß der von ihm vertretenen Schule zu verhalten. Mit zunehmender Erfahrung wird er indes starre Haltungen weniger notwendig haben und spontan aufkommenden Gefühlen, zumindest als Feed-back für die beteiligten Mitglieder, mehr Ausdruck verleihen wollen.

Lieberman et al. (1973) haben therapeutische Gruppen von verschiedenem theoretischen Hintergrund bezüglich ihrer Verläufe beobachtet. Sie erkannten, daß die Resultate der Gruppenpsychotherapie kaum abhängig waren von der Theorie, welche der Therapeut bewußt vertrat, sondern von seiner persönlichen Haltung. Die Ergebnisse dieser Untersuchung ließen erstens erkennen, daß die *Rolle des Leiters* unterschiedlich ausgeübt werden kann und zweitens, daß die Theorie im wesentlichen nur für den Therapeuten und dessen Sicherheit wichtig ist. *Lieberman et al.* entwickelten, ausgehend von ihren Beobachtungen, eine Typologie des Leiterstils. Erfolgreiche Leiter waren: der Versorger (Provider), der Sozialingenieur (The Social Engineer) und der Ansporner (Energizer), während erfolglose waren: der Laisser-faire-typ (The Laisser Faire), der Direktiv/Leitende (Manager) und der Unpersönliche (Impersonal Styles). Ebenso wie die Leiterrollen eine individuelle Färbung erfahren, sind auch die übrigen Rollen, wie z. B. diejenigen des Schrittmachers, des Bewahrers usw., persönlichen Färbungen unterworfen. Es ist ferner zu sagen, daß in einer therapeutischen Gruppe die einzelnen Patienten nicht immer in derselben Rolle bleiben können sollten. Die Beteiligten werden in diesem therapeutischen Rahmen zwar auch dazu neigen, immer wieder dieselben Rollen zu übernehmen, jedoch vor allem durch den oder die Therapeuten mittels Infragestellung dazu gebracht werden müssen, sich in verschiedenen Rollen übend zu versuchen. Eine solche Gruppe mit wechselnden Rollen hat zur Voraussetzung einerseits eine zurückhaltend-analytische Haltung des Therapeuten, die es gestattet, daß die Beteiligten sich mit der Entwicklung der Gruppe immer wieder in andere Rollen einleben können, andererseits aber doch ein empathisches Mitgehen des Leiters, das die Beteiligten zum Rollenwechsel ermutigt.

In den therapeutischen wie in den anderen Gruppen beobachten wir immer wieder, daß gewisse Beteiligte Regeln des Verhaltens aufstellen wollen. So kann es leicht geschehen, daß ein Individuum, dessen Persönlichkeit nicht die notwendige Ich-Stärke oder sonstige Mittel besitzt, um die verlangten Regeln einzuhalten, in eine Anomiestellung (*Durkheim* 1893, *Merton* 1957), in einen Zustand der Regellosigkeit, gerät. In einer therapeutischen Gruppe sind die *Regeln* und die damit verbundenen Rollen zwar nicht derart starr, daß es leicht zu einer derartigen Anomiestellung eines einzelnen käme. Doch erkennen wir auch in therapeutischen Gruppen immer wieder, daß einerseits Regeln und Normen zustande kommen, und sich andererseits gewisse Individuen nicht so durchzusetzen vermögen, wie es andere mit den ihnen zur Verfügung stehenden persönlichen Möglichkeiten tun können. Sie können sich nicht derart der institutionellen Mittel der Gruppe bedienen, wie es andere zu tun vermögen, oder aber, sie wollen sich mehr oder weniger bewußt, vielleicht in Analogie (*Watzlawick et al.* 1967) zu Erlebnissen der Kindheit, in der sie sich aus der Familie herausgestellt fühlten, in der therapeutischen Gruppensituation nicht der sich ihnen öffnenden Wirkungsmöglichkeiten bedienen. Sie können somit weiter in der ihnen gewohnten Außenseiterstellung verharren, nicht zuletzt auch, um einen neurotischen „Gewinn" daraus zu ziehen und sich zu beweisen, daß sie weiterhin Verfehmte sind. Daß sich ein Individuum in Anomiestellung befindet, ist indes nie ausschließlich das Problem des Betroffenen, sondern immer auch der Gruppe. Eine gesunde Gruppe muß es lernen, deviante Ansichten und Haltungen zu ertragen und sich in der Auseinandersetzung mit ihr zu bewähren. In der Diskussion mit einem Außenseiter erfährt der Kontakt zwischen den Mitgliedern eine Intensivierung und somit die Gruppe eine stärkere Kohäsion. Dabei besteht die Gefahr, daß je stärker der Zusammenhalt der Gruppe wird, desto mehr gewisse Beteiligte, die dieser allgemeinen Konvergenz (*Hofstätter* 1957) nicht folgen können, in ein Außenseitertum gestoßen werden. Deshalb ist es in der therapeutischen Gruppe wichtig, daß der Leiter früh auf solche Tendenzen aufmerksam wird.

Die psychologische und die therapeutische Perspektive

In der *psychologischen Perspektive* werden wir untersuchen wollen, welche psychodynamischen Vorgänge in den Beteiligten vor sich gehen. Halten sich Menschen in einem Raum nahe beeinander auf, so nehmen sie beinahe zwangsläufig Blickkontakt miteinander auf. Bei der Gruppenpsychotherapie haben wir indes immer wieder erlebt, daß beim Miteinbezogenwerden in das interaktionelle Geschehen der Gruppe Ängste aufkommen. Nicht nur Ich-Schwache, sondern auch andere Mitglieder befürchten etwa durch die so nahe Anwesenheit anderer Menschen eine Einschränkung ihrer Individualität oder gar einen Ich-Verlust zu erleiden, zumindest aber eine Beeinträchtigung ihrer Intimsphäre zu erfahren. Dementsprechend macht sich in diesem initialen Stadium in den therapeutischen Gruppen ein vorsichtiges gegenseitiges „Abtasten" bemerkbar (*1. Stadium* der Gruppenpsychotherapie: *explorative Kontaktnahme*). Die gegenseitige Exploration dient den Beteiligten auf der einen Seite dazu, die für sie notwendige soziale und psychologische Distanz einhalten zu können, auf der anderen Seite aber einen Versuch der Kommunikation mit den übringen zu wagen. *Kutter* (1980) betont, daß die dabei entstehenden Gruppenstrukturen zuallererst Resultanten der Persönlichkeitsmuster der einzelnen Mitglieder sind. Ich kann ihm insofern beipflichten, daß in dieser Phase des explorativen Kontaktes die Angst bzw. allfällig daraus erwachsendes Mißtrauen oder gar wahnhaftes Verkennen durch die einzelnen Mitglieder dieses Stadium kennzeichnet. Dennoch ist das Augenmerk der einzelnen Beteiligten in diesem Initialstadium sehr stark auf den Leiter ausgerichtet, da er in dieser Anfangsphase der einzige Wohldefinierte ist. *Etzioni* (1967) hat ganz allgemein für Gruppen betont, daß diese Identifizierung mit einer Person, einem Leiter, oder dem „Kopf" der Organisation ein emotional positives Bild schafft, mit dem man sich leichter als mit der Gesamtorganisation zu identifizieren vermag. Der Leiter wäre dementsprechend besonders in diesem Anfangsstadium wichtig als ein definiertes Individuum, das die Überleitung zu einem nächsten Stadium in die Wege leitet.

In einem *zweiten Stadium* erfolgt eine mehr oder weniger bewußte oder unbewußte Tendenz zur Regression (Stadium der *Regression*). das heißt, die an einer Gruppe Beteiligten hegen nicht nur realitätsangepaßte, sondern ihrem kindlichen Erleben entsprechende Erwartungen gegenüber dem Leiter und den übrigen Gruppenmitgliedern. Im Zusammenhang mit der Gruppenbildung werden Phantasien geweckt, die an infantile Gruppenerlebnisse, meist der Familie, anknüpfen und dementsprechend regressiven Charakter tragen. *W. Schindler* (1951) sprach in diesem Zusammenhang von einer „Familienübertragung" auf die Gruppe, die in den Behandlungsgruppen beinahe regelmäßig entsteht. Ich habe von einer Geschwisterübertragung in der Gruppe (*Battegay* 1966) gesprochen.

Das Wiedererleben familiärer Bezogenheiten beinhaltet die Ausdehnung des Narzißmus jedes Einzelnen auf einen, mehrere oder alle der übrigen Gruppenmitglieder und auf den Leiter. Die verschiedenen Beteiligten beziehen Einzelne oder alle Anderen in ihren Narzißmus mit ein. Ich nenne das Resultat dieses Prozesses bei jedem Einzelnen ein „narzißtisches Gruppenselbst". Das Selbst ist um die anderen Objekte bzw. deren Repräsentanz in der Phantasie des Betreffenden erweitert. Die verschiedenen Beteiligten erleben einen solchen therapeutischen Kreis somit als „Ihre" Gruppe. Auf diesem Boden der gegenseitigen Einfühlung läuft der Prozeß ab, der eine aktive Ich-Leistung erfordert, derjenige der Identifikation. Aber auch alle anderen Abwehrmechanismen des Ich (*Anna Freud* 1946) treten in dieser regressiven Phase in Erscheinung, so z.B. die Projektion, die bereits erwähnte Übertragung, die Verkehrung der Triebe in das Gegenteil usw. Der erwähnte Einbezug der übrigen Gruppenmitglieder in das eigene Selbst führt zu einer Gruppenkohäsion. Das Entstehen eines narzißtischen Gruppenselbst in jedem einzelnen läßt eine Verbindung der Beteiligten entstehen, die sie bei Problemen ein gemeinsames Betroffensein erleben läßt. Aber auch die angeführten identifikatorischen Prozesse tragen zur Gruppenkohäsion bei. Während der regressiven Phase entsteht unter den Beteiligten eine gegenseitige Abhängigkeit. Die narzißtische Verbundenheit wird in diesem Stadium oft derart intensiv, daß die Mitglieder sich gar nicht mehr vorstellen können, je wieder auseinanderzugehen. In einer Aerztegruppe wurde dieses Gefühl so ausgesprochen, daß einer der Beteiligten sagte: „So laßt uns denn zusammenbleiben, bis der Tod uns trennt". Der Therapeut wird während einer gewissen Zeit das regressive Geschehen vor sich gehen lassen, ohne zu interpretieren. In der Regel ist es dann ein Gruppenbeteiligter, der beispielsweise auf die Tendenz der Mitglieder aufmerksam macht, immer vom Gruppenleiter – regressiv – etwas zu erwarten, statt selber eine Lösung der Probleme zu finden. Damit ist ein Schritt mehr getan auf das Erreichen eines therapeutischen Gruppenzieles. Allerdings lehnen sich die Mitglieder oft vorerst dagegen auf, daß ihnen ihre Erwartungen nicht erfüllt werden. Es kommt daher zu einer stürmischen Phase, in der die Mitglieder vor allem den Therapeuten verbal angreifen, weil er ihnen nicht ihre kindlichen Erwartungen erfüllen kann und will. Ich nenne dieses *3. Stadium* der Gruppenpsychotherapie jenes der *Katharsis*.

In der Regel kommt es dann nach weiteren Sitzungen dazu, daß die Gruppenmitglieder sich auf das Gruppenziel besinnen und erkennen, welchen Beitrag sie selbst dazu zu leisten haben.

Im therapeutischen Bereich kommt nun das *4. Stadium*, dasjenige der *Einsicht*. Vom rein psychologischen Aspekt könnten wir auch davon sprechen, daß nun eine Ausrichtung der Beteiligten auf eine „gemeinsame Mitte", ein Gruppenziel, erfolgt. In der Behandlungsgruppe besteht die gemeinsame Mitte darin, daß sich die Zugehörigen ihrerseits bemühen, zu einer Einsicht zu gelangen, die ihren Fehleinstellungen und -verhaltensweisen zugrundeliegen. Wir beobachten indes immer wieder, daß die Gruppenmitglieder primär Mühe haben zu erkennen, daß nicht der Therapeut, sondern sie selbst das Durcharbeiten ihrer Probleme zu bewältigen haben. Erkennen sie aber, daß der Leiter, selbst nach aggressivem Agieren, ruhig und besonnen bleibt und nicht bereit ist, mehr als ein Feed-back für die Gruppe bzw. die Gruppenmitglieder zu geben, wächst in ihnen die Einsicht, daß sie selbst es sind, die aktiv bei der Erhellung ihres Unbewußten mitarbeiten müssen.

In einer Gruppe, die zusammenesetzt ist aus Ärzten, Theologen und Psychologen berichtete in der 75. Sitzung ein Arzt, der sich bisher in der Gruppe sehr passiv verhalten und stets gefragt hatte, ob nicht jemand anderer etwas sagen möchte, unter anderem folgenden Traum, wobei er betonte, daß er sich nur noch an Fetzen des Geträumten erinnere: „Ich war im Auto und bin den Petersgraben (Straße, an dem das Basler Kantonsspital und damit die Psychiatrische Universitätspoliklinik steht, in deren Rahmen die betreffende analytische Selbsterfahrungsgruppe sich trifft) heruntergefahren. An der Kreuzung Petersgraben/Hebelstraße (in der Nähe des Spitals) befand sich jemand auf dem Trottoirrand, der angefahren worden war. Von weitem habe ich gesehen, daß ein Unterschenkel amputiert war. Ich sprang raus, war der Einzige, der Hilfe leisten konnte. Ich sah, daß es nicht so schlimm war: die Trennung lag auf Kniehöhe. Der Körper war aber getrennt zwischen Thorax und Abdomen. Man erwartete, daß Hilfeleistungen notwendig werden, ein Blutgefäß abgeklemmt werden mußte. Doch wurde es nicht nötig, beide Körperteile lebten. Ich dachte, ich kann nicht einmal Hilfe leisten." Dem Träumer fiel vor allem auf, daß an seine ärztlichen Pflichten appelliert wurde, und er irgendwie bereit war, Hilfe zu leisten, doch irgendwie die Probleme bagatellisierte. Selbst bei offenem Thorax und Abdomen sah er die Notwendigkeit der akuten Hilfeleistung noch nicht ein. Er bedauerte allerdings, daß er nicht Beistand leisten konnte.

– Im Verlaufe der Gruppendiskussion wurde den übrigen Mitgliedern wie dem Träumer selbst klar, daß er selbst es ist, der, durch seine Erziehung bedingt, noch nicht richtig auf seinen eigenen Beinen zu stehen vermag und auch immer dazu tendiert, sich anzupassen, selbst, wenn ihm Wunden geschlagen werden. In der Gruppe wiederholte er ständig dieses Verhaltensmuster, und wenn es ihn auch noch so zu sprechen drängte, fragte er, wie erwähnt, ob nicht andere etwas vorzubringen hätten. Immer wieder mußte er durch die Gruppenmitglieder auf seine Neigung aufmerksam gemacht werden, sich zu opfern. Beim Leiter entstand der Einfall der Opferung Isaaks, die das Gruppenmitglied erwartete. Der Therapeut hatte sie aber zu verhindern, denn er mußte die unentwickelten, kreativen Seiten in dem Mitglied erkennen, die es zu entfalten galt und die bisher, weil sie sich nicht zu entwickeln vermochten, ein Kümmerdasein führten. Der Betroffene hatte sich mit den ihm in der Kindheit geschlagenen Wunden eingerichtet, statt aktiv für eine Heilung zu sorgen. Dieser Traum begann beim Träumer selbst wie bei den übringen Mitgliedern den Prozeß des Einsichtserwerbs einzuleiten. Wie so oft kam der Hinweis für eine notwendige Einstellungsveränderung durch einen Traum. Derselbe Gruppenteilnehmer hatte kurz darauf einen weiteren Traum:

„Es sind drei Phasen in diesem Traum:
Ich war an einer Taufe, die mit einem Vetter meiner Frau, einem Architekten, etwas zu tun hatte. Er ist schon 65 Jahre alt, und er erhielt (im Traum) nochmals ein Kind, das getauft wurde. Nun folgt eine Episode in der Kirche. Ich habe mich mit ihm in ein Gespräch verwickelt, in dem es darum ging, wieviele Bankreihen in der Kirche seien. Er behauptete, es seien drei Gänge. Ich sagte, es gebe zwei Gänge und drei Stuhlblöcke. Er verhöhnte mich dann. Ich bestand auf meiner Ansicht. Meine Frau stieß mich und sagte, ich sei eingeladen, und der Architekt verstünde mehr von den Bänken als ich.
2. Viele Leute kommen zum Apéritif. Ich war allein mit dem Taufkind, und zwar sehr lange, ‚ewig', ich spielte damit. Alle wandten sich ab von uns und bildeten ein Kränzchen.
3. Es ging anschließend an die Taufe mit einer Carreise ins Elsaß. Die ganze Gesellschaft

begab sich in den Car. Es erinnerte mich an die Landschaft des Doubs. Wir waren in St.-Ursanne, glaube ich. Wir wollten in die Kirche, haben Ansichtskarten kaufen wollen. Ich fand jedoch kein passendes Sujet. Ich bekam dann ein Sujet, konnte aber kaum zahlen, hatte ein Durcheinander von französischem und schweizer Geld in meinem Portemonnaie. Man frage mich, welche Leute es seien. Ich sagte: ‚Eine Hochzeit'."

Der Träumer sagte, daß er diesen Traum unmittelbar vor der letzten Sitzung gehabt habe. Ein Mitglied machte ihn darauf aufmerksam, daß die Taufe den Anbruch eines neuen Lebensabschnittes aufzeigen könne. Er verweile bei dem Kind, das wohl dasjenige sei, das er in sich zu entwickeln habe. Dem Träumer kam der Einfall, daß bei St.-Ursanne die Weite beginne. Der Therapeut erwähnte, daß sich dem Träumer wohl die Welt öffne und er sich nicht von seinem Vorhaben habe abbringen lassen. Diesem Gruppenmitglied kommt in den Sinn, daß er im Traum noch folgendes erlebt habe: „Das Zifferblatt meiner Uhr war zersplittert". Er sagte weiter „Ich war am Morgen überrascht, daß es noch ganz war. Ich konnte die Zeit nicht mehr sehen im Traum. Die Uhr war von meiner Frau geschenkt". Ein männlicher Gruppenbeteiligter, der sich in Scheidung befand, sagte hierauf:
„Ich habe den Traum als Emanzipation von deiner Frau verstanden. Die Ehe in der bisherigen Form ist eventuell veraltet. Ich habe Anklänge an meine Ehe erlebt." Der Träumer betonte, daß er das Erlebte weniger in dieser Richtung verstanden habe. Am Tag vor der Gruppensitzung, also auch vor dem Traum, habe es ihn aber verstimmt, daß seine Gattin gegen ihn Stellung genommen habe. Bei der Ankunft mit dem Zug in Rheinfelden habe er die Zugtüre etwas zu früh geöffnet. Ein junger Mann habe dann gewollt, daß er die Türe wieder zuschließe. Seine Gattin habe ihm dann vor dem anderen Manne gesagt: „Siehe, ich hatte es dir ja gesagt!" Der Träumer erkannte im Verlaufe der Gruppendiskussion, daß er, will er sich in seinem Ich weiter entfalten, nicht mehr so anpassen darf, auch seiner Gattin gegenüber nicht. Eine Entwicklung, die sich in den Träumen bereits angezeigt hatte, wurde ihm nun bewußt. Der letzte Traum dieses Gruppenmitgliedes hat aber auch andere Gruppenmitglieder in ihrem Unbewußten aktiviert, so daß sie mit dem Traummaterial des einen und den Assoziationen der Gruppe auch etwas davon hatten und stimuliert wurden im Einsichtsprozeß, der sich in ihnen ergab.

In der Phase des Einsichtserwerbs kommt es also zur Bearbeitung von typischen Einstellungen und Fixierungen der Beteiligten, wobei häufig auch Übertragungen im Gruppenkontext Aufschluß über die Fixiierungen an frühe Mangel- oder Konflikterfahrungen geben. Ein dafür typischer Traum eines Einzelnen kann zu einem „Gruppentraum" werden. Es kann sogar sein, daß der Traum eines Mitgliedes irgendwie auch die Anderen und/oder deren Probleme widerspiegelt, so daß man in dieser Beziehung besonders von einem Gruppentraum sprechen kann.

Eine Narkose-Ärztin berichtete in der Gruppe über folgenden Traum: „Es ist ein großes Festessen mit langen weißgedeckten Tischen. Es ist eine unfreundliche, geschmacklose Atmosphäre. Die Anwesenden waren mir fremd und unsympatisch. Als Menu wurde ein Riesennilpferd offeriert, das mehrere Meter lang war und vom Tisch bis zur Decke reichte. Ich ekelte mich vor diesem Ungetüm, vor dem Tier mit den vielen herabhängenden Falten und der häßlichen grauschwarzen Farbe. Die anderen Gäste aßen und tranken viel, sprachen laut durcheinander. Ich konnte weder essen, noch trinken und beteiligte mich nicht an den Unterhaltungen. Obwohl ich unter dieser Ambiance litt, konnte ich die Gesellschaft nicht verlassen. Besonders unangenehm unter den Geladenen fiel mir ein dicker, großer, starker blonder, ca. 40–50jähriger Mann auf. Er war mir in jeder Beziehung von allen am unsympathischsten. Dieser Mann stand im Mittelpunkt. Er riß sämtliche Gespräche an sich und fixierte mich ständig mit kaltem, durchdringendem Blick. Ich hatte das Gefühl, daß er vor allem mich beherrschte. Er kam mir ungeheuer stark und dominierend vor. Seine Ausdrucksweise war ungehobelt, die Stimme laut und durchdringend. Der Inhalt seiner Reden zeigte wenig fundiertes Wissen. Trotzdem beeindruckte mich die freche, selbstbewußte Art seines Auftritts.
In dem Hause, in dem getafelt wurde, waren gleichzeitig möblierte Appartements und ein Operationssaal untergebracht. Alle Räume waren mir unbekannt. Ich ging in eines dieser Appartements und traf dort ein altes Ehepaar, das ich nicht kannte . Ich verließ das Paar wieder, weil ich plötzlich austreten mußte. Ich ging aber nicht zur Toilette, sondern hockte mich ganz schnell, wie ein Hund, in eine Ecke. Da kam unverhofft der alte Mann aus dem Appartement vorbei und starrte entsetzt auf den Flecken, der sich auf dem blauen Teppichboden gebildet hatte. Ich brachte kein Wort der Entschuldigung hervor, senkte nur verlegen den Kopf und wollte vor Scham in den Boden versinken.
Im neben dem Eßsaal liegenden Operationssaal fand eine Operation statt. Es waren wiederum alles unbekannte Leute im Operationssall – bis auf zwei mir bekannte Kollegen. Der große starke Mann, der bei der Festtafel die Szene beherrscht hatte, stand auch hier im Mittelpunkt. Er operierte einen jüngeren, muskulösen Patienten. Ich mußte die Narkose machen. Es war eine Bauchoperation, bei der der Patient gut relaxiert sein sollte. Die Narkose gelang mir schlecht. Alle Medikamente waren mir unbekannt. Sie waren auch nicht mit Handelsnamen bezeichnet. Es half mir keine Anästhesieschwester – wie sonst üblich – bei der Arbeit. Der auf dem Operationstisch liegende Patient war unruhig. Der Operateur, vor dem ich micht fürchtete, unterbrach ständig die Operation, kam zu mir an den Medikamententisch, nahm ein unbezeichnetes Präparat, nannte die chemische Zusammensetzung, keinen Handelsnamen, und befahl mir, das von ihm herausgesuchte Medikament dem zu operierenden Patienten zu verabreichen. Ich gab es äußerlich widerspruchs-

los, aber innerlich widerstrebend und deprimiert. Dieser Vorgang wiederholte sich bei der Operation mehrmals. Der Chirurg unterbrach die Operation, kam zu mir, ordnete die mir unbekannte Medikation für den Patienten an, wobei er keine Firmennamen benutzte. Die beiden einzigen mir bekannten Chirurgen operierten nicht. Der eine Kollege ist mir mit seinem hilfsbereiten, nie launischen Charakter angenehm, der andere ist mir gleichgültig. Beide bückten sich immer zu Boden. Ich konnte nicht beurteilen, was sie taten. Es hatte jedenfalls nichts mit der stattfindenden Operation zu tun. Ich war mit einer Narkose beschäftigt, versuchte aber dem Gespräch der beiden Kollegen zu folgen. Der mir sympathische Kollege sagte, daß er sich noch zwei weitere Kinder wünsche, was der andere ihm mit vielen Gegenargumenten auszureden versuchte. Ich konnte den Kollegen mit dem Kinderwunsch gut verstehen, während ich von der Ansicht des anderen überhaupt nichts halte.
Während der Operation fiel mir ein, daß ich Geburtstag hatte, doch die Operation nahm kein Ende. Ich überlegte, daß es sehr spät werden würde, bis ich für mich sein könnte. Plötzlich gab es eine Unterbrechung. Man teilte mir mit, daß eines meiner Kinder, die 6jährige Catherine, an der ich besonders hänge, verunglückt sei. Sie sollte gleich im gegenüberliegenden Gebäude operiert werden. Ich schaute durch das Fenster und sah, wie das bewußtlose Kind auf den Operationstisch gelegt wurde. Ich wollte hinüberlaufen, da kam meine Chefin und gab mehreren starken Männern den Befehl, mich festzuhalten. Ich wehrte mich mit aller Kraft. Selbst die Männer hatten Mühe, mich festzuhalten. Darauf gab meine Kollegin die Anordnung, mir sofort ein Narkotikum zu geben, damit ich endlich ruhig sei. Ich wehrte mich noch stärker. Jetzt fesselte man mich. Mir wurde eine intravenöse Injektion verabreicht. Ich blickte die Kollegin verzweifelt an, und dann verschwamm alles vor mir. Es wurde dunkel um mich."

Die Traumerzählerin sagte, sie sei mit einer Gastritis erwacht vom Traum. Sie erwähnte, daß man sie in der Gruppe als infantil taxiert habe. Tatsächlich nehme sie vor ihrem Gatten, der alles besser wissen wolle als sie, immer eine Hilflosigkeitsgeste an. Eine andere Gruppenbeteiligte, ebenfalls eine Ärztin, sagte: „Im Traum, wie übrigens in der Wirklichkeit, wehren sie sich, wenn es um ihr Kind geht." Der männliche Gruppenbeteiligte, der sich in Scheidung befindet, sagte dann: „Sie haben aber Kräfte eingesetzt, um die Hilflosenrolle weiterzuspielen." Der Therapeut erwähnte: „Immerhin haben Sie große Kräfte zur Verfügung in diesem Traum." Die erwähnte Ärztin: „Was für einen Gewinn haben Sie davon, hilflos zu sein?" Ein weiterer männlicher Gruppenbeteiligter vergleicht die Träumerin mit seiner Frau und sagt, sie wie seine Gattin fühlten sich durch die Männer nicht ernstgenommen. Im Verlaufe der Assoziationen kommt den Beteiligten in den Sinn, daß das große Festessen auch die therapeutische Gruppe sein könnte, in der immer etwas geht, in der große Probleme offeriert würden, ohne daß die Träumerin unbedingt etwas damit anfangen könne. Es ergab sich ferner, daß

sie gegenüber dem Gruppenleiter, der allerdings etwas älter war als der geträumte blonde Mann, ambivalente Gefühle hatte und ihn, in einer Widerstandsphase, zu entwerten suchte. Es ergab sich dabei auch, daß sie im Therapeuten Ähnlichkeiten mit ihrem Manne sah. Sie übertrug offenbar auf den Therapeuten, zumindest im Traum, die Gefühle für ihren Mann. Die Träumerin hatte auch große Schwierigkeiten mit ihrem Schwiegervater, wobei der in Wirklichkeit lebende alte Mann immer die Moral auf den Lippen trug, während er in Tat und Wahrheit sich ihr sogar einmal intim hatte nähern wollen. Die Vorgänge bei der Operation zeigen auf, wie sehr die Träumerin sich – sogar im Beruf – entwertet fühlte und sich dabei selbst noch heruntersetzte. Es läßt sich auch erkennen, wie sehr sie immer nach Hilfe ausschaut – im äußeren Leben wie auch in der Gruppe.
Der Traum macht deutlich, daß nicht nur die Träumerin widerspiegelt wird, sondern auch die ganze Gruppe. Er ist dementsprechend ein Gruppentraum. Wie ich es anderenorts beschrieben habe (*Battegay* 1976/1977), verstehe ich darunter einen Traum, in dem sich nicht nur die Probleme des Betroffenen, sondern auch der ganzen Gruppe widerspiegeln. Es zeigt sich nach dem Erzählen solcher Träume in den Einfällen der übrigen Gruppenbeteiligten, wie sehr sie sich darin ebenfalls angesprochen fühlen. Eine Ärztin, die besonders in der Lage war, ihren Narzißmus auf die Träumerin auszudehnen und sich, auf dieser Basis, mit ihr zu identifizieren, sah denn auch als erste, daß sie sich – im Traum – wehren konnte, als es um ihr Kind ging. Der Gruppe kam dementsprechend eine das Selbstgefühl der Träumerin verstärkende Rolle zu. Damit kam auch das an und für sich starke, narzißtisch aber ungenügend besetzte Ich der Träumerin mehr zur Geltung. Es ist bereits von *Slavson* (1950) darauf aufmerksam gemacht worden, daß die Gruppentherapie Ich-stärkend wirke. Ich halte dafür, daß diese Ich-Stärkung vor allem dadurch gegeben ist, daß die Mitglieder sich gegenseitig in ihrem Selbstgefühl verstärken, so daß sie dann besser in der Lage sind, ihr Ich narzißtisch zu besetzen. Neigt hingegen ein Ich zur Fragmentation, wie es bei Borderline-Persönlichkeiten und insbesondere bei Schizophrenen der Fall ist, so ist der Prozeß der Ich-Stärkung nicht so leicht zu verstehen. Es gelingt dann in der Regel über die Gruppeninteraktionen und die mannigfaltigen Feed-backs, die in ihr gegeben sind, allmählich die

Projektionen aggressiver Inhalte auf andere als solche zu erkennen und sie zurückzunehmen, so daß die Betroffenen dann besser in der Lage sind, alle ihre negativen und positiven Gefühle zu leben. Natürlich gelingt es ihnen dann auch besser, ihr Ich narzißtisch zu besetzen.
Wie für die Einzelanalyse gilt für die (analytische) Gruppenpsychotherapie: das was im Einsichtserwerb erkannt wurde, muß in einem sozialen Lernprozeß erarbeitet und erhärtet werden. Im Unterschied zur klassischen Psychoanalyse gestattet aber die Gruppenanalyse wie überhaupt die Gruppenpsychotherapie in ein und demselben Rahmen Einsichtserwerb und sozialen Lernprozeß. Es gehört dementsprechend zum Gruppenziel bzw. zu der gemeinsamen Mitte, die von allen erreicht werden muß (*Battegay* 1967/1969), daß sich ein sozialer Lernprozeß vollzieht. Ich nenne dementsprechend die *5. Phase* der Gruppenpsychotherapie das *Stadium des sozialen Lernprozesses.*

Der uns bekannte Arzt, von dem bereits zwei Träume berichtet wurden, brachte in der 208. Sitzung der erwähnten analytischen Selbsterfahrungsgruppe folgenden Traum:
„Ich erhielt ein Aufgebot. Es kam von einer Lehrerin – meines Sohnes –, was wohl keine Bedeutung hat. Ich wußte nicht recht wo, in einem Schulhaus, auf der anderen Seite des Rheines, im Kleinbasel. Ich mußte mich nochmals erkundigen über den genauen Ort der Diskussion, des Vortrags. Es war wie an einem Postenlauf, und an einem Zwischenposten wurde ich die ganze Nacht aufgehalten. Ein Mann zögerte die Antworten heraus, und er gab mir nicht an, wo der Ort des Vortrages ist. Am Schluß bekam ich es dennoch zu wissen. Ich war aber schon zu spät. Alle kamen schon raus. Ich kam dann aber noch mit der Lehrerin, die den Vortrag gehalten hatte, in Kontakt. Sie gab mir ein Skriptum und sagte: ‚Da steht ja alles drin!' Es stand noch drin: ‚Ueber die Bedeutung der körperlichen Aktivität zur Prophylaxe koronarer Störungen'."

In den Einfällen betonte der Arzt, daß das Geträumte ihn an einen anderen Traum erinnert habe, in dem er ebenfalls einen Postenlauf vollzogen habe, in dem er vom Gruppenleiter eine Karte erhalten habe mit dem Ort, den er anvisieren müsse. Er habe dann einfach die Karte umdrehen müssen, dann sei es ihm klar geworden, wo es weiter durchgehe. Diesen Traum, über den er jetzt berichtet habe, habe er vor kurzem gehabt, in den Ferien, in einem Ferienhaus seiner Frau, in dessen Nähe auch die drei Halbschwestern der Frau Ferien verbracht hätten. Er sei, wie immer, wenn er mit anderen zusammen Ferien verbringen müsse, etwas unglücklich gewesen. Er hätte es geschätzt, wenn er mit seiner Frau und seinen Kindern hätte allein sein können. Er habe schließlich seiner Frau mitgeteilt, daß er ein anderes Mal nicht mehr mitkomme, wenn sie nicht bereit sei, mit ihm und seinen Kindern allein die Ferien zu verbringen. Vor allem in den Einfällen der Anderen ergab sich, daß der Träumer nun offenbar doch begonnen hat, sich für sich selbst einzusetzen und sich nicht mehr bedingungslos den Wünschen seiner Familie anzupassen. Ein anderer Gruppenbeteiligter (derjenige, der sich in Scheidung befindet), schilderte in der Folge allerdings, wie er selbst noch nicht so weit sei, und wie sehr er sich durch die Umstände treiben lasse. Eine schizophrene Schwester, die zu ihm habe ziehen wollen – er wohnt allein –, habe er einfach aufgenommen. Doch sei es ihm allerdings gelungen, das Ansinnen eines Bruders, der sich, wie er, in Scheidung befinde und zu ihm habe ziehen wollen, abzuwehrern. Es ergab sich dementsprechend nach dem Traum des Arztes, daß ein anderes Gruppenmitglied mitzulernen hatte, sich für sich selbst und seine Rechte einzusetzen. Es ist in einer therapeutischen Gruppe überhaupt oft so, daß dic Beteiligten voneinander lernen. Indem sie sich gegenseitig narzißtisch besetzen, können sie mitvollziehen, was sich in Anderen mit ähnlichen Problemen abspielt. Es wird auf diese Weise nicht nur der Einsichtsprozeß, sondern auch das soziale Lernen beschleunigt. Der Eine wird so zum Schrittmacher für den Einsichts- und Lernprozeß beim Anderen.

Gefahrenmomente in der Gruppenpsychotherapie

In der Gruppentherapie wirkt sich also die soziologische wie auch die psychologische Dynamik auf den Gruppenprozeß aus. Vom therapeutischen Gesichtspunkt fallen besonders die fünf bereits erwähnten Phasen ins Gewicht: die explorierende Kontaktnahme, die Phase der Regression, das Stadium der Katharsis, das Stadium des Einsichtserwerbs und das Stadium des sozialen Lernprozesses. Natürlich werden nie alle Gruppenmitglieder genau zur selben Zeit auf dem gleichen Entwicklungsniveau stehen. Einige benötigen kürzere, einige längere Zeit, bis sie soweit sind. Gewiße Mitglieder machen temporäre Regressionsprozesse durch, wenn andere sich weiterentwickeln. Wir sehen aber dennoch, daß gerade durch die Tendenz der Beteiligten, ihren Narzißmus gegenseitig aufeinander auszudehen, auch eine gegenseitige Induktion zustande kommt. Die Gleichschaltung sollte aber nie soweit gehen, daß die Gruppenstruktur, die Gruppenorganisation zugrunde geht (*Battegay* 1967/1969). Ich habe, besonders in den Anfängen meiner Tätigkeit als Gruppentherapeut, einige Male beobachtet, daß eine therapeutische Gruppe eine *Entdifferenzierung zu einer „Maße im Kleinen"* durchmachen kann. Wird beispielsweise ein Beteiligter im Vergleich zu den übrigen zu mächtig, so besteht die Gefahr, daß er sich zum übergeordneten Führer aufschwingt. Damit erhält er Gelegenheit, seine persönlichen Ambitionen zu befriedigen und die übrigen in eine untergeordnete Position zu drängen, in der sie nur noch willenlos das tun, was er, das führende Mitglied, verlangt. Das Kollektiv ist dann nur noch affekt- und triebgeleitet. Der Führer kann nun, wenn er es versteht, die Gefühlswelt der ihm Ergebenen anzusprechen, die Beteiligten lenken, wohin er will.

In einer Großgruppe in der wir mit der ganzen Abteilung von 20 – 25 Patientinnen, Gruppenpsychotherapie getrieben haben, haben wir beobachten können, daß eine recht aktive Patientin in ihrer Aktivitätsrolle durch den Therapeuten stets bestärkt wurde. Der Arzt sah es gerne, daß ihn eine Patientin so tatkräftig unterstützte und stimulierend auf die Gruppensitzung einwirkte. Als er jedoch einmal etwas gegen ihren Willen durchsetzen wollte, und ihr zugleich eine andere Maßnahme mit einer ihr nahestehenden Patientin nicht behagte, wiegelte sie die ganze Abteilung gegen den Therapeuten, die Klinik, ja sogar gegen die gesamte Psychiatrie auf. Es kam auf der Abteilung zu turbulenten Szenen, die, allerdings in bescheidenen Dimensionen, an die historischen Massenausbrüche der nahen und fernen Vergangenheit erinnerten. Es trat erst wieder Ruhe auf der Abteilung ein, als die führende Kranke entlassen worden war.

Da war es nun also geschehen, daß diese aktive Kranke durch die stetige Förderung des Therapeuten in eine – übergeordnete – Führerposition hineingewachsen war, von der aus sie die Gruppe in einem Massenverhalten stoßen konnte. Eine solche Entartung einer Gruppe zu einer „Masse im Kleinen" muß unter allen Umständen verhütet werden, weil bei den Betroffenen wegen der sich ergebenden Vorkommnisse beim Massengeschehen immer mehr oder weniger bewußte Schuldgefühle erwachsen, die sie zusätzlich zu den ursprünglichen Problemen belasten. Daß das Massengebaren bei unmittelbar und mittelbar Beteiligten und Betroffenen unter Umständen schwere Ängste mobilisieren kann, braucht wohl nicht besonders betont zu werden.
Können sich in einer Gruppe die Beteiligten nicht genügend entfalten,

erfolgt eine Anstauung unlustbetonter Gefühle gegen die sich ihnen entgegenstellende Instanz oder das sie beengende System. Bei genügender Intensität und Umständen, bei denen durch entsprechende Außenreize die hintangehaltenen Emotionen angesprochen werden, können dann schließlich die längst zurückgehaltenen Gefühle dominant und die Gruppe in ein Massengeschehen hineingezogen werden. In der Gruppenpsychotherapie kann es zu solchen Aufstauungen von Gefühlen gegen eine Person oder die ganze Gruppe besonders dann kommen, wenn ein Mitglied oder der Leiter sich autoritär verhalten und den Beteiligten nicht genügend Gelegenheit lassen, ihre eigenen Gefühle auszudrücken. Besonders bei Therapeuten, die, wie *Argelander* (1968), *Ezriel* (1959), *Bion* (1961), *Kächele et al.* (1975), *Stierlin* (1966) und andere die Gruppe immer als Ganzes behandeln, kann es zu einer derartigen Regression der Beteiligten kommen, daß ihre Gefühle vollkommen unkontrolliert durchzubrechen drohen. Es ist daher nicht angezeigt, die Gruppe so zu behandeln, als ob sie eine Einzelperson wäre, da sonst die Mitglieder dermaßen narzißtisch gekränkt werden, daß in ihnen ungeheure Wüte und Rachegefühle aufkommen, die die Gruppenstruktur gefährden.
Eine Entwicklung der Gruppe zu einer „Masse im Kleinen" ist besonders deshalb möglich, weil die Masse in der Gruppe immer als potentielle Gefahr mitenthalten ist. Vielleicht läßt sich diese Tatsache mit dem Umstand erklären, daß die Gruppe, je mehr wir in der Menschheitsgeschichte zurückgehen, desto weniger verstandes- und desto mehr trieb- und affektgeleitet ist. Wir gelangen schließlich zu einem Kollektiv, das nur noch affekt- und triebverbunden und -dominiert ist, zu einer Masse im Sinne eines gleichgeschalteten, affekt- und triebdominierten Kollektivs, in dem keine differenzierte Rollenstruktur und keine Hierarchie mehr bestehen, außer derjenigen der Geführten einerseits und des Führers andererseits. Gruppe und Masse müssen also in der frühen Menschheitsgeschichte eine gemeinsame Matrix in den ursprünglichen Menschengruppierungen haben. Die Verhältnisse dürften zwar einerseits nicht so einfach liegen, wie *Freud* (1921) sie mit seiner Urgruppe annahm. Doch drückt seine Aussage, daß „so wie der Urmensch in jedem Einzelnen virtuell enthalten ist, so kann sich aus einem beliebigen Menschenhaufen die Urgruppe wieder herstellen", eine in der Gruppenpsychotherapie zu erkennende Tatsache aus. Folglich kann gesagt werden,

daß in jeder gegenwärtigen Gruppe eine Urform des Kollektivs fortlebt und bei begünstigender Situation dominant werden kann. Ich habe diesen Vorgang als „Urgruppenreminiszenz“ (*Battegay* 1960) bezeichnet. Eine Gruppe kann aber ebenso, wenn keine Kommunikationen mehr oder nur noch wenige in ihr vor sich gehen oder aber wenn zu viele gefühlsbewegende Interaktionen in ihr ablaufen, auseinanderbrechen zu einer *nichtkommunikativen Menge.* Wir haben auch schon Gruppen beobachtet, die die Tendenz hatten, sich zu sehr, d. h. beinahe restlos auf sich selbst zu zentrieren. Das narzißtische Gruppenselbst der verschiedenen Beteiligten, das in ihrer Phantasie einer Erweiterung ihrer Selbstrepräsentanz um die anderen Beteiligten gleichkommt, war dann so übereinstimmend, daß sich die Mitglieder kaum mehr bemühten, Prozesse außerhalb der Gruppe zu beachten.

Wir haben eine solche Entwicklung in einer analytischen Gruppe von Ärzten beobachtet, die dreimonatlich zu Gruppensessionen mit 10 Sitzungen à zwei Stunden Dauer zusammenkamen. Nach zehn Jahren der Gruppenbeteiligung konnten die Beteiligten es kaum verstehen, daß dieser Kreis aufgelöst werden sollte. Es galt dann in dieser Gruppe, diese narzißtische Verhängung der Beteiligten miteinander abschließend zu bearbeiten.

Die narzißtische Einengung kann so weit gehen, daß die Beteiligten nicht nur einander vollkommen fusionär besitzen wollen, sondern in ihrer Phantasie auch mit dem Leiter eine vollkommene Fusion eingehen. Wir haben ein solches Verhalten vor allem bei Alkoholkranken erlebt, die oft wenig Kritik mehr übrig hatten dafür, daß dem Therapeuten eine andere Funktion als den übrigen Gruppenmitgliedern zukommt. Sie konnten ihm auf die Schulter klopfen, wie einem Kumpanen und erstaunt sein, wenn er ihr Verhalten in Frage stellte. Es ist dementsprechend wesentlich, daß der Therapeut seine Gegenübertragung im Zaume hält und sich darüber Rechenschaft abgibt, daß er die Gruppe aus einer solchen Zentrierung auf sich selbst, wieder rausführen sollte.

Behandlung der Gruppe als Ganzes oder der Einzelnen in der Gruppensituation?

Schon um eine solche Entwicklung zu vermeiden, bin ich der Ansicht, daß die erwähnten Autoren, die die Gruppe als Ganzes behandeln, unrecht haben, weil auf diese Weise Gruppenregressionen entstehen, die kaum mehr reversibel sind und vor allem nicht dazu dienen, die Beteiligten allmählich zu sich selbst zu führen. Nach einem solchen Modell ist, (*Kutter* 1970, 1977) die Gruppe durch eine ihr eigene Metapsychologie ausgezeichnet. Dabei besteht bei solcher Gruppenauffassung des oder der Therapeuten die Gefahr, daß die Mitglieder tatsächlich in eine so tiefe Regression gestoßen werden, daß sie jegliche Verantwortlichkeit ablehnen. Meine Erfahrung ist es, daß zwar ein Mitglied oder mehrere für die Gruppe ein Ueber-Ich, andere einen Ich-Aspekt und wieder andere die Es-Position repräsentieren können, auch daß ein Wir-Gefühl hochkommen kann, indem die Einzelnen die Gruppe als ein erweitertes Selbst erleben, es aber nicht günstig ist, wenn das fusionäre Erleben so total wird, daß daneben keine Valenzen der Mitglieder mehr frei bleiben für andere Menschen.

Die Gruppe als Ganzes anzusprechen, erscheint mit als ein von der – individuellen – Psychoanalyse übernommenes Konzept. Die Gesetzesmäßigkeiten einer Einzelanalyse werden auf die Gruppensituation verlegt. Die Gruppe wird so behandelt., wie wenn sie ein Einzelpatient wäre. Dabei wird zu wenig berücksichtigt, daß die verschiedenen Beteiligten ein je getrenntes Erleben haben und in diesem Sinne kein Gruppengefühl besteht. Ein solches Wir-Gefühl entsteht nur im Einzelnen. Das entsprechende Erleben ist in den verschiedenen Beteiligten im Normalfall nie ganz gleichgerichtet. Wäre dies der Fall, so hätte eine tiefe Regression stattgefunden, die nicht leicht behoben werden könnte. Es sollte der Therapeut also immer auf der einen Seite das Erleben der Einzelnen innerhalb der Gruppensituation, auf der anderen Seite die Gruppeninteraktionen im Auge behalten. Die wechselseitigen Einwirkungen im sozialen Felde der Gruppe üben wieder einen Einfluß auf das Erleben eines Einzelnen aus, so daß also immer eine bifokale Aufmerksamkeit auf die Mitglieder einerseits und das interaktionelle Geschehen andererseits notwendig ist. Selbst wenn, wie *Dorey* (1971) formuliert, eine Gruppenphantasie entsteht, entwickelt sie sich stets im einzelnen Mitglied. Zwar kann sich, wie bereits angetönt, eine solche Phantasie bei allen bis zu einem gewissen Grade in ähnlicher Art entwickeln, doch wird sich, abgesehen von Ausnahmesituationen, nie eine vollkommene Uebereinstimmung der Phantasien ergeben. Käme es zu einer solchen völligen Gleichschaltung der unbewußten Vorstellungen, so würde die Gruppe nicht mehr rollendifferenziert sein, und es hätte sich eine Enddifferenzierung der wohlstrukturierten und rollendifferenzierten Gruppe zu einer „Masse im Kleinen" oder zu einem mehr oder weniger völlig Wir-zentrierten Kollektiv ergeben. Wird also die Gruppe als Ganzes angesprochen, so wird gerade jene Art der Regression eingeleitet, die nicht im Sinne der Therapie liegen kann, weil kein Mitglied dann mehr so verantwortlich ist, die Notwendigkeit einer Veränderung und Entwicklung zu sehen. Selbst aber wenn die Mitglieder keine solche tiefe Regression mitmachen, so fühlen sie sich dermaßen narzißtisch gekränkt durch das kollektive, nicht individuelle Angesprochenwerden, daß sie deswegen zu wenig auf die therapeutischen Intentionen des Therapeuten einzugehen vermögen oder gar die Gruppe verlassen.

Gruppenpsychotherapie/Gruppendynamik

Zurecht wird unterschieden zwischen gruppenpsychotherapeutischen und gruppendynamischen Methoden. Bei der Gruppenpsychotherapie geht es einerseits um die Einsichtsförderung in heute noch aktive frühe Konflikte und Mangelerfahrungen sowie in die entsprechenden Motivationen und andererseits um die Ermöglichung eines sozialen Lernprozesses im Sinne einer Dekonditionierung von Fehlverhaltensweisen und eines Neukonditionierens von integrierterem Verhalten. Die gruppendynamischen Methoden demgegenüber betonen die Sensibilisierung für soziale Prozesse und die darin erfolgenden individuellen Reaktionen. Bei der Gruppenbehandlung ist der Blick sowohl vertikal auf die tiefenpsychologischen Beweggründe, als auch horizontal auf die sozialen Interaktionen gerichtet. Im Sensitivity-Training und verwandten gruppendynamischen Methoden interessieren ausschließlich die sozial-kommunikativen Prozesse. Uebergänge zwischen den beiden Arten von Methoden in allen Schattierungen sind bekannt. Für Gruppentherapeuten ergibt sich die Notwendigkeit, nicht nur die psychoanalytische Blickrichtung zu pflegen, sondern auch Kenntnisse über die gruppendynamischen Gesetzmäßigkeiten zu erwerben. Der Therapeut wird also einerseits über die multiplen und multidimensionalen Uebertragungsprozesse (*Slavson* 1950) in der Therapiegruppe Bescheid wissen müssen, andererseits aber auch zu erkennen haben, wann rein gruppendynamische Prozesse, wie beispielsweise der Vorgang der Normierung des Verhaltens der Beteiligten, für das Gruppengeschehen ausschlaggebend sind oder mit den tiefenpsychologischen Vorgängen bei den Einzelnen interferieren. Der Trainer gruppendynamischer Seminare wird vornehmlich über ein Wissen in Gruppendynamik und über die möglichen Verhaltensweisen in den Gruppeninteraktionen verfügen müssen. Es fragt sich allerdings, ob nicht auch der Trainer eines gruppendynamisch orientierten Kreises analytische Kenntnisse haben müßte, um allfällige tiefenpsychologisch bedingte Komplikationen bei entsprechend Gefährdeten, z. B. bei Menschen, die zur Ich-Fragmentation neigen, rechtzeitig zu erkennen. Wir haben schon wiederholt beobachtet, daß Menschen während gruppendynamischer Seminare in kurzzeitige psychotische Zustände hineinkamen, vielleicht nicht zuletzt deshalb, weil ihre Psychosegefährdung nicht rechtzeitig erkannt wurde.

Zusammenfassung

Die Gruppenpsychotherapie ist eine Behandlungsmethode, bei der sich in der Regel drei oder mehr therapeutisch Erfaßte unter der Leitung eines oder zweier Therapeuten gemeinsam um das Erreichen eines psychotherapeutischen Zieles bemühen. Die therapeutischen- wie die sozialen-Gruppen können von einem psychologisch-motivationell-vertikalen Gesichtspunkt, aber auch von einem soziologisch-interaktionell-horizontalen Ansatz her betrachtet werden. Dabei wirken die psychologischen und die soziologischen Prozesse ineinander und führen zu einer Resultante, die im Gruppenprozeß allein klar ersichtlich ist. Vom *soziologischen Aspekt* interessieren vor allem Qualität und Quantität der Interaktionen. Es zeigt sich unter anderem, daß mit wachsender Zahl der Gesamtinteraktionen die emotional geladenen Interaktionen, seien es freundliche oder aggressive, proportional an Zahl zunehmen. Vom *psychologischen* wie auch vom *therapeutischen* Aspekt können wir den Gruppenprozeß in Stadien einteilen. Dabei sind wir uns bewußt, daß die verschiede-

nen Mitglieder nicht exakt zur gleichen Zeit einen Schritt weiterkommen. Doch ergeben sich diese Phasen der Gruppenentwicklung aus einer mehr oder weniger ausgesprochenen Beeinflussung der Gruppenmitglieder durch die anderen, wobei die verschiedenen Beteiligten sowohl auf der emotionalen als auch auf der intellektuellen Ebene aufeinander einwirken. Wir unterscheiden von diesem Gesichtswinkel insgesamt fünf Stadien der Gruppenpsychotherapie bzw. der Gruppenentwicklung: 1. Explorative Kontaktnahme, 2. Regression, 3. Katharsis, 4. Einsichtserwerb, 5. Sozialer Lernprozeß.
Gefahrenmomente der Gruppenpsychotherapie werden aufgewiesen, vor allem die Entartung der Gruppe zu einer „Masse im Kleinen" oder in ein restlos auf sich selbst zentriertes Kollektiv. Die Gründe werden dargelegt, weshalb die Behandlung der Gruppe als Ganzes kontraindiziert ist und immer eine bifokale Aufmerksamkeit des Therapeuten auf die Einzelnen einerseits und die Gruppensituation andererseits notwendig ist. Schließlich werden die Unterschiede zwischen der Gruppenpsychotherapie und der Gruppendynamik dargelegt. Bei der Gruppenbehandlung ist der Blick vorwiegend vertikal auf die tiefenpsychologischen Beweggründe, dann aber auch horizontal auf die sozialen Interaktionen gerichtet. Bei gruppendynamischen Methoden interessieren vor allem die sozial-kommunikativen Prozesse. Es wird gefordert, daß der Gruppentherapeut die gruppendynamischen Prozesse kenne wie auch der Gruppendynamiker mit den tiefenpsychologischen Prozessen, die sich in einer Gruppe abspielen, vertraut sein muß, damit er allfällige psychopathologische Komplikationen zu erkennen vermag.

Literatur

Argelander, H.: Gruppenanalyse unter Anwendung des Strukturmodells, *Psyche 22,* 1968, S. 913

Barnett, S. A.: Grouping and Dispersive Behaviour among Wild Rats, in: *Garattini, S., Sigg, E. B.* (Eds.), Aggressive Behaviour, Excerpta Medica Foundation, Amsterdam 1969

Battegay, R.: Psychodynamische Verhältnisse bei der Gruppenpsychotherapie, *Psychiat. Neurol. Neurorchir. 63,* 1960, S. 333

Battegay, R.: Geschwisterrelationen als Funktionsmuster der therapeutischen Gruppen, *Psychother. Psychosom. 14,* 1966, S. 251

Battegay, R.: Der Mensch in der Gruppe Bd. I 1967, 5. Aufl. 1976, Bd. II 1967, 4. Aufl. 1973, Bd. III, 1. Aufl. 1969, 3. Aufl. 1979, Hans Huber, Bern/Stuttgart/Wien

Battegay, R.: Die Bedeutung des Traumes in der Gruppenpsychotherapie, in: *Battegay, R., Trenkel, A.* (Hrsg.), Der Traum, Hans Huber, Bern/Stuttgart/Wien 1976, S. 107

Battegay, R.: The Group Dream, in: *Wolberg, L. R., Aronson, M. L.* (Eds.), Group Therapy 1977, Stratton Intercontinental Medical Book Corporation, New York 1977, p. 27

Battegay, R.: Agression, ein Mittel der Kommunikation?, Hans Huber, Bern/Suttgart/ Wien 1979

Bion, W. R.: Experiences in Groups and other Papers, Tavistock, London 1961

Brocher, T.: Anpassung und Aggression in Gruppen, in: *Mitscherlich, A.* (Hrsg.), Bis hierher und nicht weiter. Ist die menschliche Aggression unbefriedbar?, Piper, München 1968, S. 152

Charpentier, J.: Analysis and Measurement of Aggressive Behaviour in Mice, in: *Garattinie, S., Sigg, E. B.* (Eds.), Aggressive Behaviour, Amsterdam 1969, p. 86
Dorey, R.: La question du fantasme dans les groupes, in: *Perspectives psychiatriques* No. 33 3e trimestre Paris 1971
Durkheim, E.: Les règles de le méthode sociologique, Félix Alcan, Paris 1893, 9. Aufl. 1938
Etzioni, A.: Soziologische Organisationen, Juventa, München 1967
Ezriel, H.: The role of Transference in Psycho-Analytic and other Approaches to Group Treatment, *Acta psychother. 7* Suppl. 101 (1959)
Freud, Anna: Das Ich und die Abwehrmechanismen, Imago, London 1946, Fischer Taschenbuch „Geist und Psyche", 42001, Frankfurt 1984
Freud, S.: Massenpsychologie und Ich-Analyse, Int. Psychoanalyt. Verlag, Leipzig/Wien/Zürich 1921, Gesammelte Werke Bd. XIII, Imago, London 1940
Hofstätter, P. R.: Gruppendynamik, Rowohlt, Hamburg 1957
Homans, C. G.: The Human Group. Harcourt and Brace, New York 1950
Kächele, H., Kühn, H., Grünzig, H. J., Ohlmeier, D.: Zur Fremdbeurteilung des psychoanalytischen Gruppenprozesses, in: *Gruppenpsychotherapie und Gruppendynamik 9,* 1975, S. 285
Kutter, P.: Aspekte der Gruppentherapie, *Psyche 24,* 1970, S. 721
Kutter, P.: Gruppenarbeit im Hochschulbereich, in: *Gruppenpsychotherapie und Gruppendynamik 11,* 1977, S. 256
Kutter, P.: Phasen des Gruppen-Prozesses. Wahrnehmungsprobleme, theoretische Orientierung, Literaturübersicht und praktische Erfahrungen, in: *Gruppenpsychotherapie und Gruppendynamik 16,* 1980, S. 200
Lébovici, S.: L'utilisation du psychodrame dans le diagnostic en psychiatrie, *Z. Diagnost. Psychol. 5,* 1957, S. 197
Lewin, K.: Field Theory in Social Science, New York 1951; dt.: Feldtheorie in den Sozialwissenschaften, Hans Huber, Bern/Stuttgart 1963
Lieberman, M. A., Yalom, I. D., Miles, M. B.: Encounter Groups: First Facts, Basic Books, New York 1973
Merton, R. K.: Social Theory and Social Structure, Free Press, Glencoe Ill. 1957
Schindler, W.: Family Pattern in Group Formation and Therapy, *Int. J. Group Psychother. 1,* 1951, p.100
Sherif, M.: zit. in: *Hofstätter, P. R.,* Gruppendynamik, Rowohlt, Hamburg 1957
Slavson, S. R.: Analytic Group Psychotherapy, Columbia Univ. Press, New York 1950
Stierlin, H.: Übertragung und Widerstand, in: *Preuss, H. G.* (Ed.), Analytische Gruppenpsychotherapie, Urban & Schwarzenberg, München/Berlin/Köln 1966
Watzlawick, P., Beavin, J. H., Jackson, D. D.: Menschliche Kommunikation, Hans Huber, Bern/Stuttgart 1969

2. Psychoanalytische Perspektive

Vorbemerkung des Herausgebers

Die folgenden Beiträge vereinigen in genuiner psychoanalytischer Perspektive Methoden und Theorien der Gruppenpsychotherapie. Damit sind alle jene Ansätze zusammengefaßt, die sich, ohne orthodox zu sein, der Psychoanalyse Freunds verpflichtet fühlen und auf dem soliden Fels der psychoanalytischen Theorie gründen.

Die psychoanalytische Methode zielt auf den latenten Sinn der manifesten Rede des Patienten. Sie konzentriert sich auf die unbewußte Psychodynamik zwischenmenschlicher Beziehungen. Dabei geht sie davon aus, daß sich die relevanten pathogenen unbewußten Beziehungsmuster der Kindheit, im Sinne der Lehre von der Übertragung, in der Beziehung zum Therapeuten wiederholen. Deren unbewußte Bedeutung läßt sich auch bei einer guten Zusammenarbeit zwischen Patient und Therapeut nur unter Überwindung nicht unerheblicher Widerstände indirekt erschließen.

Wie schon in der Einleitung angedeutet, impliziert die Anwendung der psychoanalytischen Methode in der Gruppe eine Reihe methodologischer Probleme: Die einzelnen Autoren des Bandes setzen sich mit diesen Problemen intensiv auseinander und lösen sie auf verschiedene Weise. Eine wichtige Frage ist hierbei, ob die psychoanalytische Methode durch die im Gegensatz zur klassischen Zweier-Beziehung andersartigen Situation der Gruppe modifiziert werden muß, um dem spezifischen Gegenstand „Gruppe" gerecht zu werden. Während *Walter Schindler* den Gegenstand der Gruppe im Familienmodell sieht, problematisiert *Dieter Sandner* die Anwendung der Psychoanalyse auf die Gruppe als Ganzes. Die drei Vertreter der heute international tonangebenden *Foulkes*schen Schule der analytischen Gruppentherapie grenzen sich am klarsten von der psychoanalytischen Methode der Therapie in der Zweier-Beziehung ab, übernehmen indessen die genuin psychoanalytischen Konzepte von Übertragung und Widerstand, kreieren aber unter Einschluß soziologischer Ansätze die neuartige Methode der „Gruppen-Analyse“ der London Group Analytic Society. Das Göttinger Modell des Ehepaars *Heigl* vereinigt ebenfalls psychoanalytische und soziologische Elemente in ein und derselben Methode, unterscheidet aber darüber hinaus, je nach dem Gegenstand der Arbeit, orientiert am topographischen Modell Freuds (bewußt-vorbewußt-unbewußt) verschieden definierte Methoden, während sich *Kutter* um eine Differenzierung der einzelnen Schritte der psychoanalytischen Methode in der Gruppe bemüht.

Die psychoanalytische Theorie umfaßt eine spezifische Persönlichkeits- und Krankheits-Lehre, ein Modell der psychischen Entwicklung insbesondere während der Kindheit, und, neben einer gesellschaftskritischen Kulturtheorie, eine Theorie der Methode. Analog der einzelnen Persönlichkeit braucht der Gruppentherapeut zur Orientierung eine *Theorie der Gruppe*. Die Gruppe als Familie *(Walter Schindler)* ist eine derartige Theorie. Sie ist nach den Erfahrungen des Herausgebers ein denkbar geeignetes Modell zum Verständnis der vielschichtigen unbewußten Prozesse einer Therapie-Gruppe. – Der Vergleich der Gruppe mit einem Organismus, den *Foulkes* und seine Schüler, orientiert an Goldstein, vornehmen, führt zu einem anderen Modell, das sehr wohl den Rang einer Theorie der Gruppe beanspruchen darf. – Wie sich schließlich theoretische Konzepte der Psychoanalyse wie die über die im letzten Jahrzehnt intensiv diskutierten narzißtischen Phänomene erfolgreich auf die Gruppe anwenden lassen, zeigt in überzeugender Weise *Urte Finger-Trescher*.

Zusammenfassend bietet die psychoanalytische Perspektive keine umfassende Theorie der Gruppe, wohl aber verschiedene Ansätze dazu. Der Leser möge selbst entscheiden, inwieweit sie geeignet sind, die vielfältigen Prozesse in einer Gruppe sinnvoll zu ordnen oder nicht.

2.1 Ein Leben für die Gruppe – Erfahrungen eines Gruppentherapeuten der ersten Generation

Walter Schindler (London)*

1. Das Familienmodell in der Gruppentherapie

Jede Familie ist eine Gruppe und jede Gruppe ist auf einem Familienmodell aufgebaut. Auch die therapeutische Gruppe *wiederholt unvermeidlich familiäre Beziehungsmuster.* In ihr sind die *Gruppenmitglieder die Geschwister, der Gruppenleiter, sofern er ein Mann ist, der Vater, und die Gruppe als Ganzes scheint die Rolle der Mutter zu übernehmen* (*Schindler* 1951).

Die von mir geleiteten Gruppen umfassen meistens 6–7 Patienten. Damit entspricht die Zahl der Gruppenmitglieder einer Familie mit mehreren Kindern. Mehr als 7 Teilnehmer würden den Rahmen einer Familie sprengen. In einem derartigen Rahmen werden diejenigen Prozesse besonders erleichtert, die während der Kindheit in der Familie abgelaufen sind. Im Gegensatz zur Einzeltherapie, in der sich der Patient in der Situation des einzigen Kindes erlebt, erfährt jeder Teilnehmer in der Gruppentherapie Situationen und Konflikte, wie sie im Familienzusammenhang ablaufen.

Die Familienatmosphäre kann durch den Gruppenleiter entschieden gefördert werden: Versteht er sich in seiner Rolle als echte *Autorität* im Sinne von „augere“ = „vergrößern, wachsen lassen“, dann schafft der Gruppenleiter eine Atmosphäre, die diejenigen Prozesse, wie sie während der Kindheit in der Familie abgelaufen sind, fördert. Der Gruppenleiter stellt auch wie ein guter Familienvater gleichsam Nährstoffe bereit

* Unter Mitarbeit von Peter Kutter, der das sehr heterogene Material des Autors ordnete und stilistisch verbesserte, ohne das Anliegen des Verfassers zu verändern.

und übernimmt somit die Funktion, wie sie einem *Gärtner* eigen ist und in dieser Perspektive würden die Kinder der Familie wie Pflanzen gesehen werden, die wachsen, die aber auch der Stütze und der Führung bedürfen, wie es Vätern in einer gesunden Familienatmosphäre obliegt. Dabei besteht „ein großer Teil des Wachstumsprozesses darin, Haltungen zu unterdrücken, die mit der Reife unvereinbar sind"(*Alexander* 1948). In der als Familie verstandenen Gruppe kann auch das Hauptziel der Psychotherapie, nämlich Reifung der Individuen, am ehesten erzielt werden. Das heißt gleichzeitig: echte Lebenswerte anstreben, wozu zum Beispiel gehört, die bei Neurotikern so häufigen Schuldgefühle in echte Gefühle der Verantwortung umzuwandeln.
Im Familienmodell der Gruppe können grundsätzlich alle Störungen einschließlich der Perversionen mit Erfolg behandelt werden: Wenn beide Geschlechter in der Gruppe vertreten sind, können die so häufigen sexuellen Störungen gut behandelt werden. Es gibt kein Symptom ohne eine sexuelle Basis. So wie früher Sexualität in der Familie toleriert oder unterdrückt wurde, so erleben die Teilnehmer die therapeutische Familiengruppe. Die in der Familie entstandenen Konflikte können somit in der Familiengruppe am besten therapeutisch beeinflußt werden. Hierbei spielen Übertragungsprozesse eine wesentliche Rolle, weshalb ich hierauf im nächsten Abschnitt besonders eingehen möchte.

2. Die Rolle der Übertragung im Familienmodell der Gruppe

Hat sich die psychotherapeutische Gruppe auf dem Boden der Familie entwickelt, dann geschieht dies in Ergänzung zu den realen, die Familienatmosphäre der Gruppe fördernden Maßnahmen des Gruppenleiters, *vorwiegend durch Übertragungsprozesse.* Früh gelernte Verhaltensweisen werden automatisch, stereotyp, blind und unterschiedslos auf Personen der Gegenwart übertragen. *Derartige unangebrachte und stereotype Verhaltensweisen sind der bevorzugte Gegenstand der Gruppenpsychotherapie.* Man könnte Übertragungen auch mit bedingten Reflexen vergleichen: Stimmen sie mit dem Verhalten anderer Menschen überein, erfahren wir Zustimmung. Ist dies nicht der Fall, so führt dies zu Konflikt und Schmerz. In Übereinstimmung mit *Allport* (1946) kann man Übertragungen auch als Gewohnheiten auffassen, die auch dann noch wirksam sind, wenn die Bedingungen – im Gegensatz zu bedingten Reflexen – nur ähnlich der auslösenden Situation sind.

Übertragungen sind allgemein menschliche Phänomene und keinesfalls nur neurotisch. Die Übertragung auf den Analytiker ist lediglich eine besondere Form der unzähligen Übertragungen, die wir täglich im Umgang mit anderen Menschen vornehmen. Sie ist in der Einzeltherapie grundsätzlich einseitug oder unilateral, *in der Gruppentherapie jedoch vielseitig oder multilateral* (*Slavson* 1952).

Übertragung findet nicht ohne Gegenübertragung statt. Beides muß dem Gruppenleiter so wie in der Einzeltherapie bewußt werden. Dabei sollte man nicht davor zurückschrecken, die eigenen Gegenübertragungsgefühle auch innerhalb der Gruppe zu analysieren. „*In der Gegenübertragung übernimmt der Analytiker eine antwortende Rolle auf die vom Analysanden jeweils gespielte Rolle an*" (*Lagache* 1961). Dabei ist es sicher nicht die Aufgabe des Gruppenleiters, dem Patienten seine eigene Wertwelt nahezubringen. Derartige Aspekte müssen streng von der Gegenübertragung als *Reaktion auf die Übertragung* getrennt werden. Zusammen mit der Analyse der Gegenübertragung werden die Übertragungen der einzelnen Grupppenmitglieder einschließlich der Übertragung der Gruppe als Ganzes auf den Gruppenleiter analysiert. Dabei soll sich der Gruppenleiter durchaus aktiv verhalten, da sich ein neurotischer Mensch nicht wie Münchhausen selbst an seinen eigenen Haaren aus dem Sumpf ziehen kann. Die Patienten erwarten und benötigen einen sanften Anstoß im Sinne einer Initialzündung, die dann, um im Bilde zu bleiben, den Motor erst in Gang setzt. Ich schließe diesen Abschnitt mit einem Zitat meines verehrten Lehrers *Stekel* (1980): „Wir zögern nicht, zu behaupten, daß jede soziale Beziehung zu den Menschen von Übertragung und Gegenübertragung begleitet ist."

3. Die Bedeutung der Mutter im Familienmodell

Alle mit der Mutter zusammen erlebten Erfahrungen könnte man das „*Mama-Erlebnis*" nennen: Die Mutter ist die natürliche Nahrungsspenderin in der ersten Lebenszeit des Kleinkindes und auch die mit der Mutter gemachten Erfahrungen werden in der Gegenwart auf andere Menschen übertragen. So wünscht das Kind in unseren Patienten, von uns ebenso gefüttert und gepflegt zu werden wie einst von der Mutter. Zum „Mama-Erlebnis" gehören Gefühle körperlicher Wärme, wenn die entsprechenden Erfahrungen gut waren. Waren sie weniger erfreulich, werden in der Übertragung Kühle und Abweisung erwartet. Das Interessante ist nun, wie ich früh feststellte (*Schindler* 1951), daß die *Gruppe als Ganzes sehr leicht wie eine Mutter erlebt wird.* Insofern spielt die Mutter in der Gruppentherapie – wie überall in der Entwicklung des Kleinkindes – eine wesentliche Rolle. Die erste Sicherheit, die das Kind fühlt, wird durch eine befriedigende Beziehung zu seiner Mutter in den ersten Lebensmonaten und -jahren erreicht. Darüber hinaus sorgt natürlich auch der Vater in der Familiengruppe für Sicherheit. Da aber die allerersten Erfahrungen die stärksten Spuren im Leben des Menschen hinterlassen, darf man annehmen, daß menschliches Verhalten anderen gegenüber besonders leicht nach dem Vorbild des Verhaltens der Mutter gegenüber abläuft. Es ist daher meine Überzeugung, daß eine derartige Einstellung der Gruppe gegenüber von zentraler Bedeutung für die Gruppentherapie ist. *Alle Erfahrungen, die mit der Mutter zusammen gemacht wurden, werden somit in der Gruppe wieder erlebt*, mögen dies nun überwiegend gute oder überwiegend schlechte Erfahrungen gewesen sein. Bei allen individuellen Unterschieden werden sich grundsätzlich Entwöhnungsprozesse während der Gruppentherapie nicht vermeiden lassen. Haben die Patienten in der Gruppe Sicherheit erst einmal erlebt, dann können sie in fortgeschrittenen Stadien ihrer Entwicklung sich auch von der Gruppe = Mutter trennen. Je mehr sich die Gruppe im weiteren Prozeß integriert, umso mehr wird sich das einzelne Gruppenmitglied dann an die Mutter-Gruppe als Ganzes wenden und weniger an das einzelne Gruppenmitglied als Bruder bzw. Schwester.
Meine Auffassung von der Gruppe als Mutter deckt sich zum Teil mit der *Erich Neumann's* (1956) in dessen Buch „Die große Mutter". Hier

werden auch die negativen Seiten der Mutter, die häufig erschreckend und verschlingend erscheinen kann, deutlich herausgearbeitet. Die Gruppentherapie kann die Angst vor derartigen bedrohenden Müttern dadurch mindern, daß sie neue Erfahrungen ermöglicht. Dabei ist die Erfahrung der Integration der Gruppe von großer Bedeutung. Dazu gehört als unerläßliche Voraussetzung, daß das einzelne Gruppenmitglied in der Gruppe Wärme, Sicherheit und Vertrauen faktisch erlebt hat.

4. Die Rolle des Leiters im Familienmodell der Gruppe

Der Gruppenleiter sollte durch eine vernünftige, faire und *wohlwollende Haltung* ein gutes *Beispiel* für die Arbeit der Gruppe abgeben. Ich meine damit, daß er den Patienten zeigen soll, wie er selbst die Technik des sachlichen, klaren und wohlwollenden Denkens zum eigenen Vorteil anwenden kann. Dem widerspricht, meiner Ansicht nach, die völlig passive Haltung des Analytikers, der lediglich Übertragungsobjekt und Projektionsschirm darstellt. Der Gruppenleiter soll, will er echte Autorität im eingangs schon genannten Sinne sein, *aktiv sein*. Die größere Aktivität des Analytikers in der Psychotherapie hat besonders *Stekel* betont, von dem ich die aktive Technik meinerseits übernommen habe. Ich komme darauf im Abschnitt über Deutung zurück.

Der Leiter ist es, der die Familienatmosphäre der Gruppe herstellt, schafft und unterhält. *White* und *Lippitt* (1953) haben den verschiedenen Einfluß eines autoritären und demokratischen Führers auf die Feindseligkeit und Zerstörungswut bei den Mitgliedern verschiedener Gruppen studiert. Hierbei ergab es sich, daß Mangel an Aggressivität wahrscheinlich nicht durch einen Mangel an Frustration zustande kommt, sondern durch den unterdrückenden Einfluß eines autoritären Gruppenleiters. Sind Dominanz des Leiters und Unterwerfung der Geleiteten allgemein akzeptiertes Verhaltensmuster, dann werden diejenigen, die in der Gruppe die schwächsten Glieder darstellen, Sündenböcke und schwarze Schafe werden, gegen die sich die Aggressivität der Gruppe wendet. Um diese destruktive Entwicklung, wie sie in *Goulding's* Buch „Der Herr der Fliegen" besonders deutlich zum Ausdruck kommt, zu

vermeiden, muß der Gruppenleiter echte Autorität *sein*, ein Aspekt, den ich bereits in dem Gärtner-Symbol oben erwähnt habe. Der Gärtner muß aktiv die gesunde Entwicklung seiner Pflanzen anstreben, für das entsprechende Klima sorgen und die nötigen Nährstoffe bereitstellen. In diesem Bild entspricht die Gruppe einem Gewächshaus. Dabei darf das Klima weder zu stürmisch, d.h. katastrophal oder gewalttätig sein, noch zu milde. Im ersten Fall würde die Gruppe auseinanderfallen, im zweiten würden die nötigen Impulse zur Veränderung und zum Wachstum fehlen. Jede Gruppe muß auch lernen, mit ihrer Aggressivität umzugehen, ohne ihre Kohäsion zu verlieren. Um dieses Ziel zu erreichen, muß der Leiter, um es noch einmal zu betonen, im Sinne einer echten Autorität über den Prozeß der Gruppe *wachen*. Tut er dies nicht, bräuchte er sich über eine destruktive Entwicklung der von ihm geleiteten Gruppe nicht zu wundern. Insofern stellt die Leitung einer Gruppe ein „männliches“ Prinzip dar, das darin besteht, daß über eine über*zeugende* Aktivität die Gruppe stimuliert wird, sich zu entwickeln. Dadurch wird jeder einzelne Patient gleichsam gezwungen, seine eigenen Werte zu finden.
Zur Rolle der Autorität gehört das *Vorbild:* der Gruppenleiter soll, wie gesagt, durch eine vernünftige, faire und wohlwollende Haltung ein gutes Arbeits-Vorbild sein. Er soll außerdem die Funktion des Koordinators in der Gruppe übernehmen. Diese Funktion ist umso mehr notwendig, wenn die Patienten ihrerseits nicht in der Lage sind, den Gruppenprozeß zu koordinieren. Die beim Neurotiker zu erwartende Angst lähmt die koordinierende Funktion. Die Gruppenmitglieder sind somit auf die Koordination des Leiters, vor allem während der initialen Phase des Gruppenprozesses, absolut angewiesen. Übernimmt der Gruppenleiter die koordinierende Funktion, dann ist die Gruppe, wie *Battegay* (1963) zu Recht sagt, „das Milieu, in dem die Patienten ihre existentielle Angst in soziale Werte umwandeln. Dementsprechend ängstigen sie sich, wenn der Gruppenverband locker wird. Doch bemächtigt sich ihrer auch Angst, wenn der Gruppenverband nur noch Gruppe sein kann.“ Es ist also die Aufgabe des Gruppenleiters, das koordinierende Prinzip darzustellen, damit die Gruppe Gelegenheit hat, zu einem Wir-Gefühl zu kommen. Im späteren Verlauf des Gruppenprozesses verinnerlichen die Gruppenmitglieder die koordinierende Funktion des Lei-

ters, übernehmen ihr eigenes Leben und sind dann nicht mehr auf den Leiter angewiesen.
Zur Autorität des Gruppenleiters gehört auch die Funktion des Interpretierens. Er entscheidet, ob er die Gruppe als Ganzes interpretiert oder die einzelnen Mitglieder der Gruppe oder ob er beides verbindet. *Foulkes* (1974) deutet im wesentlichen die Gruppe als Ganzes, indem er, in Ergänzung zu seinem psychoanalytischen Konzept, von der Feldtheorie *Lewin's* ausgeht. Man kann zwar die Gesamtatmosphäre einer Gruppe analysieren, wie sie sich im Laufe des Gruppenprozesses entwickelt, wobei Untergruppen dieselbe Rolle wie Individuen spielen, man darf hierbei aber die einzelnen Gruppenmitglieder nicht vergessen. Wenn *Foulkes* in seinen Aufsätzen von der Theorie ausgeht, daß alle Menschen eine Gesamtgemeinschaft bilden und diese daher als solche gedeutet werden soll, dann erscheint mir dies als zu allgemein und gelegentlich sogar gefährlich zu sein, wegen der daraufhin möglichen unbewußten massenpsychologischen Reaktionen. Dieselbe Kritik trifft das Gruppenkonzept *Bion's* (1971), der von den drei Grundannahmen Abhängigkeit, Kampf/Flucht und Paarbildung spricht. Meiner Meinung nach sind Abhängigkeit- und Kampf/Flucht-Tendenzen keineswegs spezifisch für die Gruppentherapie. Sie finden sich auch in der Einzelanalyse. Während *Ezriel* (1952) sich bevorzugt mit der Analyse der Übertragung der Gruppe auf den Leiter befaßt, *Whitacker* und *Lieberman* (1965) mit der Analyse der Abwehrmechanismen und *Raoul Schindler* (1968) nach der Analogie der Hackordnung der Tiere auf die einzelnen Positionen der Teilnehmer achtet, hebe ich besonders auf die positiven Möglichkeiten *in den einzelnen* Gruppenmitgliedern ab. Deren Entwicklungspotentiale kommen jedoch, wie mehrfach betont, nur dann zur Entfaltung, wenn der Gruppenleiter eine echte Autorität darstellt.

5. Die Methode der Familien-Analyse in der Gruppe

Der vom Familienmodell ausgehende Leiter, der in der Therapiegruppe eine Wiederbelebung der Familien-Gruppe sieht, wird sich nicht völlig passiv verhalten und lediglich Projektionsschirm und Übertragungsobjekt der Gruppe darstellen. Er wird vielmehr *aktiv auf dem Hintergrund seiner Modellvorstellung* vorgehen und unter Umständen im Sinne von *Stekel's* „aktiver Technik" bei gegebener Indikation gewisse schockartige Reaktionen der Gruppenmitglieder nicht scheuen. Für eine derartige *„psychologische Schocktherapie" im Sinne Stekel's* ist natürlich ein entsprechend günstiges Gruppenklima absolute Voraussetzung. Die Interpretation des Leiters muß auch soweit wie möglich korrekt sein, zum aktuellen Erleben der Teilnehmer oder des Teilnehmers passen, somit „ich-gerecht" sein, um entsprechend verarbeitet werden zu können. Dazu gehört auch der richtige Zeitpunkt der Deutung. Sind die genannten Voraussetzungen gegeben, dann wird auch eine zunächst schockartig wirkende Deutung durchaus verarbeitet, inkorporiert oder verinnerlicht. Sie wirkt dann im Sinne eines ich-stärkenden Vorganges und zwar dadurch, daß sich der Patient mit der gegebenen Deutung identifiziert. Die genannte aktive Technik *Stekel's* ist nicht weit vom Vorgehen *Adler's* (1928) entfernt, der sagt: „Grundlage für die korrektiven affektiven Erlebnisse (des Patienten) sind bewußt geplante und gesteuerte affektive Reaktionen des Therapeuten auf das Material des Patienten derart, daß dadurch den pathogenen elterlichen Haltungen entgegengewirkt wird." Dies schließt eine Art Wertabhängigkeit im Sinne *Slavson's* (1952) „aim-attachment" ein, über die sich unsere Patienten den vom Leiter repräsentierten Werten „anpassen". Dabei muß der Patient zur Stärkung seines eigenen Ichs zunächst *lernen,* die sachliche, erwägende und bejahende Technik des Analytikers nachzuahmen, ebenso wie ein Kleinkind in der Familie *durch Nachahmung* seiner Eltern lernt, mit den Schwierigkeiten der Welt fertigzuwerden. Die interpretierende Methode des Gruppenleiters ist somit, wie im vorausgegangenen Abschnitt bereits betont, nie ohne echte therapeutische Autorität des Gruppenleiters vollziehbar. Nur so ist es möglich, daß sich die Patienten über die Identifizierung mit der Haltung des Leiters progressiv verändern, ihre Übertragungen überwinden und ihr neurotisch a-logisches Denken durch ein logisches Denken ersetzen. Dazu gehört auch die Erfahrung der Gruppenteilnehmer, den Leiter als Liebesobjekt zu erleben, mit dem man sich gerne identifiziert, gefolgt von der Strukturierung eines entsprechenden väterlichen Ich-Ideals. Eine solche günstige Entwicklung ist umso eher möglich, je mehr es dem Leiter gelingt, mit aktiver Intention auf Realitätsanpassung hinzuwirken.

Die eher *väterliche Haltung* des Gruppenleiters bedarf einer Ergänzung durch eine eher *mütterliche Haltung:* Wie zum Teil schon im dritten Abschnitt betont, fördert die liebende Zuwendung der Mutter die Entwicklung des Kindes. Deren freudiger „Glanz im Auge" (*Kohut* 1973) tut dem Kind gut. Die Folge ist eine positive primäre Objektbeziehung, die nach Verinnerlichung zu einem sich selbst liebenden Selbst führt. Derartige Prozesse finden auch im Familienmodell der Gruppe statt. Die einzelnen Gruppenmitglieder erleben die warme Zuwendung des Gruppenleiters, verinnerlichen diese und lernen, sich auf diese Weise selbst zu lieben, zu schätzen und zu sich selbst Vertrauen zu gewinnen. Eine symbiotische Fusion zwischen Gruppe und Leiter würde diesen Prozeß jedoch empfindlich stören. Eine verlängerte Symbiose würde darüber hinaus zu einer Art „Ausdehnung" des Ichs führen, verbunden mit verschwommenen Ich-Grenzen und der Gefahr des Ich-Verlustes. Eine im guten Sinne mütterliche Haltung des Gruppenleiters fördert dagegen eine ich-gerechte Entwicklung der einzelnen Gruppenmitglieder und hilft mit, die entsprechenden Ängste zu überwinden.
Mein methodisches Vorgehen in der Gruppe fußt, kurz zusammengefaßt, auf der aktiven Technik *Stekel's*, behält im Hintergrund das Familienmodell der Gruppe, orientiert sich jedoch auch an anderen Modellen, wie sie zum Beispiel *Kutter* (1976) vorgelegt hat, wenn er folgende drei Schichten unterscheidet: 1. eine Schicht der bewußten Interaktionen der Teilnehmer untereinander, 2. eine Schicht der Übertragung und Gegenübertragung, sowie 3. eine tiefe Schicht eines Miteinander-verbundenseins, ohne daß dies besonders bewußt wäre. Selbstverständlich berücksichtige ich bei meinem methodischen Vorgehen den *Widerstand* der Gruppe gegenüber dem Bewußtwerden peinlicher Erlebnisse sowie die von *A. Freud* (1936) beschriebenen Abwehrmechanismen der einzelnen Gruppenmitglieder. Darüberhinaus erwies sich die *Aufteilung des Gruppenprozesses* in eine prä-ödipale, ödipale und reflexiv-interaktionelle Phase durch *Ohlmeier* und *Sandner* (1979) als hilfreich in dem von mir geschaffenen Familienmodell, denn gerade in der Familie findet eine derartige *Entwicklung*, wie von den Autoren beschrieben, statt. Wünsche, Hoffnungen, Befürchtungen der entsprechenden Phasen gehen in die Interaktion des Gruppenprozesses ein, führen zunächst zu frühkindlichen Übertragungsbeziehungen, die dann über die Deutung des Grup-

penleiters schließlich zu angemessenem Verhalten auf reflexiv-interaktioneller Ebene führen. Damit wäre die zuvor neurotische Einstellung der Patienten korrigiert in dem Sinne: „Auch wenn mich die eine oder der andere nicht so mögen, wenn ich mich von ihnen nicht so richtig geschätzt oder geliebt fühle, so gibt es andere, bei denen dies der Fall ist, an die ich mich dann wenden kann und wo ich Erfolgt habe."

6. Stekels aktive Technik in der analytischen Gruppen-Psychotherapie

Ich erlaube mir nunmehr, auf die Beiträge zur Technik der analytischen Gruppentherapie, auf die aktive Technik *Stekels* (1980) näher hinzuweisen. *Stekels* psychoanalytische Lehre hat zweifellos die weiteste Basis innerhalb aller Schulen der Tiefenpsychologie. *Stekels* Angehen des psychologischen Problems ist mehr intuitiv und empirisch als theoretisch. Aber auch theoretisch wich *Stekel* recht bald insofern von *Freud* ab, als er zeigte, daß der grundlegende Zwiespalt der Neurose keineswegs stets ein rein sexueller ist, sondern daß ganz allgemein die Neurose durch einen Charakterzwiespalt bedingt ist. *Stekel* stellte der Theorie, daß Träume nur Wünsche und Verlangen darstellen, zusätzlich auch eine Theorie der Warnung gegenüber, – einer Warnung, die sich in dem moralischen Ich ausdrückt, welches *Freud* (1923a), wenn auch später im Über-Ich entdeckte. Neben dem sexuellen Ursprung der Symbole in Träumen betonte *Stekel* vor allem kriminelle Neigungen als einen anderen Grund eines neurotischen Konfliktes. Er sagt: „Der geheime Verbrecher in uns tobt sich im Traum aus." *Freud* (1923b) beschrieb eine ähnliche Idee in seinem Todestrieb, den er, wie bekannt, gegen den Sexualtrieb setzt. *Stekel* schloß so, daß „die Neurose der endopsychische Ausdruck des Hasses sei, gesehen durch die Brille des Schuldgefühls." Aus einem Gefühl der verbrecherischen Natur wachsen die Gefühle der Minderwertigkeit, Kleinheit und Machtlosigkeit. Dies sind Gefühle, die im allgemeinen symptomatisch mehr an der Oberfläche der Persönlichkeit empfunden und so auch häufiger im manifesten Trauminhalt als im latenten gefunden werden. Sie erscheinen im besonderen als sogenannte Leitmotive des Traumes, die *Stekel* durch Herausarbeitung der jeweiligen simplifizierenden Traumformel aktiv dem Patienten zum Bewußtsein bringt. Während früher die Betonung fast ausschließlich auf der Befreiung des Kindes von den Fesseln des Unterbewußtseins lag, legt man heutzutage allergrößten Wert auf eine bestimmte und *konsistente emotionelle Hilfe*leistung. Man kann sogar so weit gehen und sagen, daß der Mangel an Disziplin häufig schädlicher für ein gesundes Aufwachsen ist als selbst exzessive Verdrängung. Zu warten, bis das Kind im Neurotiker durch Befreiung des Unterbewußtseins sich selbst befreit, hat *Stekel* freilich schon frühzeitig abgelehnt. Es war für ihn kein Zweifel, daß die Befreiung unter aktiver Hilfestellung vorgenommen werden muß.

Wegen dieser aktiven Leitung ist ihm häufig der Vorwurf gemacht worden, daß seine Methode nicht mehr Psychoanalyse, sondern Suggestion sei; eine Ansicht, die ich nicht teile.

Die alten Familienübertragungen müssen analysiert und neue, gesündere Gruppenformierungen geschaffen werden: Hier spielt auch die sogenannte „Bezugsgruppe", die „reference group", eine interessante Rolle. Darunter ist jene Beziehung eines Individuums zu einer Fremdgruppe zu verstehen, in welcher sich der Betreffende die Wertmaßstäbe und Verhaltensnormen der anderen Gruppe zu eigen macht, weil es in sie einzugehen wünscht. Dies muß naturgemäß sowohl die soziale Distanz von ihm zur Fremgruppe verringern, wie auch seine Stellung in der Eigengruppe prekär machen. Das bewußte Eingehen in eine andere Gruppe wird zu einer Stärkung eines gesünderen individuellen Standpunktes führen, wenn nach dem Loslösen von dem neurotischen Familienklima ein gesünderes „*Gruppenklima*" in der therapeutischen Gruppe geschaffen wird (*Slavson* 1952). Bezüglich der Vater-Imago ist es bedeutungsvoll, daß sie ihren falschen autoritativen disziplinären Charakter verliert. Auf der anderen Seite muß in der Gruppentherapie bis zu einem gewissen Grade der Arzt als ein führender und beratender Vater fungieren, da ja schließlich doch ein solcher im wirklichen Leben eine wesentliche Rolle spielt. Der Therapeut sollte vor dieser Aufgabe nicht zurückschrecken. Man muß nicht nur den verstehenden Vater darstellen, der als solcher die wahren oder falschen Über-Ich-Ansprüche aufdeckt, sondern der auch zu zeigen hat, wie das Ich vernünftigerweise zu arbeiten hat. Hier spielt *die aktive Methode Stekels* eine wesentliche Rolle. Ich gehe den Widerstand im Patienten in dessen Sinne aktiv an, indem ich nicht passiv analytisch warte, bis er ihn erkennt, sondern, wenn nötig, ihm diesen auf den Kopf zu sage. Wie bereits erwähnt, können wir dies heute, nach so enormen Erfahrungen der Psychoanalyse, mehr als je tun, so daß wir nicht mehr so sehr raten, sondern gewöhnlich in der Lage sind, zu wissen. Dieses beeindruckt den Patienten und erweckt emotionelle Reaktionen im Sinne von einem „*Challenge and Response*", die zu einer schnelleren Aktivierung der Kräfte des Patienten, im Sinne der genannten aktiven Technik führt. In der *Stekel*schen aktiven Methode, bei der das bereits erwähnte „Anschießen" eine solche wertvolle Bedeutung hat, wird das sog. „acting out" von Übertragung und Widerstand durch das „Anschießen" besonders provoziert. Übertragung und Widerstand werden mehr akzentuiert, die Therapie wird dadurch dramatisch und dynamisch und der Analyse mehr zugänglich. Im ganzen kommen durch die aktive Methode in der Familienkonstellation meiner Gruppen die abgewehrten Erlebnisse viel besser heraus.

Ein Charakteristikum vieler Gruppen besteht darin, daß sie *ohne Führer hilflos sind und daher zur Desintegrierung neigen.* Dies gilt freilich umso mehr, wenn die Gruppe, wie so oft, aus infantilen neurotischen Individuen besteht, die in ihrer Unreife mehr zum Vaterführer aufzuschauen pflegen als reifere Menschen. Das Ziel der Gruppe wird natürlich sein, zur Reife zu streben, die den Führer immer mehr entbehren und sich somit demokratisch formieren kann. Ein weiteres aktives Eingreifen findet, wie bereits erwähnt, in der Traumdeutung statt. Nun ermuntere ich auch die Gruppenteilnehmer, nicht nur freie Assoziation zu den Träumen von Gruppenteilnehmern, sondern auch aktive Deutungen ihrer Patienten-Brüder und -Schwestern vorzunehmen. Abschließend würde ich sagen, daß die aktive *Stekel*sche Methode zwar eine vertikale Tiefenpsychotherapie in der Gruppe weitgehend erlaubt, daß sie sich aber im ganzen mehr horizontal mit der Anpassung an die Gesellschaft befaßt. Aktive Therapie im *Stekel*schen Sinne bedeutet nicht ein Aufzwingen durch Außenaktion, sondern vielmehr eine Aktivierung, – ein „Packen" – der seelischen Kräfte, die das geschwächte Ich des Neurotikers so dringend braucht. „Dreingreifen, Packen, ist das Wesen jeder

Meisterschaft", sagt *Goethe*. In diesem Sinne ist *Stekel* ein vorbildlicher Meister nicht nur der individuellen Psychtherapie, sondern auch von größter Bedeutung für die Gruppenpsychotherapie.

7. Ziele der Gruppentherapie im Familienmodell

Hauptziel der Gruppentherapie ist Anpassung an die Realität: Nach *Heinz Hartmann* (1939) muß sich das Individuum an die Realität anpassen. Somit hat das Ich eine zu Bewußtsein führende, aufbauende Qualität. Um dieses Ziel zu erreichen, müssen oft destruktive Es-Tendenzen durch entsprechende Abwehrmechanismen vom Ich abgehalten werden. Die Anpassung an die Realität gelingt natürlich umso besser, je weniger Abwehrmechanismen notwendig sind. Das heißt: durch entsprechende Ich-Aktivitäten müssen die zuvor abgewehrten, für das Ich bedrohlichen Triebtendenzen im Schutze der Gruppe und der Autorität des Gruppenleiters nach und nach ins Ich integriert werden. Ich-Anpassung im *Hartmann*schen Sinne, dem ich hier folge, meint sowohl Anpassung im Hinblick auf die von innen kommenden Triebkräfte als auch in bezug auf die von außen kommenden Einflüsse seitens der Realität. Ohne Berücksichtigung beider Tatsachen gibt es keine Ich-Entwicklung. Die erste Realität des kleinen Kindes ist hierbei die Mutterbrust, später die gesamte Gestalt der Mutter und im Laufe der weiteren Entwicklung schließlich die Familiengruppe, denn der Mensch ist konstruktiv von Anfang an ein soziales Wesen, das durch die Mutter, im weiteren Sinne durch die Eltern, durch die Familie und durch weitere folgende Gruppen in die soziale Welt eingeführt wird.
Weitere Ziele der Gruppentherapie sind Kreativität, Ich-Identität und Wir-Bildung: Kreativität ist Folge der in uns angelegten konstruktiven Aggressivität im Sinne von adgredi = auf etwas zugehen. Konstruktive Aggressivität in dem genannten Sinne ist nicht primär triebhaft, sondern stellt eine sinnvolle Ich-Funktion dar, wenn diese auch mit dem Es verbunden ist. Nur über die zwei großen seelischen Quellen: Aggressivität und Libido, ist Kreativität möglich, wird die entsprechende Ich-Funktion zu einer echt schöpferischen Kraft. Wenn *Erich Fromm* (1970) von der „Revolution der Hoffnung" spricht, so kann von Hoffnung nur

dann die Rede sein, wenn sich Aggressivität und Libido im Ich konstruktiv auswirken. In diesem Sinne ist wertvoll oder gut all das, was zur größeren Entfaltung der menschlichen Möglichkeiten beiträgt und das Leben fördert. Nicht wertvoll oder schlecht wäre dagegen all dies, was Leben einschränkt und das Aktivsein des Menschen lähmt. Es ist ein bevorzugtes Ziel der Gruppentherapie, diese Möglichkeiten zu fördern und die Hindernisse vor kreativem Entfalten, wie sie besonders in unbewußten Ängsten und entsprechenden Abwehrmechanismen bestehen, durch Analyse zu beseitigen.

Initiative, Ich und Selbst sind zentrale Begriffe in meinem Denken, weshalb ich hier in Zusammenhang mit den Zielen der Gruppentherapie im Familienmodell besonders darauf eingehen möchte. Im Laufe des Gruppenprozesses entwickelt sich die Gruppe von einem prä-gruppalen Zustand zu einem gruppalen. Die zuvor genannten neurotischen Prozesse sind über entsprechende Realitätsprüfung bei gegebener Autorität des Leiters in realitätsgerechte Haltungen übergegangen. Damit gelangen die einzelnen Gruppenmitglieder zu eigener Initiative. In dem Maße, als sie diese eigene Initiative entwickeln, kann die Autorität des Therapeuten allmählich reduziert werden. Mit anderen Worten: der Patient lernt, über eigene Initiative, sein eigenes Selbst zu finden.

An dieser Stelle sei es mir gestattet, auf einige Gedanken der existentiell orientierten Psychoanalyse kritisch einzugehen, da sie für die analytische Gruppentherapie von Bedeutung sind: Das Meistern des eigenen Geschicks steht nämlich in gewissem Grade in einem Widerspruch zum bekannten Determinismus in der Psychoanalyse. Allerdings erscheint der Widerspruch insofern als illusionär, als der Charakter des Menschen gleichermaßen von Disposition und Umgebung abhängt. Die Einführung des Bewußtseins jedoch, so meine ich, wird zu einem Beobachter der wechselseitigen Beeinflussung innerhalb der Persönlichkeit des einzelnen. Das Ich nimmt beobachtend wahr, was von innen und außen auf es einwirkt, wobei im Hinblick auf die von innen kommenden Prozesse besonders diejenigen des Über-Ichs und des Es wichtig sind.

In der modernen Psychologie und Psychotherapie spielt der *Begriff des Selbst* eine zunehmende Rolle. Ich habe darauf meinerseits (*Schindler* 1975) hingewiesen: Das „Selbst" kann mit einem religiösen, das heißt, rückbezogenen Hintergrund (re-ligio) als ein Phänomen einer intentio-

nalen „Fühl-Wahrnehmung“ im Sinne eines Lebensprinzips verstanden werden. Es wird innerhalb des Ichs durch Objektbeziehungen als Teile des Ichs innerseelisch ausbalanciert und koordiniert. Insofern erscheint das „Selbst“ als *eine Art führende und koordinierende Instanz, die über die jeweiligen Inhalte von Es, Ich und Über-Ich über ein „Anpassungs-Erlebnis“ abwägend und durch Versuch und Irrtum entscheidet.* Ohne eine derartige Entscheidung, kann sich ein Selbst nicht entwickeln. Der Neurotiker leidet aber gerade daran, daß er sich nicht entscheiden kann. Insofern stimmt, was *Alfred Adler* (1928) sagt: „Eines der Schicksale neurotischer Phänomene ist die Psychoneurose, eine dem Gemeinschaftsgefühl und der Anpassung widersprechende Gangart, ein Weg der Unversöhntheit, der die volle Lebensfähigkeit aufgibt. Die Psychoneurose ist durch die Eitelkeit erzwungen und hat den Endzweck, einen Menschen vor dem Zusammenprall mit seiner Lebensaufgabe, mit der Wirklichkeit, zu sichern.“ Dabei erlebt, dies möchte ich in Ergänzung zu *Adlers* Feststellung hinzufügen, der Mensch beim Versuch, seine Lebensaufgabe zu bewältigen, Angst: „Angst entsteht in jedem Fall, wo die ‚Enge‘ der Lebensmöglichkeiten erlebt wird.“ (*Adler*, a. a. O.)
Durch die Erfahrung während der Gruppentherapie können die genannten Ängste wiedererlebt und im Nachhinein korrigiert werden. Dabei ist es das Ich, das die verschiedenen Instanzen zu einer Synthese führt. Gelingt dies nicht, wird zum Beispiel die Integration durch das Über-Ich beeinträchtigt. dann resultiert ein gestörtes Selbstgefühl. Gelingt es dagegen, die Über-Ich-Einflüsse abzubauen, dann ist der Weg zur Entwicklung eines gesunden Selbst frei. Hierzu ist die oben erwähnte koordinierende und interpretierende Funktion des Gruppenleiters von entscheidender Bedeutung; desgleichen seine „mütterliche“ Einfühlung und seine „väterliche“ Autorität.
An dieser Stelle muß noch einmal der Begriff der *Abwehr* erwähnt werden. Regulierung und Integration des Selbst ist natürlich nur dann möglich, wenn die Differenzierung und Integration der das Selbst einschränkenden Abwehrprozesse genügend analysiert sind. Nur dann ist Selbstentwicklung im Dienste des Lebensprinzips durch eine spezifische „Fühl-Wahrnehmung“ sowohl inneren als auch äußeren Reizen gegenüber möglich. Die Rolle des Ichs entspricht hierbei einem Computer, während das Selbst den Programmierer darstellt. Der Programmierer

erhält meiner Meinung nach den Auftrag aus der Dynamik des Wünschens; das heißt letztlich aus der schöpferischen Kraft des Überlebenswunsches, was die Beherrschung destruktiver Tendenzen, mögen sie von innen oder von außen kommen, voraussetzt.

8. Die Gruppe als Basis für Persönlichkeits-Entwicklung und -Heilung

Bezüglich des Anwendungsbereiches der analytischen Gruppentherapie komme ich zum Schluß, daß *Adler*s Individualpsychologie für die analytische Gruppentherapie grundlegend war. Hier geht es um das Beleben des Gemeinschaftsgefühls und um die Notwendigkeit der sozialen Anpassung; bei *Adler* wichtiger als bei jeder anderen Schule. Die symbolische Bedeutung von Traditionen jedoch, die ihren Niederschlag im kollektiven Unbewußten findet, ist mehr in der analytischen Psychologie *C. G. Jung*s betont und die mehr affektive analytische Technik hauptsächlich das Verdienst *Stekels*. *Adler* betonte mit Recht, daß das „Liebe deinen Nächsten" dem Instinkt gleiche und eine Vorbedingung für das Gemeinschaftsgefühl sei. Wenn nun die Neurose als Resultat eines Konflikts zwischen Trieben und Moral definiert ist und die Moral sich als die Gesamtsumme von Notwendigkeiten unter bestimmten Lebensbedingungen ergibt, dann ist es klar, daß eine solche Neurose das Resultat einer falschen Anpassung an die Gesellschaft ist.
Der Begriff der Group-„familial" wurde vom Soziologen *Durkheim* geprägt. Mit Recht weist er darauf hin, daß dieser für den Aufbau der Persönlichkeit von größter Bedeutung ist. *C. H. Cooley* sprach daher von einer sogenannten „Intimate Face to Face Cooperation" innerhalb der Familie. Nun ist es ja in der Psychanalyse wichtig, den Pat. von den Bindungen einer unzweckmäßigen, allzu intimen Familiengruppe zu befreien. Alte Familienübertragungen haben analysiert und durch neue, gesündere ersetzt zu werden. Für diesen Zweck wird jede analytische Psychotherapie, die Gruppentherapie jedoch besonders indiziert sein. Je deutlicher der Charakter einer Kernneurose in den Vordergrund tritt, desto mehr wird jedoch die individuelle Therapie angezeigt sein. Da

dieser Typ der Neurose auf der ursprünglichen Mutter-Kind-Beziehung beruht, wird er im wesentlichen prägenital geformt sein. Diese Kernneurosen sollten nur individuell behandelt werden, jedenfalls solange, bis ihr prägenitaler Charakter soweit durchgearbeitet ist, daß der Patient den ersten Schock der analytischen Entwöhnung der Mutter-Kind-Beziehung überwunden hat. So ist die ontogenetische Erfahrung der Mutter, so wie ich es (*Schindler* 1951, 1980) mehrfach beschrieben habe, von allergrößter Bedeutung für die Gesamtheit einer symbolischen Muttergruppe.

9. Einige aktuelle theoretische Fragen im Zusammenhang mit der Familientheorie der Gruppe

Eine vieldiskutierte Frage ist die, ob der Einzelne in der Gruppe oder die Gruppe als Ganzes interpretiert werden soll: Das wichtigste Problem dabei scheint mir die Frage zu sein, ob wir das Individuum mit Hilfe der Gruppe oder die Gruppe als Ganzes behandeln wollen. Im letzteren Fall würde die Gruppe wie ein Individuum behandelt werden. Die Wirklichkeit aber ist, daß der Gruppenleiter ebenso wie eine Mutter oder ein Vater jedem Patienten das Gefühl der Sicherheit vermittelt. Dabei sorgt schon die Gruppe selbst dafür, daß egozentrischen Tendenzen Einzelner Einhalt geboten wird (*Slavson* 1952). In einer therapeutischen Gruppe mit neurotischen Patienten, deren zwischenmenschliche Beziehungen gestört sind und die sich unbewußt von einem strengen Über-Ich eingeschränkt fühlen, deren Ich-Funktionen womöglich selbst gestört sind, kann ein derartiges Wir-Gefühl nicht aufkommen. Und somit erhebt sich die Frage, ob wir die ersten Zusammentreffen unserer Patienten überhaupt als eine Gruppe bezeichnen können, denn zunächst besteht das Zusammentreffen lediglich aus einer Anzahl von Patienten, die sich egozentrisch mit ihren persönlichen Sorgen, Ängsten und Problemen befassen und sich in ihrer Suche nach Hilfe jeweils einzeln an den Therapeuten wenden. Insofern ist der therapeutische Prozeß, mindestens während des Beginns einer Therapie in der Gruppe, auf die Einzelnen und auf den Leiter bezogen. *Nur allmählich bildet sich durch das gemeinsame Ziel der Gesundung ein Zusammengehörigkeits-, Wir- oder*

Gruppen-gefühl. Trotzdem bleibt „Gruppe", meiner Meinung nach, lediglich ein Konzept. In Wirklichkeit gehen wir mit einzelnen Patienten um, die sich lediglich in der Situation der Gruppe gruppen-spezifisch verhalten. Meiner Meinung nach soll eine Gruppe genausowenig wie die Gesellschaft oder der Staat Aufgaben übernehmen, die nur das Individuum selbst meistern kann.

Der Standpunkt, die Gruppe jeweils als Ganzes zu analysieren und die einzelnen Teilnehmer nicht individuell zu beachten, mag im Hinblick auf Situationen, die von allen Gruppenmitgliedern geteilt werden, von Vorteil sein. Andererseits besteht in einer ausschließlich gruppen-zentrierten Betrachtungsweise die große Gefahr, daß die einzelnen Teilnehmer der Gruppe regressiv in massenpsychologische Prozesse geraten, die therapeutisch unerwünscht sind. Wir würden damit dem Einzelnen, der sich an uns wendet, nicht gerecht werden. Der Mensch ist, wie *Battegay* (1967) sagt, immer ein Mensch, der in der Gruppe lebt, ebenso wie sich die Gruppe im einzelnen Menschen abbildet. Das heißt: Der Patient muß zunächst Gelegenheit bekommen, in der Gruppe *die Rolle eines Einzelnen* zu spielen, der sich gewöhnlich solange egozentrisch verhält, bis er sich an die Rollen gewöhnt hat, die in seinem Erleben die anderen Gruppenmitglieder als Brüder und Schwestern in der Familie gespielt haben und die die anderen in der Gruppe via Übertragung übernehmen. Geschieht dies, und wird das Verhalten der Einzelnen in der Gruppe analysiert, dann haben die Teilnehmer Gelegenheit, ihre pathogenetischen, gewohnheitsmäßigen Haltungen abzulegen und neue Verhaltensweisen zu lernen. Die *Übertragungsrollen der Kinheit* müssen also korrigiert und soweit wie möglich abgebaut werden. Dies geschieht am Besten *in der „Hier-und-jetzt"-Situation* der Gruppe *durch die Deutungen des Gruppenleiters,* die sich *gleichermaßen an die Gruppe als Ganzes und an die einzelnen Teilnehmer wenden.* Dabei kann die genannte Schock-Therapie im Sinne *Stekels* durchaus von Nutzen sein.

Bei der Frage, ob nun Einzeldeutungen oder Gruppendeutungen bevorzugt werden sollen, handelt es sich, kurz zusammenfassend, darum, daß diejenigen multilateralen Übertragungen aufgedeckt werden, die als stereotype Rollen, wie sie ursprünglich in der Familie gelernt wurden, bewußt gemacht werden und richtiggestellt werden. Die Deutungen müssen hierbei im Besonderen die Familiensituationen berücksichtigen, in denen das heranwachsende Kind immer mehr oder weniger mit Mutter, Vater oder Geschwistern zu tun hat.

Im weiteren möchte ich auf *drei Gefahren* in der analytischen Gruppentherapie besonders hinweisen:

Die erste Gefahr bezieht sich auf die falsche Indikation: Im großen und ganzen sind fast alle Neurosengruppen psychotherapeutisch zu behandeln, wenn der Grad der Gestörtheit der prämorbiden Persönlichkeit ein bestimmtes Maß nicht übersteigt. Ist jedoch das Ich insgesamt schwach und ist besonders dessen Frustrationstoleranz gering ausgeprägt, kommt eine Gruppentherapie kaum in Frage. Sie kann dann sogar gefährlich werden. Dies trifft besonders bei schweren paranoiden Erkrankungen zu. Auch übersteigert narzißtische, monopolistische Patienten, wie zum Beispiel schwere Soziopathen, sind weniger für Gruppentherapie geeignet. Dasselbe gilt für schwerere Perversionen. Ich rate dazu, um einigermaßen sicherzugehen, bei jedem potentiellen Patienten, mehrere Probesitzungen vorzunehmen, um festzustellen, inwieweit der potentielle Patient für das Verfahren der Therapie in der Gruppe besonders geeignet ist.

Die zweite Gefahr in der analytischen Gruppentherapie ist eine falsche theoretische Konzeption mit einer damit zusammenhängenden fehlerhaften oder unzweckmäßigen Technik: Die Gruppe wie eine einzelne Person aufzufassen ist meiner Ansicht nach ein Konzept, dem jede theoretische Grundlage fehlt. Ich habe schon oben darauf hingewiesen, daß wir es zwar mit der Situation einer Gruppe zu tun haben, daß die Gruppe aber durch einzelne Menschen zusammengesetzt wird, die sich an uns als je Einzelne wenden. Insofern kann Gruppe als Ganzes allenfalls im Sinne eines Symbols verstanden werden, wie ich es (*Schindler* 1951) beschrieben habe. In Übereinstimmung damit sagt *Reiwald* (1946) in seinem Buch „Vom Geist der Massen", daß „einer der Wege, um das unbewußte Verlangen zu befriedigen und eine Wiederherstellung der völligen Einheit zwischen Ich und Außenwelt vorzunehmen, das Aufgehen in der Masse" sei. Bei einer Therapiegruppe handelt es sich aber nicht um eine solche Gruppe im Sinne einer Masse. Deswegen ersetzt auch *Slavson* (1952) das Wort Gruppe durch „copresence of patients" und *Battegay* (1967) spricht davon, daß die Gruppe zwar „ein hochor-

ganisiertes soziales Gebilde" sei, das aber „aus einer meist kleinen Zahl von wechselseitig in Beziehung stehenden Individuen zusammengesetzt ist", in dem „jedes Mitglied eine bestimmte Funktion hat". Insofern mag das Ziel einer bestimmten Zahl von Gruppenteilnehmern über einige Zeit dasselbe sein, nicht aber das individuelle Angehen des Zieles. Der Patient hat also in der Gruppe dieselbe Bedeutung wie die Gruppe für den Patienten. Ich persönlich gehe so vor, daß ich den Teilnehmern zunächst Gelegenheit gebe, untereinander in wechselseitige Beziehungen zu treten. Hat dann ein Gruppenmitglied genügend genetisches Material erinnert, dann können die anderen Mitglieder dazu Stellung nehmen, damit übereinstimmen oder eine ablehnende Haltung einnehmen.
Damit komme ich zur dritten Gefahr; der ungenügenden Ausbildung: Es sollte selbstverständlich sein, daß jeder Gruppenleiter eine gründliche psychoanalytische Ausbildung in Einzeltherapie absolviert hat, selbst Mitglied in einer Selbsterfahrungsgruppe war und seine ersten Versuche im therapeutischen Umgang mit Gruppen unter Anleitung eines erfahrenen Lehrers überprüft hat. Dabei hat sich das von mir (*Schindler* 1969) eingeführte „fraktionierte Selbsterfahrungsgruppen-System" bestens bewährt.
Auf Unterschiede und Gemeinsamkeiten meiner Gruppenkonzeption gegenüber dem *Foulkes*schen Gruppenkonzept möchte ich noch besonders eingehen: *Foulkes* spricht von der Matrix als Mutterboden, während für mich Mutter eine ontogenetische Bedeutung hat. *Foulkes* sagt, daß der Begriff Matrix in sich selbst den Anspruch einer prä-exisierenden Gemeinschaft unter den Mitgliedern hat, weil Matrix auf die Tatsache gründe, daß wir alle menschlich seien (*Foulkes & Anthony* 1957). Meiner Ansicht nach handelt es sich hierbei aber um psychologische Phänomene, die als Gruppenphänomene interpretiert werden. Mir erscheint es persönlich als sehr zweifelhaft, inwieweit man eine Analyse des Unbewußten auf die Gruppe als Ganzes übertragen kann. *Allport* (1946) äußert ebenfalls Zweifel im Hinblick auf ein allgemeines biogenetisches Prinzip, wenn er meint, daß derartige Prinzipien immer individuelle Phänomene seien. Ein derartiges Prinzip mag auch die von *Foulkes* herausgestellte Matrix sein und zwar insofern als von uns allen Mutter als etwas mütterliches erfahren wird, als „große Mutter" im

Sinne von *C. G. Jung* oder *Erich Neumann* (1956). Meiner Meinung nach lassen sich derartige archetypischen Phänomene in ihrem positiven wie negativen Sinne allenfalls als Ganzes beschreiben, nicht aber im Rahmen einer therapeutischen Gruppe sinnvoll analysieren.
Die Summe meiner Erfahrungen ist, kurz gefaßt, folgende: Die Gruppe ist ein Klima, eine Atmosphäre, ein strukturierter Ort, in dem emotionale Gefühle zum Ausdruck kommen und dabei bietet die Gruppe ihren Mitgliedern die Möglichkeit, Verständnis zu finden, in einer ausgeglichenen Resonanz aufeinander zu hören, was jedoch – und das möchte ich ganz besonders betonen – nicht in einer Konformität enden sollte. Ein Aufeinander-eingestimmt-sein muß nicht auf Einstimmigkeit hinzielen. Ich zögere daher im Gegensatz zu vielen anderen Gruppentherapeuten nicht, eine Teilanalyse eines einzelnen in der Gruppe durchzuführen, die dann sekundär Interaktionen der Teilnehmer untereinander anregt. Eine absolute Passivität lehne ich im Prinzip ab, da sie zu Frustration und damit zu Aggressivität führt und ohnehin nicht zu einem natürlichen Verhalten in zwischenmenschlichen Beziehungen gehört. Zur theoretischen Orientierung halte ich das Drei-Phasen-Modell *Dieter Sandners* (1978) für geeignet, um sich bei der Fülle der in Gruppen ablaufenden Prozesse zu orientieren. Im übrigen verweise ich auf die Sammlung meiner Aufsätze in meinem Buch „Die analytische Gruppentherapie nach dem Familienmodell" (*Schindler* 1980).

Literatur

Adler, A.: Über den nervösen Charakter. I. F. Bergmann, München 1928

Alexander, F.: Fundamentals of Psychoanalysis. George Allen & Unwin Ltd., London 1948

Allport, G. W.: Culture and Personality. In: Handbook of Social Psychology. London, Kegan Paul, Trench, Trubner & Co., 44–45, 1946. Deutsch in „Soziologie" Das Fischerlexikon, Frankfurt/M. 1958

Battegay, R.: Angst als Ausdruck psychischen Krankseins. Schweiz. Med. Wochenschrift 93, 1963, S. 777

Battegay, R.: Der Mensch in der Gruppe, Bd. 2, Hans Huber, Bern 1967

Bion, W. R.: Erfahrungen in Gruppen und andere Schriften. Klett-Verlag, Stuttgart 1971

Ezriel, H. (1952): Bemerkungen zur psychoanalytischen Gruppentherapie. Interpretation und Theorie. In: Ammon, G. (Hg.) Gruppenpsychotherapie. Kindler-Verlag, München 1976

Foulkes, S. H.: Gruppenanalytische Psychotherapie. Reihe „Geist und Psyche" Nr. 2130 Kindler, München 1974

Foulkes, S. H. & Anthony, E. J.: Group Psychotherapy, Penguin Books, Harmondsworth 1957

Freud, A. (1936): Das Ich und die Abwehrmechanismen. Imago, London 1946

Freud, S. (1923a): Das Ich und das Es. G. W. XIII, S. 256–267. Imago, London 1940

Freud, S. (1923b): Das Ich und das Es. G. W. XIII, S. 268–276. Imago, London 1940

Fromm, E.: Die Krise der Psychoanalyse. In: Analytische Sozialpsychologie und Gesellschaftstheorie. Edition Suhrkamp, Frankfurt, 1970, S. 193–228. Vgl. auch: Die Furcht vor der Freiheit, Zürich 1945 bzw. Ullstein Materialien 35178 Frankfurt/Berlin/Wien 1983

Hartmann, H.: Ich-Psychologie und Anpassungsproblem. Klett-Verlag, Stuttgart 1939

Kohut, H.: Narzißmus. Suhrkamp, Frankfurt/Main 1973

Kutter, P.: Elemente der Gruppentherapie. Vandenhoeck & Ruprecht, Göttingen 1976

Lagache, D.: Psychoanalyse et Structure de la Personalité. 1961 (vgl. auch Lacan, J. (1977): Anika Lemaire. Routledge & Kegan Paul, London)

Neumann, E.: Die große Mutter. Rhein-Verlag, Zürich 1956

Ohlmeier, D. & Sandner, D.: Selbsterfahrung und Schulung psychosozialer Kompetenz. In: *Heigl-Evers* (Hg.) Lewin und die Folgen. Psychologie des 20. Jahrh., Bd. VIII, Kindler, München 1979

Reiwald, P.: Vom Geist der Massen. Handbuch der Massenpsychologie. Pan-Verlag, Zürich 1946

Sandner, D.: Psychodynamik in Kleingruppen. UTB 828, München 1978

Schindler, R.: Dynamische Prozesse in der Gruppenpsychotherapie. Gruppenpsychotherapie und Gruppendynamik 2, 1968, S. 9–20

Schindler, W.: Family Patterns in Group Formation and Therapy. Int. J. Group-Psychotherapy 1, 1951, S. 100–105

Schindler, W.: Fraktionierte Selbsterfahrungsgruppen. Klett, Stuttgart 1969

Schindler, W.: Gruppenanalytische Psychotherapie und das Selbst. Gruppenpsychotherapie und Gruppendynamik 9, H. 3, 1975, S. 227–236

Schindler, W.: Die analytische Gruppentherapie nach dem Familienmodell. Ernst Reinhardt-Verlag, München 1980

Slavson, S. R.: Analytic Group Psychotherapy. Columbia Univ. Press, New York 1952

Stekel, W.: Aktive Psychoanalyse, eklektisch gesehen. Ein Lehrbuch, zusammengestellt, kommentiert, mit eigenen Fällen ergänzt und herausgegeben von Walter Schindler, Hans Huber, Bern 1980

Whitaker, D. S. & Lieberman, M. A.: Psychotherapy through the Group Process. Tavistock Publs., London 1965

White, R. & Lippitt, R.: Leader Behaviour and Member Reactions in three ‚social climats'. In: Cartwright, D. & Zander, A. (Eds.): Group Dynamics, Row, Peterson & Co., Evanston, Illinois/Elmsford, New York 1953

2.2 Analyse der Gruppe als Ganzes – eine umstrittene Perspektive

Dieter Sandner (München)

Die Theoriebildung in der analytischen Gruppentherapie ist mittlerweile an einem Punkt angelangt, an dem es nicht mehr sinnvoll ist, einzelne „klassische" Konzepte wie z. B. die Ansätze von *W. R. Bion, S. H. Foulkes* oder *W. Schindler* einfach darzustellen. Ganz offensichtlich handelt es sich bei diesen und anderen Konzepten jeweils um eine ganz bestimmte spezifische *Sichtweise* des Gruppengeschehens. Bei der Lektüre dieser Autoren überrascht immer wieder, wie wenig sie die Vor- und Nachteile der jeweiligen Sicht diskutieren. Es wird wenig deutlich, welche therapeutischen Effekte die eine oder andere Weise der analytischen Gruppenarbeit für die Patienten haben könnte und welche Aspekte des Gruppengeschehens durch die jeweilige Arbeitsweise besonders hervortreten. Vielfach hat es auch den Anschein, als ob die Vertreter einer bestimmten Richtung oder Schule lediglich *ihre* Begrifflichkeit gleichsam wie ein Netz den Vorgängen in Gruppen „überwerfen" und wenig Mühe darauf verwenden, zu *belegen,* inwiefern dies dem Geschehen in der Gruppe angemessen ist (vgl. *Sandner* 1981 a).
Besonders augenfällig ist dies bei einer Therapietradition, die unter psychoanalytisch orientierten Gruppentherapeuten große Bedeutung hat: der Konzeption, „die Gruppe als Ganzes" zu betrachten. Gemäß diesem Ansatz „überträgt" die Gruppe als Ganze auf den Gruppenleiter, „leistet Widerstand", „regrediert" usw. Ich möchte deshalb im Rahmen dieses Beitrages dieses Konzept „Gruppe als Ganzes", dessen Ursprünge auf *W. R. Bion* zurückgehen, einer kritischen Würdigung unterziehen.
Dabei werde ich in einem ersten Abschnitt eingehend die Entstehung und Ausarbeitung dieses Ansatzes bei *Bion* schildern, der bei uns auch unter der Bezeichnung *Tavistock-Modell* bekanntgeworden ist.

In einem zweiten Abschnitt werde ich die Modifikationen darlegen, die dieses Konzept schon früh (1952) durch *Ezriel* und *Sutherland* erfahren hat, die eng mit *Bion* zusammengearbeitet haben, sowie die spezielle Variante, die 1957 in Südamerika von *Grinberg/Langer/Rodrigué* entwickelt wurde. Daran anschließend werde ich im Rahmen meiner Überlegungen zur Entwicklungsgeschichte dieses Konzeptes auf die spezifische Rezeption eingehen, welche die gerade genannten Autoren im deutschen Sprachraum gefunden haben u. z. anhand der beiden wichtigsten Vertreter *H. Argelander* sowie *D. Ohlmeier*.
Im dritten Abschnitt werde ich mich eingehend mit der Frage auseinandersetzen, wie das Konzept „Gruppe als Ganzes" in heutiger Sicht einzuschätzen ist. Speziell wird es darum gehen, welche Phänomene in Gruppen aufgrund welcher Interventionstechnik besonders hervortreten und welche nicht in den Blick kommen. Dabei wird deutlich werden, daß dieser Ansatz, der bei *Bion* in erster Linie noch der Klärung unverständlicher Spannungen in Gruppen diente, bei einigen Autoren eine gewisse „Verdinglichung" erfährt, wie wenn dem Gruppenleiter in der Tat eine „Quasi-Person" gegenüber sich befinden würde.
Da ich es nicht sinnvoll finde, den hier zu untersuchenden Ansatz lediglich kritisch zu hinterfragen, möchte ich am Ende dieses Beitrages noch einen Ansatz vorstellen, der es gestattet, die Vorzüge des Konzeptes „Gruppe als Ganzes" zu verknüpfen mit den Befunden anderer Autoren. Hierbei handelt es sich um eine Modellüberlegung von mir über die Entwicklung von analytischen Gruppen unter dem Blickwinkel einer für Vorgänge in Gruppen modifizierten psychoanalytischen Entwicklungspsychologie (vgl. *Sandner* 1978).

I. Die analytische Theorie der Gruppe von W. R. Bion

Charakteristisch für die frühen Formulierungen der Annahmen von *Bion* über das Geschehen in analytischen Gruppen ist die Nähe zu seinen Erfahrungen im Umgang mit solchen Gruppen, insbesonders sein Versuch zu verstehen, wie es zu Spannungen in Gruppen komme (vgl. zum Folgenden auch *Sandner* 1975):
Bion hat in Selbsterfahrungsgruppen die Erfahrung gemacht, daß nur

bestimmte Beiträge – sei es von einzelnen oder vom Gruppenleiter – aufgegriffen wurden bzw. Anklang fanden. Andere Beiträge, so treffend und differenziert sie auch sein mochten, stießen auf stillschweigende Ablehnung, sie wurden einfach übergangen. *Bion* (1971) schreibt:

M. a. W., einem einzelnen Mitglied ist es nicht ohne weiteres möglich gewesen, der Gruppe Auffassungen mitzuteilen, die nicht mit denen übereinstimmen, die sie gerne hegen möchte (S. 25).

Und weiter unten:

Wir stehen also vor der Tatsache, daß die Gruppe höchstwahrscheinlich alle Deutungen, die von mir oder einem anderen ausgehen mögen, so umdeuten wird, daß sie ihren eigenen Wünschen entsprechen (S. 27).

Wie kommt es zu einer solchen unbewußten „Übereinkunft" in Gruppen? *Bion* meint,

... daß jeder, der irgendwie Kontakt mit der Realität hat, ständig die Einstellung seiner Gruppe zu ihm selbst bewußt oder unbewußt abschätzt (S. 31).

Wenn ich *Bion* richtig verstanden habe, so bedeutet dies, daß jedes Gruppenmitglied unbewußte Wünsche und Erwartungen hegt, die es an die Gruppe heranträgt. Der einzelne sieht die Gruppe durch die Brille seiner eigenen unbewußten Wünsche, nimmt deshalb nur ganz bestimmte Dinge wahr, hält dieses für möglich, jenes für unmöglich. Er interpretiert die Gruppe und die Vorgänge in ihr spontan im Lichte seiner unbewußten Übertragungen als für ihn positiv oder negativ.
Diese Übertragungsvorgänge finden in jeder Beziehung zwischen Menschen statt. *Das Neue und Bedeutsame an Bion's Konzept für das Verständnis von Gruppenprozessen ist, daß sich die Wünsche und Erwartungen der einzelnen durch projektive und identifikatorische Prozesse zu gemeinsamen Gruppenwünschen und -erwartungen spontan vereinigen.* Sie bilden fortan eine Art Gruppennorm, an der sich alle Gruppenmitglieder unbewußt emotional orientieren.
Die Psychodynamik dieser sich spontan und unbewußt einspielenden „Übereinkünfte" in Gruppen versucht *Bion* zunächst mit folgenden – recht paradox klingenden – Aussagen verständlich zu machen:

Wenn die Gruppe eine Möglichkeit zu anonymen Äußerungen bieten kann, ist der Grund zu einem funktionsfähigen System der Ausflüchte und Verleugnungen gelegt (S. 36).

Und weiter:

> ... ich werde eine Gruppenmentalität als das Sammelbecken voraussetzen, in das die anonymen Beiträge einfließen und durch das die Impulse und Wünsche, die in diesen Beiträgen liegen, befriedigt werden (S. 36).

Und schließlich,

> ... daß der einzelne in der Gruppenmentalität ein Ausdrucksmittel für Beiträge findet, die er anonym vorbringen möchte, während sie gleichzeitig das größte Hindernis auf dem Wege zu den Zielen bildet, die er durch seine Zugehörigkeit zu der Gruppe erreichen möchte (S. 38).

Hier ist die Rede von
- anonymen Beiträgen, deren
- zugrundeliegende Impulse und Wünsche befriedigt werden
- durch ein System von Ausflüchten und Verleugnungen,
- wobei die Äußerungen (Beiträge) zugleich das größte Hindernis zu den Zielen darstellen, die der einzelne erreichen möchte.

Im Klartext heißt das: Einerseits befriedigen die Gruppenteilnehmer z. B. durch abhängiges, passives Verhalten ein Stück weit ihre Bedürfnisse nach Zuwendung und Geborgenheit, insofern sie durch ein solches Verhalten Fürsorge provozieren und erwarten, andererseits aber verhindert gerade diese zur Gruppennorm erhobene Passivität eine aktive Prüfung der Umwelt und der realen Möglichkeiten, Zuwendung und Geborgenheit zu erlangen. Die Gruppenmitglieder leugnen durch ihr Verhalten, daß sie überhaupt etwas tun müssen oder können, sie erwarten alles vom Gruppenleiter und machen ihn für ihre hilflose Situation verantwortlich.

Anders ausgedrückt: Die unbewußte Gier nach oraler Befriedigung darf als solche gar nicht ins Bewußtsein treten, weil sie mit zu vieler frühkindlicher Angst assoziiert wird. Deshalb tritt sie im Gewande der Passivität auf. Die Aussperrung des eigentlichen Bedürfnisses vom Bewußtsein verunmöglicht aber gerade eine realitätsgerechte Auseinandersetzung zwischen den einzelnen und der Gruppe mit dem Ziel einer echten Befriedigung der Bedürfnisse.

Als Konsequenz der – sozusagen hinter ihrem Rücken vor sich gehenden Bedürfnisartikulation werden die Gruppenteilnehmer dann ständig dazu getrieben, diese Bedürfnisse unbewußt als Anforderungen an den

Leiter heranzutragen, ohne daß sie selbst etwas für ihre Realisierung tun.

Wichtig ist, daß, *wie durch einen geheimnisvollen Zwang*, alle Mitglieder einer Gruppe auf das geschilderte abhängige Verhalten festgelegt werden, die unbewußte Gruppenannahme den Verhaltensspielraum der einzelnen absteckt.

*

Nach *Bion* gibt es in Gruppen folgende drei Grundannahmen (GAn), von denen eine jeweils die Gruppenmentalität bestimmt, während die anderen in den Hintergrund treten:

Abhängigkeit,
Kampf/Flucht und
Paarbildung.

Bei der GA *Abhängigkeit* verhält sich die Gesamte Gruppe wie ein unmündiges, hilfloses Kind, das ganz und gar auf die Versorgung durch einen Erwachsenen angewiesen ist.

Der Gruppenleiter (GL) wird als allmächtig angesehen, als jemand, der alles bestens lösen wird. Eigene Aktivität ist weder erforderlich noch erfolgversprechend, ebensowenig Kommunikation unter den Gruppenmitgliedern. Der GL weiß, was für alle gut ist und wird allen verschaffen, was sie benötigen (vgl. *Sherwood* 1964, S. 115 f.; *Rioch* 1973, S. 49 f.)

Die GA *Kampf/Flucht* beinhaltet die einmütige Auffassung, daß die Gruppe in jedem Fall überleben muß, weil sie allein Sichheit gibt. Sie kann nur überleben, wenn sie gegen den Feind im inneren (= Mitglieder, die ihre Problematik vortragen wollen und damit den inneren Frieden stören, sozusagen „den Leu wecken") und gegen den vermeintlich äußeren Feind (= dem Projektionsschirm der eigenen Aggressionen) ins Feld zieht und dabei von einem starken Führer geführt wird, oder, falls der Feind zu stark ist, geordnet zurückgeführt wird (*Sherwood* a.a.O., S. 115, *Rioch* a.a.O., S. 51 f.).

Die GA *Paarbildung* ist charakterisiert durch eine messianische Hoffnung der Gruppe, daß durch Interaktionen zwischen Personen in der Gruppe etwas Neues entsteht, das alle Probleme löst. Alles wird schöner und besser werden. Es ist auch kein Führer erforderlich. Man muß nur die beiden gewähren lassen. Dabei ist es den beiden nicht erlaubt, eine echte sexuell-erotische Beziehung aufzunehmen. Alles muß im erwartungsvollen Vorfeld bleiben (*Sherwood* a.a.O., S. 115, *Rioch* a.a.O., S. 52f.).

Diese GAn gehen – wie schon eingangs betont – nicht aus bewußten Interaktionen der Gruppenteilnehmer hervor bzw. aus einer bewußten Auseinandersetzung zwischen diesen, sondern aus unbewußten identifikatorischen und projektiven Prozessen.

Die Grundannahmen zeichnen sich aus durch folgende drei Eigentümlichkeiten in den Interaktionen der Teilnehmer (vgl. *Sherwood* a.a.O., S. 117):

1. die Dimension der Zeit scheint zu fehlen;
2. es besteht eine Abneigung gegen jede Art von Entwicklung, d. h. des Lernens aus der Erfahrung;
3. die Gruppe ist wenig in der Lage, die verbale Kommunikation, Sprache als Mittel des Probehandelns und der Realitätsprüfung zu verwenden. Sprache wird vielmehr konkret als Mittel der unbewußten Aktion im Dienste der GAn verwendet.

Zusammenfassend können wir sagen: In der GAn-Gruppe laufen alle Prozesse weitgehend *entlang den unbewußten primärprozeßhaften Phantasien der frühen Kindheit* ab. Es findet keine Realitätsprüfung in der Gruppe statt, vielmehr sammeln sich alle Wünsche der Gruppenteilnehmer – bildlich gesprochen – *in einer Art Gruppen-Es (Gruppenmentalität)*, das am liebsten gar nichts tun, alles haben und in keiner Weise vom Überich geängstigt werden möchte.

*

In der relativ wenig strukturierten Situation einer therapeutischen oder gruppendynamischen Gruppe werden nach *Bion* eine ganze Reihe sehr früher Ängste reaktiviert. Es findet eine Regression auf frühkindliche Stadien (sog. präödipale Stadien) der Entwicklung statt.

Die geschilderten Grundannahmen, die in solchen Gruppen sich rasch unbewußt einspielen, dienen dazu, diese frühen Ängste abzuwehren (vgl. *Sherwood* a.a.O., S. 120f.; *Sbandi* 1973, S. 84; bes. *Kutter* 1970, S. 725f.):

1. Durch die Grundannahme der Abhängigkeit werden Gefühle von

Gier und Neid abgewehrt, die auftauchen, sofern der Gruppenleiter unbewußt als spendende Mutter erlebt wird. Keiner darf sich dann aktiv betätigen, denn das würde Neid und Aggressionen der anderen hervorrufen.

2. Da der Gruppenleiter in der Regel den oralen Abhängigkeitswünschen der Gruppenmitglieder nicht nachkommt, entsteht sehr rasch *Haß und Wut auf den Leiter,* möglicherweise auch auf die anderen Teilnehmer der Gruppe. Diese starken Emotionen werden *abgewehrt, indem die ganze Gruppe gegen einen vermeintlichen äußeren Feind kämpft oder vor einem solchen flieht.* Die Wut ist dann sozusagen nicht in der Gruppe, sondern in einem äußeren Feind; die eigene Wut wird auf einen vermeintlich Wütenden projiziert.
   An diesem Vorgang läßt sich demonstrieren, was *Bion* in Anlehnung an *Melanie Klein „projektive Identifikation"* nennt (1972, S. 120 f.): Die eigenen Haßgefühle werden auf jemanden, eine Gruppe oder eine Idee projiziert, die dann als böse, feindlich erlebt werden. Zugleich identifizieren sich die Mitglieder der Gruppe mit diesen bösen Objekten und werden auf diese Weise die Verfolger nicht los, d. h. sie müssen sich ständig gegen diese verteidigen oder vor ihnen fliehen. Die in der Gruppe vorher vorhandene Aggression ist somit auf einen äußeren Verfolger verschoben, den die Gruppe loszuwerden versucht.
3. *Sexuelle Ängste in der Gruppe, die auf präödipale Ängste zurückgehen, werden abgewehrt, indem die Gruppe sich von einem Paar Hilfe und Rettung erwartet.* Einem Paar allerdings, welchem es nicht gestattet ist, eine wirklich sexuell-erotische Beziehung aufzunehmen.

Je stärker eine Gruppe gestört ist, d. h. aus Mitgliedern besteht, die präödipale Störungen aufweisen, um so stärker treten die Grundannahmen in Erscheinung, um so stärker regrediert die Gruppe auf diese. Und je weniger gestört die Gruppe ist, desto mehr ist es ihr möglich, auf einer Basis zu arbeiten und sich fortzuentwickeln, die *Bion* Arbeitsgruppe nennt.

*

Unter *„Arbeitsgruppe"* (AG) versteht *Bion* eine differenzierte Gruppe, in der versucht wird, das jeweils gesteckte Gruppenziel durch fortwährende Klärung der Realität innerhalb und außerhalb der Gruppe zu erreichen. *Sherwood*, der 1964 eine kritische Untersuchung des Ansatzes von *Bion* vorgelegt hat, schreibt:

Die AG ist ein Gebilde, das für eine bestimmte Aufgabe bewußt organisiert wird. Ein solches Gebilde muß nicht unbedingt einen Führer haben, aber in jedem Fall ist es ständig erforderlich zu kooperieren und zu planen. Insofern ist sie das Gegenteil einer GAn-Gruppe, die ein nicht (bewußt) gewolltes Gebilde darstellt, das keinerlei bewußte Anstrengung von seinen Mitgliedern erfordert. Wenn sich die AG für ihre Arbeit organisiert, so ist stets ein bestimmtes Ziel im Blick, das „Durcharbeiten" von gemeinsamen Problemen durch rationale und mitfühlende Diskussion. Ein anderes wichtiges Ziel ist eine weniger verzerrte Wahrnehmung der physischen und sozialen Umgebung. Alle diese Aufgaben erfordern, daß die AG sich an der Realität orientiert und deshalb mit Versuch und Irrtum, mit wissenschaftlicher Einstellung an ihre Probleme herangehen muß. Das bedeutet Empfänglichkeit für Erfahrung, eine Bereitschaft zu lernen und sich zu verändern. Vor allen Dingen muß die Fähigkeit vorhanden sein, die Gruppenerfahrungen auf den Begriff zu bringen und in Worte zu fassen in einer Weise, die brauchbare Regeln und Verallgemeinerungen erlaubt. Alle diese Merkmale bezeichnen gerade das Gegenteil von dem, was in GA-Gruppen vor sich geht: Abneigung gegen Entwicklung und Veränderung, die Weigerung, aus der Erfahrung zu lernen, und die Unfähigkeit, die Sprache adäquat zu verwenden (d. h. Symbole zu bilden). (*Sherwood* 1964, S. 117, eigene Übersetzung; vgl. auch *Rioch* 1973, S. 47).

Um von der anfänglich sich spontan herausbildenden Grundannahmengruppe zu einer differenzierten Gruppe (Arbeitsgruppe) fortzuschreiten, ist es erforderlich, daß die Mitglieder der Gruppe aktiv werden und in einen wechselseitigen Klärungsprozeß eintreten.
Was *Bion* mit Grundannahmengruppe bzw. Arbeitsgruppe bezeichnet, ist natürlich nie in reiner Form vorhanden. Es finden sich ständig Mischungen aus beiden – idealtypisch vereinfachten – Gruppenformen. Nichtsdestoweniger aber findet ein ständiger Kampf innerhalb der Gruppe statt, einerseits in einem infantilen (regressiven) Stadium zu verbleiben, andererseits eine differenzierte Struktur zu entwickeln, d. h. zu prüfen, was in der Gruppe real vor sich geht. Dabei ist besonders wichtig, daß die Grundannahmen flexibel gehandhabt, d. h. für den Prozeß der Kooperation bzw. bewußten Interaktion fruchtbar gemacht werden. *Rioch* schreibt:

In der naiven und unbewußten Phantasie muß der Führer der Abhängigkeitsgruppe allmächtig sein. Der Kampfführer darf nicht zu schlagen und der Fluchtführer nicht zu fangen, der Führer der Paarungsgruppe (muß) gleichzeitig wunderbar und noch ungeboren sein. In der reifen Arbeitsgruppe jedoch, die von den passenden Grundannahmen einen verfeinerten Gebrauch macht, ist der Führer der Abhängigkeitsgruppe zuverlässig, der Führer der Kampf-Flucht-Gruppe mutig und der Führer der Paarungsgruppe kreativ.

Wie die kreative Verwendung der Grundannahmen für die Zwecke einer sich fortwährend differenzierenden Arbeitsgruppe konkret aussieht, habe ich bei *Bion* nicht ermitteln können. Er schreibt lediglich:

Organisation und Struktur sind Waffen der Arbeitsgruppe. Sie sind Ergebnis der Kooperation zwischen den Mitgliedern, und wenn sie sich einmal in der Gruppe durchgesetzt haben, so erfordern sie immer weitere Kooperation von den Einzelpersonen (S. 99).

*

Welche Möglichkeiten hat der Gruppenleiter, den Übergang von der Grundannahmengruppe zur Arbeitsgruppe zu fördern?

1. Indem der Gruppenleiter die Gruppe immer wieder eindringlich auf die Grundannahmen hinweist, die sich in ihr eingespielt haben, ermöglichst er nach und nach ein Bewußtwerden und eine Bearbeitung der Ängste, die mit den Grundannahmen verbunden sind. *Bion* führt dazu aus:

   Es empfiehlt sich, die therapeutische Gruppe ständig auf die Furcht vor der Grundannahme hinzuweisen und ihr zu zeigen, daß der Gegenstand der Furcht in hohem Maße von dem Bewußtseinszustand abhängt, der in der Gruppe die Oberhand hat. Wenn also die Abhängigkeit am stärksten hervortritt – und zwar so stark, daß die Gruppe als abhängige Gruppe identifiziert zu sein scheint –, dann handelt es sich um die Furcht vor der Arbeitsgruppe (S. 72).

2. Der Gruppenleiter soll alle seine *Interpretationen auf die Gruppe als Ganze beziehen.* Erst auf dem Hintergrund der Bewegungen der Gruppe als ganzer werden die Interaktionen zwischen einzelnen Gruppenmitgliedern, die Aktionen und Reaktionen einzelner in ihrem Stellenwert für den Gruppenprozeß bestimmbar. Die jeweilige Gruppenmentalität bestimmt den Spielraum für Einzelaktivitäten der Gruppenmitglieder ebenso wie die des Gruppenleiters.
3. Wichtig ist, daß der Gruppenleiter aufzeigt, *wie die Gruppe oder ihre Repräsentanten mit Gruppenmitgliedern umgehen,* die sich nicht bestimmten Grundannahmen gemäß verhalten. *Bion* betont:

   ... daß es nicht darum geht, individuelle Therapie vor den Augen anderer zu treiben, sondern auf die gegenwärtigen Erfahrungen der Gruppe als solcher aufmerksam zu machen – in diesem Falle darauf, wie Gruppe und Individuen mit dem Individuum umgehen (a.a.O., S. 58).

4. Nach *Bion* sollte der Gruppenleiter „*skeptisch* sein, wenn er das Gefühl hat, er beschäftige sich mit dem Problem, mit dem er sich nach der Meinung des Patienten oder der Gruppe beschäftigen sollte" (59). Damit fällt er häufig auf die Grundannahme herein, anstatt sie als Abwehr zu interpretieren oder bewußtzumachen.
5. *Der Gruppenleiter ist der Anwalt der Realität.* Er verweist in seinen Interpretationen ständig auf sie, auf die Notwendigkeit, sich nicht auf die Wirksamkeit von Magie zu verlassen. Dabei ist besonders wichtig, daß er „sehr energisch auf die Realität der Anforderungen der Gruppe an ihn hinweist, ganz gleich, wie phantastisch ihre Aufhellung diese Anforderungen erscheinen läßt, und ebenso auf die Realität der Feindseligkeit, die durch seine Erklärung hervorgerufen wird" (a.a.O., S. 73).
   Der Gruppenleiter muß also deutlich aufzeigen, welche phantastischen Anforderungen die Gruppenmitglieder an ihn haben, nämlich:
   a) die Gruppe in jeder Hinsicht zu nähren,
   b) sie gegen den bösen Feind von innen und außen zu führen oder im geordneten Rückzug zurückzugeleiten,
   c) der Messias der Gruppe zu sein, der alles zum Guten wendet.
6. Der Gruppenleiter sollte Phänomene in der Gruppe dann interpretieren, *wenn sie lange genug in der Gruppe beobachtbar waren*, von der Gruppe aber nicht wahrgenommen werden können.
7. Die Zeitspanne, die eine Gruppe einem Gruppenmitglied oder mehreren gewährt, um ihre Gefühle oder Gedanken vorzutragen, ist für den Gruppenleiter ein wichtiger Hinweis darauf, ob es sich um ein Gruppenproblem handelt oder um das Problem des einzelnen. Wenn ein Gruppenmitglied sehr lange seine Problematik vorgetragen kann, handelt es sich in der Regel um ein Problem der gesamten Gruppe.

*

Als charakteristisch für den Ansatz von *Bion* können wir festhalten:
(1) Er bleibt ständig nah an den von ihm in Gruppen erfahrbaren Phänomenen, besonders den *kollektiven Abwehrmaßnahmen* der Gruppenteilnehmer.
(2) *Bion* spricht *nicht* davon, daß die Gruppe quasi eine Person darstelle, die *ihm gegenüber* überträgt, Widerstand leistet, regrediert usw., wohl

aber davon, daß es bedeutsam sei, das Geschehen in einer Gruppe als *Ganzheit*, etwas *Ganzheitliches*, zu betrachten, eine Gruppe, die „handelt".

(3) Es ist bei *Bion* auch sehr deutlich, daß seine Auffassungen *hypothetischen* Charakter haben und weiter überprüft werden sollten: Er habe bestimmte Erfahrungen gemacht und versuche, sie begrifflich zu fassen, andere machten vielleicht andere Erfahrungen.

(4) *Bion* hat immer auch das Verhalten einzelner im Auge, möchte verstehen, wieso sie sich so und nicht anders verhalten. Allerdings fragt er sich, was dieses Verhalten mit der Gruppe, den anderen Teilnehmern in ihrer Gesamtheit, zu tun habe.

(5) Was *Bion* allerdings nicht thematisiert, ist *seine Rolle* als Gruppenleiter und die Frage, in welche Situation er die Teilnehmer durch sein Setting und seine Weise des Intervenierens bringt, obwohl er letztere in vielen Beispielen schildert.

(6) Schließlich fällt auf, daß sich *Bion* überhaupt nicht mit den Erfahrungen und Ansätzen anderer psychoanalytisch orientierter Gruppentherapeuten, wie z. B. *S. H. Foulkes, H. Ezriel, A. Wolf* oder *W. Schindler* auseinandersetzt, die zum Zeitpunkt der Abfassung seines letzten Essays (1952) *ihre* Überlegungen bereits publiziert hatten. Er bleibt sozusagen ganz auf *seine* Erfahrung konzentriert, bezieht diese lediglich auf die psychoanalytischen Ansätze von *M. Klein* und *S. Freud*. Auffallend ist weiterhin, daß *Bion* sich lediglich von 1945–52 intensiv mit Gruppen befaßt hat, von da an bis zu seinem Tode im Jahre 1979 nicht mehr.

II. Modifikationen des Ansatzes von Bion durch Ezriel/Sutherland, Grinberg/Langer/Rodrigué sowie Argelander und Ohlmeier

Bereits 1952, d. h. zur selben Zeit, als *Bion* seinen letzten zusammenfassenden Aufsatz über analytische Gruppenarbeit veröffentlicht hat, haben *H. Ezriel* und *J. D. Sutherland* zwei Aufsätze hierüber publiziert. Sie beziehen sich darin stark auf *Bion*, indem sie von spezifischen *Gruppenspannungen* ausgehen, die sich in Gruppen einstellen. Dabei gehen sie

aber bereits über *Bion* hinaus, indem sie die jeweiligen Gruppenspannung als Ausdruck einer *unbewußten Phantasie* betrachten, die allen Gruppenteilnehmern gemeinsam sei. Diese Phantasie stelle eine spezifische *Objektbeziehung* zwischen der gesamten Gruppe und dem Gruppenleiter dar (*Sutherland* 1973).
Hier wird bereits eine spezifische *Reduktion* des Ansatzes von *Bion* auf eine *dyadische Beziehung* zwischen Gruppe und Gruppenleiter vorgenommen. Alle Vorgänge in der Gruppe beziehen sich auf den Leiter und *nur auf diesen. Ezriel* (1973) schlägt vor, jedwedes Gruppengeschehen analog dem Geschehen in der Einzelanalyse als eine Beziehung zwischen der Gruppe und dem Gruppenleiter zu betrachten. Er betont dabei, das und nur das sei eine *psychoanalytische* Methode der Gruppenarbeit. Was bei *Bion* neugieriges Interesse am Verstehen zunächst unverständlicher Vorgänge in Gruppen war, wird hier unversehens zu einer Übertragung der in der Einzelanalyse bewährten Wahrnehmungseinstellung des Analytikers auf die Gruppe und zu einer Frage der psychoanalytischen *Orthodoxie*.
Ezriel nimmt z. B. an, in analytischen Gruppen gebe es immer drei Tendenzen der Teilnehmer in ihrer Gesamtheit, dem Gruppenleiter gegenüber Beziehungen herzustellen: die Teilnehmer wünschen eine bestimmte Beziehung, haben aber Angst, daß hierdurch eine Katastrophe ausgelöst werden könnte und gehen deshalb eine Kompromißbeziehung mit dem Gruppenleiter ein. Die Parallele zur Einzelanalyse ist deutlich: das gesamte Geschehen in einer Gruppe ist quasi auf die „gleichgerichteten" Wünsche, Ängste und Kompromisse der Gruppenteilnehmer reduziert, die Gruppe wird gleichsam zu einer „*Person*", die dem Gruppenleiter gegenüber sich verhält. Folgerichtig meint *Ezriel* dann auch, es gelte, die oben geschilderte kollektive Wunsch-Angst-Kompromiß-Dynamik und *nur diese* in Gruppen zu deuten. Hierdurch werde für die Teilnehmer in ihrer Gesamtheit ein Stück Konfrontation mit der Realität der gemeinsamen unbewußten Wünsche und Ängste *in der Gruppe* möglich; diese Ängste und Wünsche werden dadurch einer Realitätsprüfung zugänglich. Auffallend ist, daß *Sutherland* und *Ezriel* zwar von dem Erfordernis sprechen, ihre Annahmen *empirisch* zu überprüfen, beide aber nach 1952 keinerlei Befunde vorgelegt haben. Dies verwundert um so mehr, als sie der Auffassung sind, Gruppen würden ideale

Bedingungen zur Überprüfung ihrer Hypothesen und für eine strenge psychoanalytische Forschung bieten.

*

Eine größere Nähe zu den klinischen Beobachtungen von *Bion* wird in dem 1957 zuerst erschienenen Buch der argentinischen Autoren *Grinberg/Langer* und *Rodrigué* (1972) deutlich. Im Mittelpunkt ihrer Überlegungen stehen sogenannte „*dynamische Kollektivkonstellationen*" in Gruppen, die aus projektiven und introjektiven Prozessen in den Gruppenteilnehmern spontan hervorgehen. Diese intrapsychischen Prozesse führen zu *gemeinsamen* Phantasien und Handlungsweisen, zu einer wahrnehmbaren „Gruppengestalt". Einzelne Teilnehmer oder auch eine Untergruppe in einer Therapiegruppe stellen hierbei Personifizierungen von allseitsgeteilten oder abgewehrten Anteilen dar (vgl. S. 176f.). Was die verschiedenen Gruppenphantasien anbelangt, so verweisen sie zunächst auf die von *Bion* herausgearbeiteten „Kollektivkonstellationen" wie Abhängigkeit, Kampf/Flucht und Paarbildung, meinen aber, daß es darüberhinaus weitere Konstellationen gebe. Zwar sind sie der Auffassung, daß häufig eine Übertragung der Gruppenteilnehmer in ihrer Gesamtheit auf den Gruppenleiter stattfinde, betonen aber, daß diese „Gruppen-Übertragung" auch gegenüber einer Person in- oder außerhalb der Gruppe sich konstellieren könne. Damit sind sie ganz auf der Linie von *Bion*, auch mit ihrer starken Orientierung an dem Ansatz von Melanie *Klein*: Sie sind der Meinung, daß in Gruppen zunächst hauptsächlich *Spaltungsvorgänge* zu beobachten seien, was sie für die sogenannte paranoid-schizoide Position nach *M. Klein* charakteristisch seien: Alles „Gute" wird als innerhalb der Gruppe befindlich und zu Bewahrendes erlebt, alles Gefährliche, Böse, Schlechte, nach außen projiziert oder projektiv in Untergruppen oder einzelne Teilnehmer, sogenannte Sündenböcke, innerhalb der Gruppe „verlagert", dort lokalisiert und *bekämpft*. Die Gruppe gelange im günstigen Falle von dieser paranoid-schizoiden Position zur depressiven Position nach *M. Klein*, bei der es möglich wird, daß gute und schlechte Aspekte als innerhalb der Gruppe befindlich erlebt werden können, Spaltungsvorgänge in lediglich gute oder böse Aspekte nachlassen und vermehrt Tendenzen der Wiedergutmachung für vermeintlich zerstörerische Tendenzen die

Oberhand gewinnen. Auf diese Weise *integriert* sich eine Gruppe nach und nach: die Teilnehmer in ihrer Gesamtheit lernen zunächst, abgewehrte, vor allem abgespaltene und projizierte Anteile als weniger gefährlich, ja sogar als wertvoll wieder zu introjizieren, als *gemeinsam erlebbaren* Bestand zu betrachten.

Was die Kapazität zur *Integration* oder die Gefahr der *Desintegration* von analytischen Gruppen anbelangt, so gehen diese Autoren über *Bion* hinaus: sie betonen die zentrale Rolle des Gruppenleiters bezüglich der Verringerung der Gefahr einer Desintegration oder eines Zerfalles von analytischen Gruppen. Gruppen entwickeln sich nicht in jedem Falle konstruktiv, wie z. B. *Foulkes* annehme. In ihnen seien vielmehr starke zentrifugale Kräfte vorhanden, die mit Hilfe von Deutungen des Geschehens durch den Therapeuten verringert werden können und müssen. Sie plädieren in dieser Hinsicht auch für eine aktivere Haltung bei Deutungen und gehen dabei über die doch sehr passive Haltung von *Bion* hinaus.

*

Was die Rezeption der bisher geschilderten Ansätze von *Bion* und seinen Nachfolgern im deutschen Sprachraum anbelangt, so erfolgte sie hauptsächlich über *H. Argelander* Anfang der 60er und dann von *D. Ohlmeier* Anfang der 70er Jahre:

Argelander (1972) geht dabei ganz explizit von *Bion* und dessen Erfahrungen in Gruppen aus, knüpft aber von Anfang an besonders auch an *Ezriel* und dessen Einengung auf die dyadische Betrachtung des Geschehens in Gruppen an. Noch stärker als *Ezriel* geht es *Argelander* dabei um eine Übertragung der psychoanalytischen Wahrnehmungsweise auf das *Geschehen zwischen dem Therapeuten und der gesamten Gruppe*, ja es hat den Anschein, als ob die in der Einzelanalyse bewährte Wahrnehmungseinstellung ohne sonderliche Modifikationen auf die analytische Arbeit mit Gruppen übertragen werden könnte und sollte. Während *Argelander* zunächst dies als eine für ihre Nützlichkeit in der analytischen Gruppenarbeit zu überprüfende *Hypothese* einführt, hat es gegen Ende seiner Ausführungen den Anschein, daß nur so adäquat psychoanalytisch mit Gruppen *behandlungstechnisch* umgangen werden solle. An einer Stelle ist explizit die Rede davon, daß nur, wenn die Gruppe quasi als eine Person betrachtet werde, die dem Gruppenleiter gegenüber übertrage, das Wertvolle der spezifisch analytischen Gruppenarbeit erhalten bleibe: *durch Einzelinterventionen des Gruppenleiters werde die Gruppenphantasie zerstört* (a.a.O., S. 91). Bei der Lektüre der Ausführungen von *Argelander* verdichtet sich zunehmend der Eindruck, daß alle theoretischen Überlegungen sich aus einer spezifischen, aus der Einzelanalyse herrührenden Wahrnehmungseinstellung und Behandlungstechnik ergeben. Es ist nicht mehr wie bei *Bion* die Frage, wie werden zunächst unverständliche Gruppenphänomene verständlich, sondern *welche Weise des Umganges mit Gruppen bleibt nahe an der herkömmlichen psychoanalytischen Behandlungstechnik*. Es ist deshalb nicht weiter verwunderlich, wenn *Argelander* von diesem Blickwinkel aus bei seinen theoretischen Aussagen über das Geschehen in Gruppen zu folgenden Formulierungen kommt, in denen die Gruppe richtiggehend zu einer Person *hypostasiert* wird:

„Die Gruppenteilnehmer können sich nur durch die Gruppe darstellen ..." (S. 96).

oder

„Der Partner ‚Gruppe' muß trotz seiner Hilfsbedürftigkeit und der Entwicklung des Gruppenprozesses präsent bleiben und mit dem Therapeuten gemeinsam über die Einhaltung des Vertrages wachen" (S. 97).

oder

„Übertragung und Widerstand richten sich auf den Analytiker wie von seiner ungewöhnlichen Haltung angezogen, die allen Phantasien freien Raum läßt" (S. 97).

sowie

„... werden die spontanen Äußerungen der verschiedenen Gruppenteilnehmer wie die Assoziationen eines Patienten aufgefaßt. Unter solchen Bedingungen beginnt die ‚Gruppe' zu ‚sprechen'" (S. 97).

usw.

Die Gruppe wird auf diese Weise zu einer „Person", die dem Gruppenleiter gegenüber überträgt, regrediert, Widerstand leistet usw.
Obwohl *Ohlmeier* sich in seiner ersten Arbeit von 1975 deutlich auf *Argelander* bezieht, wird bereits in seiner Arbeit über „*Gruppeneigenschaften des psychischen Apparates*" (1976) erkennbar, daß es ihm nicht lediglich um eine Übertragung der psychoanalytischen Behandlungs-

technik auf die Arbeit mit Gruppen geht. Er führt aus, daß „seiner Erfahrung nach" in analytischen Gruppen die einzelnen Teilnehmer oder Untergruppen sozusagen mit verteilten Rollen einzelne Facetten oder Bestandteile frühkindlicher Konflikte der Mutter, dem Vater oder auch den Geschwistern gegenüber sozusagen *szenisch* darstellen. Sie seien dazu in der Lage, weil ja auch in der kindlichen Entwicklung eine *gleichzeitige* Beziehung des Kindes zur Mutter, zum Vater und den Geschwistern von Anfang an vorhanden sei. Die dabei auftretenden Probleme seien nicht lediglich dyadischer Art, d. h. Probleme der Beziehung zwischen dem Kind und der Mutter, dem Kind und dem Vater usw. So seien die Grundkonflikte, die psychoanalytisch als orale, anale, phallische oder ödipale Konflikte einzelner Menschen betrachtet werden, *gemeinsame* Probleme zwischen *allen* Mitgliedern der Familie, die als solche mehr oder weniger produktiv gelöst oder pathologisch arretiert sein können. *Ohlmeier* kommt deshalb zu der Auffassung, daß sich in Gruppen jeweils eine orale, anale oder ödipale Problematik zwischen allen Beteiligten konstelliere, wobei *die wichtigste Person* allerdings *der Gruppenleiter* sei. Dieser solle sich bei seiner Deutungsarbeit auf das Geschehen, die Phantasien der Gruppe als ganzer konzentrieren. Auf diese Weise könne er die *Gruppenübertragungsneurose* analytisch-deutend angehen.

Festzuhalten ist hier, daß *Ohlmeier*, obwohl er wie *Argelander* der Auffassung ist, in Gruppen müsse die orthodox psychoanalytische Wahrnehmungseinstellung beibehalten werden, er die Gruppe *nicht* als Partner betrachtet. Er ist allerdings der Auffassung, daß durch seine spezifische Wahrnehmungseinstellung und Deutetechnik bei den Gruppenteilnehmern *regressive Verschmelzungsprozesse vor sich gehen, eine Regression der Teilnehmer in ihrer Gesamtheit auf frühkindliche*, vor allem präödipale Verhaltensweisen erfolge. Phänomenologisch vom Erscheinungsbild her erscheine das dann häufig als eine Zweierbeziehung zwischen Gruppe und Gruppenleiter. Die *Wirkebene* seiner Arbeitsweise in der analytischen Gruppentherapie sieht *Ohlmeier* (1979, S. 160) demzufolge in der Wiederbelebung der frühkindlichen *prä-ödipalen* Probleme zwischen Mutter und Kind in der Übertragung zwischen der Gruppe als ganzer und dem Gruppenleiter.

Ich meine, daß durch diese Überlegungen und das theoretische Verständnis bei *Ohlmeier* zum ersten Mal *explizit* deutlich wird, daß in der Betrachtung der Gruppe als ganzer eine spezifische *behandlungstechnische Vorentscheidung* getroffen wird, mit Hilfe derer die Wahrnehmung und Deutungstechnik festgelegt wird. Von dieser Vorentscheidung her strukturiert sich dann eine spezifische *Form der Gruppenarbeit bzw. wird vom Gruppenleiter strukturiert.* Dabei tritt deutlicher hervor, daß diese Art von Gruppenarbeit *eine* Weise des analytischen Umganges mit dem Geschehen in Gruppen ist, die möglicherweise auch *spezifische Phänomene erzeugt.*

III. Kritische Würdigung des Konzeptes „Gruppe als Ganzes"

Trotz einiger kritischer Anmerkungen im Abschnitt II. dürfte in meiner Schilderung der Auffassungen der untersuchten Autoren deutlich geworden sein, für wie bedeutsam ich die Arbeitsweise „Gruppenanalyse der Gruppe als Ganzes" erachte. Gerade weil das so ist und ich mich dieser Arbeitsrichtung verbunden fühle (vgl. *Ohlmeier/Sandner* 1979), bin ich der Auffassung, daß es erforderlich ist, die Möglichkeiten und Grenzen dieses Ansatzes für den Bereich der analytischen Gruppentherapie *generell* herauszuarbeiten. Ich meine, wir tun uns und unseren Patienten keinen großen Dienst, wenn wir vor lauter Begeisterung für eine bestimmte und erwiesenermaßen sehr eingreifende Behandlungsmethode den Blick für eine realistische Einschätzung dieser Methode und unserer Rolle dabei uns trüben lassen. In diesem Sinne möchte ich die folgenden kritischen Anmerkungen gerne verstanden wissen:

1. Zunächst fällt bei einer vergleichenden Betrachtung der geschilderten Autoren auf, daß sie den Begriff „Gruppe als Ganzes" nicht klar definieren und unterschiedlich verwenden.
   Bei *Bion* ist die Rede von *gemeinsamen Phantasien*, sogenannten Grundannahmen, in die der Therapeut stark einbezogen ist. Er kann, muß aber nicht die wichtigste Übertragungsfigur sein.
   Ezriel und *Sutherland* sprechen auch von unbewußten gemeinsamen Phantasien, betrachten aber die gesamte Gruppe bereits als eine Art *Person*, die auf den Gruppenleiter, und nur auf ihn, überträgt. Be-

sonders deutlich ist diese Betrachtungsweise dann bei *Argelander* ausgeprägt.

Bei *Ohlmeier* scheint es einmal, als ob die Teilnehmer sozusagen in ihrer Gesamtheit eine Familienübertragung auf die Gruppe und den Gruppenleiter vornehmen würden, ein anderes Mal quasi zu einer Person verschmelzen, die dem Gruppenleiter gegenüber überträgt und schließlich ist die Rede von gemeinsamen Phantasien oraler, analer, ödipaler Art, in denen sich in der Gruppe insgesamt szenisch und gemeinsam erlebbar Grundprobleme der individuellen Entwicklung im Kontext der Familie wiederholen.

Bei *Grinberg/Langer/Rodrigué* schließlich liegt der deutliche Akzent auf gemeinsamen Phantasien, sogenannten Kollektivkonstellationen in Gruppen, die vielfältige Gestalt annehmen können, von den Autoren aber hypothetisch mit der paranoid-schizoiden und der depressiven Position nach Melanie *Klein* in Verbindung gebracht werden. Dies verstehen sie als eine Arbeit mit der Gruppe als „Gestalt", als ganzer. Von einer Quasi-Person, die dem Therapeuten gegenüber sich verhält, ist nicht die Rede.

Insgesamt gesehen wird aus diesen zusammenfassenden Ausführungen deutlich, daß das Konzept „Gruppe als Ganzes" *schillernd* ist und derjenige, der es verwendet, jeweils konkret angeben muß, was er darunter versteht. Nur so ist ein Vergleich der *Erfahrungen* unterschiedlicher Autoren und ihrer theoretischen Hypothesen oder Konstruktionen möglich.

2. In den obigen Ausführungen über die einzelnen Autoren hat sich eine Hypothese zunehmend verdichtet, die besagt, daß es sehr wahrscheinlich von der spezifischen *Behandlungstechnik* (Wahrnehmungseinstellung, Deutetechnik) abhängt, welche Phänomene sich in Gruppen „konstellieren". Obwohl lediglich *Ohlmeier* diese Frage vorsichtig thematisiert, geht besonders aus einer Analyse der Beispiele aus analytischen Gruppen *aller* genannten Autoren hervor, daß sie eine äußerst zurückgenommene Haltung an den Tag gelegt haben und versucht haben, dann zu verstehen und zu deuten, was die Teilnehmer in ihrer Gesamtheit an Phantasien, gemeinsamen Aktionen in dieser wenig strukturieren Situation entwickelt haben. Damit haben sie *vom Setting her*, strukturell sozusagen, eine Art Zweierbezie-

hung zwischen sich und der Gruppe hergestellt. Meine Hypothese ist, daß auf diese Weise eine regressive Verschmelzung der Teilnehmer gefördert wurde mit allen dabei auftretenden frühkindlichen (prä-ödipalen) Ängsten und Konflikten. Diese von der *Behandlungstechnik* her *geförderte Regression der Gruppenteilnehmer in ihrer Gesamtheit* wurde dann noch von Interventionen bzw. Deutungen der Gruppenleiter verstärkt, indem nur diese regressiven Phantasien, nicht aber progressive, differenzierende „Bewegungen“ zwischen den Teilnehmern angesprochen wurden.

3. Damit sind wir bei einem weiteren und für die Einschätzung der Arbeitsansätze „Gruppe als Ganzes“ wohl zentralen Fragenkomplex: Was wird durch diese *Arbeitsweise* ermöglicht? Was ist ihre therapeutische und klinische Reichweite und was wird nicht möglich, gerät nicht in den Blick, wird möglicherweise verhindert?
   Offensichtlich wird durch die geschilderte Behandlungstechnik für den Gruppenleiter wie für die Teilnehmer in ihrer Gesamtheit eine *frühkindliche Situation zwischen zwei Personen* hergestellt bzw. stellt sich spontan ein. Zu Recht meint deshalb *Ohlmeier*, daß die Wirkebene der Analyse der Gruppe als ganzer die Wiederbelebung und Durcharbeitung der prä-ödipalen Beziehung zwischen Mutter und Kind darstellt. Für das Sichtbarwerden *dieser* Problematik mit all ihren Facetten scheint mir dieser Ansatz in der analytischen Gruppentherapie sehr geeignet.
   Ich meine aber, der Ansatz „Gruppenanalyse der Gruppe als Ganzes“ sollte dann auch explizit als ein therapeutisches Instrument verstanden werden, das es ermöglicht, die prä-ödipale Problematik im Hier und Jetzt der Gruppe deutlich hervortreten zu lassen, zu studieren und therapeutisch zu bearbeiten. Problematisch erscheint mir hingegen die deutliche Tendenz verschiedener Autoren, diese Arbeitsweise als gruppenanalytisches Verfahren *schlechthin* zu betrachten zur umfassenden analytischen Behandlung von Patienten aller Art.
4. So zu einer Art „Ideologie“ der analytischen Gruppentherapie verfestigt oder hochstilisiert, geraten die Grenzen dieses Verfahrens aus dem Blick, und es wird vor allem nicht mehr diskutiert, was die unterschiedslose Anwendung dieses Verfahrens für die behandelten Patienten bedeutet.

Schon früh in der Geschichte der analytischen Gruppentherapie, nämlich 1958, kam es in New York zu einer, wir mir scheint, heute noch sehr aktuellen Kontroverse zwischen *Foulkes* (1960, 1978) auf der einen und *Wolf* (1971) sowie *Schwartz* und *Wolf* (1960) auf der anderen Seite: *Foulkes* vertrat damals den Standpunkt, man *müsse* Vorgänge in Gruppen als eine Ganzheit und *nur als solche* betrachten, während *Wolf* und *Schwartz* von einer die Therapie nicht fördernden, den einzelnen Patienten und seine Individualität vernachlässigenden *Mystifizierung von Gruppenvorgängen* sprachen.
Einen Schritt weiter ging *W. Schindler* in seinem 1972 erschienenen Aufsatz „Gefahrenmomente in gruppenanalytischer Theorie und Technik". Er wirft dort die Frage auf, ob es nicht therapeutisch ungünstig sei, die Patienten durch eine spezifische Behandlungstechnik zu stark regredieren zu lassen, sogenannte „Massenphänomene" – wie er es nennt – zu erzeugen und plädiert für eine größere Strukturierung der Arbeit durch die Interventionen des Therapeuten (vgl. hierzu auch *W. Schindlers* Beitrag in diesem Buch Kapitel 2.1).
Im Rahmen dieser Arbeit kann diese Kontroverse nur angedeutet werden. Es scheint mir aber außerordentlich wichtig zu klären, welche *spezifische Indikation* für die Arbeitsweise „Gruppenanalyse der Gruppe als Ganzes" besteht, bei welchen Patienten mit welchen Problemen diese Methode speziell indiziert ist. Z. B. müßte auch geklärt werden, *ob prä-ödipale Probleme der Teilnehmer einer Gruppe generell mit dieser Methode besonders günstig bearbeitet werden können*. Das scheint mir trotz der erfahrungsgemäß sich einstellenden Regression der Teilnehmer in ihrer Gesamtheit auf das prä-ödipale Verhaltensniveau nicht von vornherein festzustehen. Es ist noch zu untersuchen, ob es bei dieser Methode nicht zu *übermäßigen* Regressionen kommt, die durch ein aktiveres Verhalten des Gruppenleiters vermieden werden können. Denkbar ist ebenso, daß dann bei begrenzten, weniger tiefen Regressionen die prä-ödipale Problematik vielleicht ebensosehr angegangen werden kann wie z. B. *W. Schindler* (1980) betont. Es ist auch die Frage, ob *die Eigenbewegungen progressiver Art* der Gruppenteilnehmer, die von Anfang an vorhanden sind, nicht vernachlässigt werden, wenn die Aufmerksamkeit des Gruppenleiters durchwegs auf das Erfassen und Deuten der

Phantasien der Teilnehmer in ihrer Gesamtheit gerichtet ist; oder ob der Therapeut zu einem späteren Zeitpunkt der Behandlung es den Patienten erschwert, aus der Regression herauszukommen, weil er seine Deutetechnik nicht dem sich differenzierenden Geschehen in der Gruppe entsprechend abändert, nach wie vor Zweierbeziehungen deutet, obwohl die Teilnehmer längst zu Dreierbeziehungen drängen, der Gruppenleiter an Bedeutung verliert usw. (vgl. *Sandner* 1978, bes. 149–153).

Schließlich ist zu fragen, für welche Patienten die Methode „Gruppe als Ganzes" zu deuten *indiziert* ist. Ich bin mit *P. Kutter* (1976, S. 94) der Auffassung, daß sehr wahrscheinlich für schwer gestörte Patienten eine aktivere Methode *erforderlich* ist, d. h. nicht, daß z. B. mit schizophrenen Patienten nicht auch gruppenanalytisch im Sinne des hier zur Diskussion stehenden Konzeptes gearbeitet werden kann. Ich selbst habe dies längere Zeit getan (*Sandner* 1980), bin mittlerweile aber zu der Auffassung gekommen, daß dies nicht die Methode der Wahl für diese Patienten ist. Patienten und Therapeuten geraten hierdurch in eine starke Regression, die schwer zu handhaben ist und deren therapeutischer Wert fraglich ist (vgl. *Sandner* 1981 b). Was für diese schwer gestörten Patienten gilt, gilt mit Sicherheit auch für stark agierende Borderline-Patienten und narzißtische Persönlichkeitsstörungen im Sinne von *Kernberg* (vgl. *Kutter* 1976, *Sandner* 1982). Wie ich oben schon angedeutet habe, ist aber auch unklar, ob für neurotische Patienten im herkömmlichen Sinne die Analyse der Gruppe als ganzer als *durchgängige* Methode adäquat ist. Unbestritten scheint mir diese Methode als *Forschungsinstrument* zur psychoanalytischen Erforschung stark regressiver Phänomene in Gruppen. Darüber sind sich alle untersuchten Autoren einig.

5. Die vielfältigen unterschiedlichen Konzepte analytischer Gruppenarbeit (vgl. *Heigl-Evers* 1978) legen die Vermutung nahe, daß mit ganz unterschiedlichen Behandlungstechniken an das Geschehen in Gruppen herangegangen werden kann, der therapeutische Einstieg in das Geschehen von ganz unterschiedlichen Seiten her möglich ist. Wir können auch annehmen, daß durch die jeweilige Behandlungstechnik und die theoretischen Vorstellungen des Gruppenleiters *spezifische* Probleme in den Vordergrund treten (vgl. *Kutter* 1979, 1980,

Sandner 1978). Eine Diskussion zwischen den Vertretern unterschiedlicher Auffassungen über die Vor- und Nachteile des jeweiligen Ansatzes kommt nur langsam in Gang (vgl. *Sandner* 1981). Sie wäre aber dringend nötig, um die analytische Gruppentherapie als *Theorie, Behandlungstechnik* und spezifisches *therapeutisches Instrument* weiterzuentwickeln und zu einer integrierten Theorie des Geschehens in analytischen Gruppen zu gelangen.

Ich habe in einer größeren Arbeit (1978) dargelegt, wie eine solche Theorie aussehen könnte:

Anhand eingehender Analysen der Konzepte und der Schilderung von Gruppenverläufen einer Reihe von Autoren aus der Tradition der von *K. Lewin* begründeten Trainingsgruppen-Bewegung konnte ich zeigen, daß in Selbsterfahrungs- und Therapiegruppen neben den in diesem Beitrag geschilderten stark regressiven Phänomenen regelmäßig reifere Formen des Verhaltens ödipaler und post-ödipaler Art auftreten. Ich stellte die Hypothese auf, daß in solchen Gruppen die psychosoziale Entwicklung des Kindes im familiären Kontext zwischen den Teilnehmern und dem Gruppenleiter szenisch sich wieder konstelliert und rekapituliert wird. Dabei habe ich herausgearbeitet, in welcher Weise die frühe Mutter-Kind-Beziehung (prä-ödipale Problematik), die Beziehung Kind–Mutter–Vater (ödipale Problematik) und schließlich die reifste Form der Beziehung zwischen Gleichaltrigen (reflexiv-interaktionelle Problematik) in Gruppen deutlich wird und welche Probleme sich jeweils ergeben. Die Möglichkeiten des Gruppenleiters, die Patienten regredieren zu lassen, aber auch progressive Bewegungen zu fördern und zuzulassen in Richtung auf ein differenzierteres Niveau des Verhaltens spielen für die therapeutische Kapazität der analytischen Gruppenarbeit wohl die zentrale Rolle (vgl. hierzu auch *Ohlmeier/Sandner* 1979).

Entscheidend für die Gültigkeit meiner Modellüberlegung wie auch die Ansätze anderer Autoren dürfte sein, wie sie *überprüft* werden können. Deshalb habe ich in einer weiteren Arbeit eine Reihe von methodologischen Überlegungen angestellt, auf die ich hier im einzelnen nicht eingehen kann (*Sandner* 1981 a). Lediglich einen zentralen *methodologischen Vorschlag* möchte ich hier erwähnen: Autoren mit unterschiedlichen Auffassungen über das Geschehen in analytischen Gruppen müßten anhand *ein und desselben Tonbandprotokolls* in eine Diskussion darüber eintreten, welche Konzepte das Geschehen triftig auf den Begriff bringen. Bei einem solchen Vorhaben ist das Konzept „Gruppe als Ganzes“ trotz seines schillernden Charakters sicherlich die interessanteste Herausforderung an die analytische Gruppentherapie, da in ihm psychische Phänomene thematisiert werden, die *nur in Gruppen* beobachtbar sind, deren Stellenwert, Bedeutung und Psychodynamik aber noch kontrovers ist.

Literatur

Argelander, H.: Gruppenprozesse – Wege zur Anwendung der Psychoanalyse in Behandlung, Lehre und Forschung. Rowohlt, Hamburg 1972

Bion, W. R.: Erfahrungen in Gruppen und andere Schriften. Klett, Stuttgart 1971

Erzriel, H.: Bemerkungen zur psychoanalytischen Gruppentherapie II. Interpretation und Forschung, in: Ammon, G. (Hrsg.) Gruppenpsychotherapie, Hoffmann und Campe, Hamburg 1973, 108–122

Foulkes, S. H.: The application of group concepts to the treatment of the individual in the group, in: Stokvis, B. (ed.) Topical Problems of Psychotherapy, Vol. II, S. Karger, Basel 1960, 1–15

Foulkes, S. H.: Praxis der gruppenanalytischen Psychotherapie, Reinhardt, München 1978

Freud, S.: Massenpsychologie und Ich-Analyse, in: Ges. Werke Bd. XIII, 71–161

Grinberg, L./Langer, M./Rodrigué, E.: Psychoanalytische Gruppentherapie, Kindler, München 1972

Heigl-Evers, A.: Konzepte der analytischen Gruppentherapie, Vandenhoeck & Ruprecht, Göttingen 1978

Klein, M.: Das Seelenleben des Kleinkindes und andere Beiträge zur Psychoanalyse, Rowohlt, Hamburg 1972

Kutter, P.: Aspekte der Gruppentherapie, Psyche 24, 1970, 721–38

Kutter, P.: Elemente der Gruppentherapie, Vandenhoeck & Ruprecht, Göttingen 1976

Kutter, P.: Die Interaktionen des Gruppenleiters in der analytischen Selbsterfahrungsgruppe, Gr. Ther. Gr. Dyn. 14, 1979, 132–145

Kutter, P.: Phasen des Gruppen-Prozesses. Wahrnehmungsprobleme, theoretische Orientierung, Literaturübersicht und praktische Erfahrungen. Gr. Ther. Gr. Dyn. 16, 1980, 200–208

Ohlmeier, D.: Gruppenpsychotherapie und psychoanalytische Theorie, in: A. Uchtenhagen, R. Battegay, A. Friedemann (Hrsg.) Gruppenpsychotherapie und soziale Umwelt, Huber, Bern, Stuttgart, Wien 1975, 548–557

Ohlmeier, D.: Gruppeneigenschaften des psychischen Apparates, in: Eicke, D. (Hrsg.) Die Psychologie des 20. Jahrhunderts II, Kindler, Zürich 1976, 1133–1144

Ohlmeier, D.: Bemerkungen zur gruppentherapeutischen Anwendung der Psychoanalyse, in: Fischle-Carl, H. (Hrsg.) Theorie und Praxis der Psychoanalyse, Bonz, Stuttgart 1979, 148–160

Ohlmeier, D./Sandner, D.: Selbsterfahrung und Schulung psychosozialer Kompetenz in psychoanalytischen Gruppen, in: Heigl-Evers, A. (Hrsg.) Lewin und die Folgen. Die Psychologie des 20. Jahrhunderts Bd. VIII, Kindler, Zürich 1979, 812–821

Rioch, M. J.: Die Arbeit Wilfried Bions mit Gruppen, in: Ammon, G. (Hrsg.) Gruppenpsychotherapie, Hoffmann und Campe, Hamburg 1973, 44–60

Sandner, D.: Die analytische Theorie der Gruppe von W. R. Bion, Gr. Ther. Gr. Dyn. 9, 1975, 1–17

Sandner, D.: Psychodynamik in Kleingruppen. Theorie des affektiven Geschehens in Selbsterfahrungs- und Therapiegruppen (Selbstanalytischen Gruppen), Reinhardt, München 1978

Sandner, D.: Zur Psychodynamik von Schizophrenen in analytischen Gruppen mit Psychotikern und Neurotikern, Gr. Ther. Gr. Dyn. 15, 1980, 32–50

Sandner, D.: Theoriebildung in der Gruppenanalyse. Gegenwärtiger Stand und Perspektiven. Gr. Ther. Gr. Dyn. 17, 1981 a, 234–250

Sandner, D.: Behandlungstechnik in der Gruppenanalyse von Schizophrenen gemeinsam mit Neurotikern. Vortrag auf dem 7. Internationalen Symposium über die Psychotherapie der Schizophrenie vom 30. 9.–3. 10. 1981 in Heidelberg 1981 b

Sandner, D.: Analytische Gruppentherapie mit Schizophrenen und Neurotikern – ein Modellversuch, in: Helmchen, H., Linden, M. und U. Rüger (Hrsg.) Psychotherapie in der Psychiatrie, Springer, Berlin, Heidelberg, New York 1982, 124–130

Sbandi, P.: „Gruppenpsychologie", Pfeiffer, München 1973

Schindler, W.: Gefahrenmomente in gruppenanalytischer Theorie und Technik. Gr. Ther. Gr. Dyn. 5, 1972, 237–244 abgedr. in: ders. 1980, 78–85

Schindler, W.: Über einige unterschiedliche Standpunkte hinsichtlich psychoanalytisch orientierter Gruppentherapie. Gr. Ther. Gr. Dyn. 14, 1979, 16–30, abgedr. in: ders. 1980, 139–150

Schindler, W.: Die analytische Gruppentherapie nach dem Familienmodell. Ausgewählte Beiträge, herausgegeben und eingeleitet von Dieter Sandner. Reinhardt, München, 1980

Schindler, W.: Ein Leben für die Gruppe, – Erfahrungen eines Gruppentherapeuten der ersten Generation. In diesem Buch: Kapitel 2.1

Sherwood, M.: Bion's Experiences in Groups, A. Critical Evaluation, in: Human Relations 17, 1964, 113–130. Deutsch in: Brocher, T. und Kutter, P. (Hrsg.), Entwicklung der Gruppendynamik, Wiss. Buchgesellschaft, Darmstadt 1984, 290–317

Sutherland, I. D.: Bemerkungen zur psychoanalytischen Gruppentherapie I. Therapie und Ausbildung, in: Ammon, G. (Hrsg.) Gruppenpsychotherapie, Hoffmann und Campe, Hamburg 1973, 95–107

Schwartz, E. K. and *A. Wolf:* Psychoanalysis in groups: The mystic of group dynamics, in: Stokvis, B. (ed.) Topical Problems of Psychotherapy, Vol. II, S. Karger, Basel 1960, 119–154

Wolf, A.: Psychoanalyse in Gruppen, in: De Schill, S. (Hrsg.) Psychoanalytische Therapie in Gruppen, Klett, Stuttgart 1971, 145–199

2.3 Die Methode der Gruppenanalyse im Sinne von Foulkes*

Harold L. Behr, Lisbeth E. Hearst und Gregory A. van der Kleij (London)

aus dem Englischen ins Deutsche übertragen von Peter Kutter

In den letzten vier Jahrzehnten geriet die Macht der Gruppe als Instrument der Veränderung zunehmend in das öffentliche Bewußtsein. Gruppenarbeit entwickelt sich nicht nur im Rahmen der Psychotherapie, sondern in einer Vielzahl der verschiedensten ‚settings' wie in der Pädagogik, der Sozialarbeit, der Industrie, der Politik und der Religion. Der theoretische Hintergrund der Gruppenbewegung ist vielschichtig. Während die Pioniere auf diesem Gebiet von den verschiedensten Perspektiven ausgingen, nähern sich heute früher voneinander isolierte theoretische Schulen, die sich sogar zeitweise befehdeten, zunehmend einander an. Unser Anliegen ist es, dadurch zum Dialog zwischen sich annähernden Positionen beizutragen, indem wir ein ganz *spezielles Konzept der Gruppenpsychotherapie*, nämlich die *Gruppenanalyse*, beschrei-

* Ausschnitte dieses Beitrages wurden bereits publiziert in:
AGRIPPA, 1981, Niels Reisby et al., Denmark, sowie in: CONNEXIONS, 1982.
Die genannten Ausschnitte basieren wiederum auf einem Kapitel eines Buches, das, von *G. M. Gazda* herausgegeben, unter dem Titel „Basic Approach to Group Psychotherapy and Group Counseling" in 3. Ausgabe 1982 bei Charles C. Thomas, Springfield, Ill., USA erschienen ist. Es ist von *Malcolm Pines, Lisbeth E. Hearst* und *Harald L. Behr* unter dem Titel „Gruppenanalyse (gruppenanalytische Psychotherapie)" gemeinsam verfaßt. Der hier vorliegende Beitrag ist von *Lisbeth E. Hearst* und *Gregory van der Kleij* überarbeitet. Neu aufgenommen sind Auszüge aus einem Aufsatz *Gregory van der Kleijs* mit dem Titel ‚On the Matrix', veröffentlicht in ‚Group Analysis' (XV/3, decembre 1982, 219-234), der für die Veröffentlichung im vorliegenden Buch ebenfalls vom Autor überarbeitet wurde (Anmerkung des Übersetzers).

ben, die, obwohl in Stil, Methode und theoretischer Orientierung sehr wohl eigenständig, selbst aus verschiedenen Denkschulen hervorging, von denen jede isoliert von der anderen entstanden ist.

Gruppenanalyse oder gruppenanalytische Psychotherapie stellt *eine Synthese von Elementen dar, die aus der Psychoanalyse, der Sozialpsychologie, der Gestaltpsychologie und der allgemeinen Systemtheorie stammen.* Derjenige, der hauptsächlich dafür verantwortlich ist, Gruppenanalyse dadurch vorangetrieben zu haben, daß er die psychoanalytische Theorie auf den Gruppenprozeß anwandte, wobei er gleichzeitig *Kurt Goldsteins* neue Beiträge zur Biologie berücksichtigte, war *S. H. Foulkes,* ein Psychiater und Psychoanalytiker, der Deutschland 1933 verließ und nach England übersiedelte, wo er 1976 starb. Der früheste und stärkste Einfluß auf Foulkes' professionelle Entwicklung ging von dem Neurologen *Goldstein* aus, dessen Assistent *Dr. Foulkes* zwei Jahre lang war. *Goldstein* (1939) betonte die Ganzheit des *Organismus* und seine Beziehung zur gesamten Umgebung. In welchem Umfang *Foulkes* durch *Goldstein* beeinflußt war und wieviel er davon auf das Gebiet der Gruppenanalyse übertragen hat, ist in der Einführung zu seiner Monographie aus dem Jahre 1948 erkennbar: „*Der gesunde Organismus funktioniert als ein Ganzes und kann als System in einem dynamischen Gleichgewicht beschrieben werden* ... Es paßt sich ständig aktiv den sich ständig veränderten Umständen und Umweltbedingungen an, in denen es lebt". Gewisse zentrale Konzepte der Gruppenanalyse haben eindeutig ihren Ursprung in der holistischen Philosophie Goldsteins: Der Therapeut interessiert sich für die Gruppe als ein Ganzes und versteht sie als *ein ständig wechselndes Feld von Grundbeziehungen,* in denen bald der eine, bald der andere Aspekt *eines dynamischen Netzwerkes* zum Ausdruck kommt. Er *behandelt die Teile nicht isoliert vom Ganzen.* Er ist dabei selbst Bestandteil des gesamten Interaktionsfeldes. Schließlich wurden folgende Aussagen zu Eckpfeilern der gruppenanalytischen Theorie: Die Analogie der Gruppe als ein Organismus und zwar als ein System in einem dynamischen Gleichgewicht, sowie *die Analogie mit dem Nervensystem im Sinne eines Netzwerks, das als Ganzes funktioniert.*

Im Anschluß an seine Verbindung mit *Goldstein* in der Neurologischen Klinik in Frankfurt unterzog sich *Foulkes* einer Weiterbildung als Psy-

choanalytiker in Wien und kehrte darauf nach Frankfurt zurück, um dort Direktor des Psychoanalytischen Institutes zu werden. Durch glückliche Umstände bestanden damals enge geographische und intellektuelle Beziehungen zwischen den mit der Psychoanalyse sympathisierenden Soziologen *Max Horkheimer*, *Karl Mannheim* und *Norbert Elias* zum Frankfurter Psychoanalytischen Institut, zu dessen Mitgliedern damals *Erich Fromm* und *Frieda Fromm-Reichmann* zählten. Angeregt durch den genius loci war *Foulkes* der Auffassung, daß nicht das Individium der Gesellschaft, sondern die *Gesellschaft dem Individuum vorausgeht.* Er konzipierte den Menschen als ein Individuum, das in ein Netzwerk von Kommunikationsprozessen hineingeboren wird, die seine Natur vom Moment seiner Geburt an tief beeinflußen. Dabei sind Individuum und Gesellschaft abstrakte Begriffe, die lediglich aus semantischen Gründen voneinander getrennt definiert wurden. Der Bezugsrahmen des einzelnen ist die natürliche Gruppe, in der er lebt. In dieser Sicht ist die Therapiegruppe ebenso ein Mikrokosmos der Gesellschaft, wie sie zu bestimmten Zeiten die ursprüngliche natürliche Gruppe des Patienten repräsentiert.
Der psychoanalytische Anteil an der Gruppenanalyse ist beachtlich. *Freud* (1921) leistete dabei den ersten entscheidenden Beitrag: Innere Objektbeziehungen, die sich im Ich-Ideal und Überich niederschlagen, werden auf den Gruppenleiter projiziert, wodurch ein gemeinsames Band entsteht, das eine Versammlung von einzelnen in eine Gruppe verwandelt. Nach *Foulkes* benutzte *Freud* zwei große hochorganisierte Gruppen, die Armee und die katholische Kirche als Modelle, um seine Begriffe Identifikation und Ich-Ideal zu verdeutlichen. Darüber hinaus war es *Freuds* Interesse, zu zeigen, wie diejenigen Kräfte, die das Leben des einzelnen bestimmen, durch das Medium der Gruppe zum Ausdruck kommen. Dagegen versuchte er nicht, die in den Gruppen selbst wirksamen Kräfte zu erforschen. Für *Foulkes* waren die klassischen psychoanalytischen Konzepte maßgebend für die Gruppenanalyse, *er vermied es jedoch, diese Konzepte insgesamt von der Dyade auf das psychoanalytische setting der Gruppenanalyse zu übertragen.* Er erkannte die Bedeutung der Übertragung in der gruppenanalytischen Therapie, wies ihr indessen *eine weniger wichtige Rolle im therapeutischen Instrumentarium* zu als in der individuellen Psychoanalyse: Die Beziehungsmu-

ster, wie sie sich in einer Gruppe entwickeln, sind nämlich *viel zu komplex, um allein durch Übertragung erklärt zu werden*. Dennoch sind psycho-analytische Gruppen in dem Sinne immer auch Übertragungsgruppen als ihre Mitglieder untereinander eben Übertragungen entwikkeln und den Therapeuten als Übertragungsfigur behandeln.

Die Gruppenanalyse beruht auf dem *psychoanalytischen Modell*, das die Psyche als ein *dynamisches System von Objekt und Teilobjektbeziehungen* begreift, zwischen denen eine ständig fließende Kommunikation besteht, und nicht als einen mentalen Apparat, der aus zielgerichteten Trieben und deren Schicksalen zusammengesetzt ist. Diejenigen psychoanalytischen Gesichtspunkte, die die Bedeutung komplexer *innerer und äußerer Objektbeziehungen* betonen, sind speziell geeignet, um auf eine Gruppenanalyse angewandt zu werden, die *kommunikative Prozesse* betont, *die über den einzelnen hinausgehen*. Das von *Foulkes* entwikkelte theoretische Modell wurde durch die aus *Kurt Lewins* Feldtheorie entwickelte Gruppendynamik erheblich bereichert, besonders im Hinblick auf die Bedeutung der Gruppe und ihres Leiters: das gruppenanalytische Modell der Leitung einer Gruppe *zielt auf eine ausgewogene Balance zwischen trennenden und kohäsiven Kräften innerhalb der Gruppe*, was *Lewin* mit leiterlosen und streng-geleiteten Gruppen in Zusammenhang brachte. In der Tat verhält sich der Leiter, zumindest in einer reifen Gruppe, eher unaufdringlich und steht damit eher der führerlosen Gruppe nahe als anderen psychoanalytischen Modellen der Therapiegruppe. Dennoch ist der Gruppenanalytiker unmißverständlich der Gruppenleiter und niemals nur ein Mitglied der Gruppe, auch wenn er sich dazu entschließt, sich zurückzuhalten, während die therapeutische Initiative der Teilnehmer der Gruppe von einem anderen Teil des Gruppennetzwerkes ausgeht.

Ein anderer, erst kürzlich entdeckter Wissenschaftsbereich, der die Gruppenanalyse beeinflußt hat, ist die Sozialpsychologie, die sich mit der *Theorie des Selbst* (*Mead* 1962) befaßt, die zunehmend die Effekte sozialer Kräfte auf das Selbst-Bild beachtet, definiert und neu definiert, sowie die Wirkung der „Bezugsgruppe" auf die Individuation.

Unabhängig von den psychoanalytisch orientierten Zugängen zur Gruppentherapie lassen sich hauptsächlich drei Therapiekonzepte unterscheiden: 1. Therapie *in* der Gruppe, 2. Therapie *der* Gruppe und 3.

Therapie *durch* die Gruppe. Jeder dieser drei Zugänge hat einen jeweils anderen theoretischen Rahmen.
Der erste Zugang, Psychoanalyse in der Gruppe, bewahrt das diadische Modell der psychoanalytischen Beziehung im Hinblick auf jeden Patienten in der Gruppe und beläßt die therapeutische Verantwortung vollständig und unzweideutig beim Analytiker. Die Gruppendynamik wird weniger beachtet, während die sozialpsychologische Perspektive ganz abgelehnt wird und zwar deswegen, weil sie ein unerwünschtes Element der Mystifizierung in den therapeutischen Prozess einführe. Die Exponenten dieser Schule der psychoanalytischen Gruppentherapie betrachten biologische und psychologische Individualität gleichermaßen als Bezugspunkte und glauben darüber hinaus, daß der Versuch, die Gruppe als ein Instrument der Behandlung zu benutzen oder die Gruppe als ein Ganzes zu behandeln, für den einzelnen nachteilig sei. Der Wert des Gruppen-‚settings' liege darin, daß es das Zustandekommen von Übertragung erleichtere und als Medium für freie Assoziationen diene.
Im zweiten Modell, nämlich dem der psychoanalytischen *Behandlung der Gruppe* (dem sogenannten Tavistock-Modell) *bilden die Gruppe als Ganzes und der Analytiker die psychoanalytische Dyade*. Der Analytiker befaßt sich ausschließlich mit der Gruppe als Ganzes und berücksichtigt dabei besonders die Übertragungsbeziehung der Gruppe auf den Analytiker. Die Aufgabe des Therapeuten ist streng dadurch definiert, daß er die Übertragung, die sich zwischen Gruppe und ihm entfaltet, im Hier und Jetzt interpretiert.
Der dritte Zugang, derjenige der Foulkesschen Gruppenanalyse, sieht in der Gruppe den entscheidenden Bezugsrahmen, beachtet aber auch zusätzlich die einzelnen, wie sie am Gruppenprozeß partizipieren. Dieser Zugang nimmt zwischen den beiden anderen Zugängen eine mittlere Position ein. Er interessiert sich gleichermaßen für die Dynamik der Gruppe als Ganzes und für das Individuum als legitimen Fokus der Therapie. Die Behandlung bezieht sich auf den *einzelnen*, vollzieht sich aber *durch die Gruppe*. „Gruppenanalytische Psychotherapie ist eine Form der psychoanalytischen Therapie, die als ihren Bezugsrahmen die Gruppe als Ganzes beachtet. Wie jede psychoanalytische Therapie stellt sie indessen das Individuum in den Mittelpunkt ihrer Aufmerksamkeit"

(*Foulkes* 1964). Die Akzentverlagerung auf die Gruppe als therapeutisches Medium hat weitreichende theoretische und praktische Konsequenzen: Die Position des Gruppenanalytikers erscheint in einem derartigen Kontext in einem anderen Licht und die Gruppenmitglieder sind mit gänzlich verschiedenen Aufgaben und Verantwortungen betraut, verglichen mit Gruppen, denen eine derartige Kultur fehlt.

Die gruppenanalytische Perspektive des Menschen

Nach der grundlegenden Position des Gruppenanalytikers ist der Mensch *essentiell sozial orientiert* und nicht individuell. Der individuelle Organismus ist zwar eine grundlegende *biologische* Einheit, deren fundamentale *psychologische* Einheit ist aber die Gruppe. Der einzelne Mensch ist eine künstliche, wenn auch plausible Abstraktion, die aber nie von der Gruppe isoliert werden kann. *Jeder Mensch ist grundsätzlich und unmittelbar durch die Welt definiert, in der er lebt, durch seine Gruppe und durch die Gemeinschaft, zu der er gehört.* Die Begriffe innerseelisch und zwischen-menschlich, Individuum und Gesellschaft, Leib und Seele, Phantasie und Wirklichkeit sind daher keine Gegensätze. Werden sie voneinander getrennt, dann resultieren isolierte abstrakte Begriffe, die uns, werden sie aus dem Zusammenhang gerissen, zwangsläufig zu falschen Resultaten führen.

Mit dieser Auffassung hängt die Vorstellung zusammen, daß das Individuum einen *Knotenpunkt im Netzwerk* einer Gruppe darstellt. Die Mutter-Kind-Beziehung ist in diesem Sinne ebenso die erste soziale Beziehung wie die erste sexuelle oder Liebesbeziehung, und die Familie als Gruppe ist die früheste soziale Umgebung, innerhalb deren Rahmen jeder seine Identität definiert und ein Bewußtsein davon gewinnt, wo er hingehört.

Jedes Ereignis erfaßt die Gruppe als Ganzes. „Solche Ereignisse sind *Teil einer Gestalt, deren „Figuren“ (Vordergrund) sie bilden, während sich der Grund (Hintergrund) im Rest der Gruppe manifestiert*“ (*Foulkes* 1980). Der Mensch kann sich nur innerhalb des Netzwerkes einer Gruppe vollständig verwirklichen. Wechselndes Verstehen entwickelt sich aus einem Prozeß der Kommunikation, der auf allen Ebenen stattfindet,

von der tiefsten innerseelischen bis hin zur Ebene der sozialen Beziehungen. Die Kommunikation findet dabei innerhalb eines komplexen Netzwerkes inter-personaler Beziehungen statt. Eine Krankheit des einzelnen entspricht daher immer einer Störung innerhalb des Netzwerkes und muß deshalb innerhalb der Gruppe behandelt werden.
In dieser Sicht kommt es dann zu Krankheit, wenn der einzelne als Knotenpunkt der Gruppe zum Fokus einer Störung und gestörter interpersonaler Prozesse wird. *Die neurotische Position ist infolgedessen in hohem Grade individualistisch und wird gegenüber der Gruppe potentiell destruktiv*. Sie entsteht letztlich aus einer Inkompatibilität zwischen dem einzelnen und seiner ursprünglichen (Familien-)Gruppe. Die *Familie* ist das natürliche Netzwerk, innerhalb dessen die Mitglieder wechselseitig genauso voneinander abhängig sind wie von den vitalen Ressourcen des Lebens. Insofern wirken sich Störungen innerhalb des Netzwerkes tief auf die gesamte Familiengruppe aus und zwingen sie als Ganzes in Beziehung zum weiteren gemeinsamen Netzwerk eine individualistische Position einzunehmen. Unter diesen Umständen kann sich der ursprüngliche Konflikt niemals klar artikulieren oder in konzeptualisierter Form sprachlich ausdrücken. Er ist daher der Erinnerung und Erfahrung nicht zugänglich. Konflikte kommen vielmehr recht unartikuliert als Störung zum Ausdruck, nämlich als Symptom, das wiederum in höchst idiosynkratischer Form einem individuellen Phänomen entspricht. „Symptome zwingen den einzelnen gerade deshalb, weil sie in sich selbst autistisch und denkbar ungeeignet sind, um mit anderen geteilt zu werden, in seine Symptomatik hinein. Solange er das, was sich hinter dem Symptom verbirgt, nicht in einer kommunikationsfreundlichen Weise zum Ausdruck bringen kann, findet er keine wirkliche Entlastung... Er muß sich immer und immer wieder anstrengen, bis es ihm gelungen ist, das Symptom in eine sozial akzeptable, artikulierte Sprache umzuwandeln. Nur dann kann das Symptom anderen Mitgliedern der Gruppe gegenüber verständlich werden, wenn diejenigen Energien (Libido), die in ihm gebunden sind, zu etwas werden, das untereinander ausgetauscht werden kann (etwa wie eine Ware)" (*Foulkes* 1948, S. 169).

Die Gruppenmatrix

Ein Konzept, das die Beziehungen innerhalb des Netzwerkes am stärksten betont, ist das der Gruppenmatrix. Es entspricht der *optimalen Basis aller Beziehungen und Kommunikationen* und stellt *ein Gewebe intra-psychischer, inter-personaler und trans-personaler Beziehungen* dar, in denen der einzelne als ein Knotenpunkt erscheint. Man kann Matrix mit Gruppengrenze umschreiben und in Analogie zum Netzwerk der Neuronen, in welchem das Neuron einen Knotenpunkt im gesamten Netzwerk bildet, sehen. Die Gruppe ist somit etwas, das als Ganzes reagiert und (im psychoanalytischen Sinn) auch als Ganzes assoziiert. Insofern entspricht die Gruppe stets einem trans-personalen Netzwerk, das ebenso von jedem einzelnen Gruppenmitglied beeinflußt wird, wie es dieses beeinflußt.

Das von *Foulkes* entwickelte Konzept der ‚Matrix' wird verständlicher, wenn wir es auf drei verschiedenen Ebenen betrachten: Die Grund-Matrix, die dynamische Matrix und die persönliche Matrix.

Die Grund-Matrix

Die Grund-Matrix als Begriff bedeutet nicht, daß die Gruppenmitglieder Gefühle, Phantasien und Verhaltensweisen einbringen, die sie alle teilen. Das Konzept der Grund-Matrix unterstreicht vielmehr die Bedeutung der Tatsache, *daß alle Gruppenmitglieder gleichsam auf einem gemeinsamen Grund stehen*. „Diesen gemeinsamen Grund bringen sie in die Gruppe. Was wir traditionellerweise als das innerste Selbst betrachten, als das Inner-Seelische gegenüber der äußeren Welt, ist als solches nicht nur teilbar, es ist vielmehr *von vorneherhein geteilt*. Diese Tatsache wird um so verständlicher, je länger man die Zeit in der Gruppe mit anderen Fremden zubringt" (*Foulkes* 1975, S. 62).

Damit betont das Konzept der Grund-Matrix den Bereich, in dem die therapeutische Arbeit getan werden muß: Die einzelnen erfahren von Minute zu Minute, daß das, von dem sie glauben, es sei ihr innerstes Selbst, in Wirklichkeit längst mit anderen geteilt ist. Auf diese Weise ist wirkliche und nachhaltige Veränderung möglich. *Dazu gehört, daß der einzelne die Illusion aufgeben muß, wenn auch gegen größten Widerstand, er gehöre nur sich selbst.* Er wird insofern eine Konzession machen, daß er seine Ursprungsfamilie in diese Gruppe einbringt: Gruppenmitglieder reden häufig über ihre Eltern. *Foulkes* war sich darüber völlig im klaren, daß der einzelne sich mit allen Mitteln, die ihm zur Verfügung stehen, gegen die eintretende Veränderung wehren wird. Er wird unter allen Umständen versuchen, soweit wie möglich dasjenige Netzwerk wiederherzustellen, in dem er ursprünglich aufgewachsen ist und in dem er weiterhin funktionieren kann, ohne sich ändern zu müssen. „Es ist deshalb von größter Wichtigkeit, die Wiederholung der Familien-Situation als einen kardinalen und grundlegenden Widerstand zu betrachten und zu versuchen, ihn durch kontinuierliche Analyse und Konfrontation aufzulösen" (*Foulkes* 1975, S. 61). Das Konzept der Grund-Matrix erlaubt es somit dem Leiter, den Fokus seiner Arbeit darin zu sehen, die Isolation des einzelnen durch die Erfahrung der Kommunikation zu ersetzen. Dies mag für den einzelnen verwirrend sein. Nur so gelingt es uns aber, unsere essentielle de-zentrale Position und unsere durchgängige Abhängigkeit von der sozialen Struktur zu entdecken.

Wenden wir das Konzept der Grund-Matrix schließlich auf die praktische Arbeit in der Gruppe an, dann wird klar, daß es so etwas wie eine individuelle Interpretation im Gegensatz zu einer Gruppen-Interpretation gar nicht gibt. Alle Interpretationen, auch wenn sie ostentativ auf den einen oder anderen Teil des Gruppen-Netzwerkes zielen, wirken sich massiv auf jedes Gruppenmitglied und die gesamte Gruppe aus.

Die dynamische Matrix

Die dynamische Matrix *bezieht sich auf die aktuellen Ereignisse in der Gruppe* selbst und darauf, *wie sie sich im gruppen-analytischen „setting" und im Laufe der beiden Grundkategorien von Zeit und Raum entfalten.* Die Gruppenmitglieder geraten unvermeidlicherweise miteinander in Kontakt. Dabei leuchtet ein, daß sich die in jedem einzelnen Teilnehmer ablaufenden seelischen Prozesse im Grunde in einer Matrix ereignen, die *Foulkes* hypothetisch als ein Kommunikations- oder Beziehungsmuster

bezeichnet hat. Er fährt fort: „Falls wir diesen Gesichtspunkt akzeptieren (die Hypothese vom „*Beziehungsmuster*"), dann können wir uns die psychischen Prozesse so vorstellen, als ob sie in die die Gruppe zusammensetzenden Mitglieder gleichsam eindringen, durch sie hindurchgehen und sogar über sie hinausreichen, um sich mit den anderen zu verbinden" (*Foulkes* 1975, S. 63).
Diese Zusammenhänge werden leicht verständlich, wenn wir uns vor Augen halten, was *Foulkes* in derselben Arbeit überzeugend zum Ausdruck bringt, daß wir uns nämlich in einer Gruppe vor allem durch die sich darin abspielenden Interaktionen verändern und nicht durch die Interpretationen des Leiters. Sollte dies der Fall sein, dann ist es nicht so sehr die Aufgabe der Gruppenanalyse, die inneren Zusammenhänge der psychischen Prozesse des Individuums zu entdecken, so unersetzlich diese für den einzelnen selbst auch sein mögen. Es kommt vielmehr darauf an, herauszuarbeiten, wie sich diese psychischen Prozesse auf die Interaktionen der Gruppenmitglieder untereinander auswirken. Der therapeutische Prozess entspricht, um es in einem Bild auszudrücken, einer Reise, die beim Symptom beginnt, zum Konflikt führt und bei der Konfliktlösung endet. Je weiter die Reise geht, um so mehr nimmt die Fähigkeit zur Kommunikation zu. Das Symptom bringt eine pathologische Isolation vom Ganzen zum Ausdruck. Diese Isolation dauert unverändert an, wenn der Leiter den einzelnen in atomistischer Weise vom Ganzen getrennt hält. Es kommt also entscheidend darauf an, herauszufinden, an welchem Punkt das Symptom aus dem Zusammenhang isoliert wurde. Dieser Punkt wird in dem Maße deutlich, in dem die Interaktionen mit den anderen in Gang kommen. Neurotische Patienten beginnen ihre Arbeit in der Gruppe, ob sie wollen oder nicht, oft mit Klagen darüber, total unabhängig von jedermann und allem zu sein. Genau dieser Wunsch ist es aber, der die Neurotiker immer wieder in ihrer schmerzlichen Isolation bestätigt. Da nun das Ich vorwiegend ein Körper-Ich ist, wie *Foulkes* im Anschluß an *Freud* unmißverständlich feststellt, und da der Körper nicht wie eine Maschine einem stolz darüber herrschenden Ich zur Verfügung steht, sondern gerade das Medium ist, über das Kommunikation mit der Welt stattfindet, wird der Drang zu kommunizieren so unwiderstehlich, daß wir dadurch zu einem Bewußtsein unserer selbst in Kommunikation mit den anderen kommen.

Die persönliche Matrix

Foulkes sagt zu Recht, daß das Symptom einerseits eine autistische Qualität hat, daß es aber andererseits in der Gruppe anfängt, sich zu äußern, zuerst undeutlich, gleichsam nur vor sich hinmurmelnd, um sich dann aber innerhalb des Netzwerkes der Matrix zunehmend deutlicher und lauter zu artikulieren. Da es in der klinischen Praxis extrem schwierig ist, sich auf die Interaktion in der Gruppe zu konzentrieren, schwieriger, als lediglich auf die innerseelischen Prozesse der einzelnen, mag es hilfreich sein, diese Schwierigkeit an einem einfachen Beispiel eines Patienten mit Zwangsneurose zu illustrieren. Schon aus der individuellen Therapie ist bekannt, daß allein das Reden über das Symptom, zum Beispiel über das rituelle Waschen der Hände, die Sache nur noch schlimmer macht. In einer Gruppe leiten die Gruppenmitglieder in ihrem unwiderstehlichen Drang zu kommunizieren, den therapeutischen Prozeß mit einem denkbar einfachen Kommentar ein, wie zum Beispiel folgendem: „Ich bin überhaupt nicht an Ihren Symptomen interessiert, ich interessiere mich für Sie, erzählen Sie über sich selbst, damit sich etwas ändert ..." Dies bedeutet nicht, daß der einzelne als Mensch in den Hintergrund tritt. An dieser Stelle verbindet sich nun die persönliche Matrix untrennbar mit der Grund-Matrix sowie mit der dynamischen Matrix der Gruppe. Damit sehen wir den einzelnen also im selben Licht wie die Gruppe, nämlich inmitten „komplexer untereinander in Beziehung stehender Prozesse" (*Foulkes* 1975, S. 130).
Dies ist natürlich nicht neu und wurde von *Freud* mehrfach festgestellt. Wir konzentrieren uns nur insofern auf den einzelnen, wie dieser damit beschäftigt ist, innerhalb komplexer miteinander interagierender Prozesse seinen Platz zu finden. Es bleibt ihm doch keine andere Wahl, als sich der neuen Erfahrung, die vom Gruppen-setting ausgeht, anzupassen. Er mag freilich versuchen, das ‚Setting' seinerseits zu strukturieren und zwar auf eine Weise, die ihm sinnvoll erscheint. Der einzelne findet sich wie in seiner Alltagserfahrung in einer Position, die ständig zwischen Figur und Hintergrund, zwischen Teil und Ganzem dadurch vermittelt, daß sie sich oszillierend von einem zum anderen bewegt: Die Augen funktionieren nicht anders, desgleichen das gesamte Nervensystem. Jeder kommt in dem Maße in seinen psychischen Prozessen vor-

an, wie sie sich in der Gruppe ereignen, denn jeder ist gezwungen, dem was in der Gruppe geschieht, eine Bedeutung zuzuweisen, das heißt zu bedenken, wie das Ganze und die Teile zueinander passen und zueinander gehören. Der Widerstand gegenüber diesem Prozeß ist ebenso unvermeidlich wie der Prozeß selbst. Somit bildet *der einzelne in der Gruppe seine eigene persönliche Matrix so aus, wie sie für ihn immer schon existierte*. Das heißt: Es gibt Strukturen, die schon vorgegeben sind und die keiner zu ändern wünscht. *Jeder versucht daher, zuweilen mit verzweifelten Anstrengungen, die Vergangenheit in der Gruppe wiederherzustellen*. Jeder Gruppentherapeut kennt das Gruppenphänomen, bei dem gehorsame Patienten aufmerksam darauf warten, daß man ihnen über brilliante Deutungen zur Einsicht verhelfen soll, während sie allenfalls ihren Lebenslauf zur Analyse anbieten. In einer derartigen Situation müssen wir uns auf die Art der Interaktion konzentrieren und nicht auf den Inhalt, was in der Tat eine schwierige Aufgabe ist. Wie die Interaktionsprozesse „innerhalb" des einzelnen als Teil eines Ganzen zueinander in Beziehung stehen, können wir daher nur aus den aktuellen Prozessen entdecken, wie sie in der Gruppe ablaufen.

In der genannten Perspektive ist jede individuelle Störung immer innerhalb der Gruppen-Matrix lokalisiert; sie mag zeitweise über den einzelnen hinausgehen, während sie zu anderen Zeiten in symptomatischer Form innerhalb des einzelnen konzentriert bleibt. Die Gruppe ist somit ohne Chance, individuelle Störungen dort zu lokalisieren, wo sie sich in bestimmten Beziehungsmustern ereignen. Dazu ein Beispiel: Ein Patient kann während des Erstinterviews, während dem er mit dem Therapeuten allein zusammen ist, frei reden. In der Gruppe dagegen schweigt er hartnäckig und erweist sich als unfähig, den Therapeuten anzusprechen. Damit wird deutlich, daß seine Störung darauf beruht, daß er unfähig ist, den Therapeuten mit den Mitpatienten zu teilen. Die verschiedensten Beziehungsmuster, wie sie sich in ewig wechselnder Konstellation ereignen, gestatten es uns, somit die unterschiedlichsten Störungen zu den unterschiedlichsten Zeiten zu lokalisieren.

Das therapeutische ‚setting'

Das therapeutische ‚setting' ist *der Rahmen, in dem jeder einzelne die Unverträglichkeiten seiner Ursprungsgruppe, der Familie, entdecken und durcharbeiten kann.* Der Therapeut sieht die Gruppe innerhalb einer Grenze, die es ihm ermöglicht, sie als optimale Einheit für die Therapie zu betrachten. Dabei kann er von der Familiengruppe selbst ausgehen oder von einer speziell zusammengesetzten Gruppe von Individuen, die zuvor keine Beziehungen zueinander hatten. Im letzteren Fall handelt es sich um eine besondere, künstlich vorbereitete soziale Situation, in der relativ stabile und anhaltende Beziehungsmuster über geplante und beliebige Interventionen verändern können. Eine nach den gruppenanalytischen Grundsätzen zusammengestellte Gruppe repräsentiert hierbei eine Norm, von der jeder einzelne in seiner jeweiligen Störung abweicht. „Der tiefste Grund, warum diese Patienten – nehmen wir der Einfachheit halber an, es handle sich hierbei um psychoneurotische Patienten – untereinander normale Reaktionen verstärken und die jeweils neurotischen Reaktionen der anderen abbauen und korrigieren, ist folgender: die Teilnehmer schaffen sich kollektiv genau diejenige Norm, von der sie, jeweils individuell gesehen, abweichen. Der Grund dafür liegt darin, daß jeder einzelne in einem erheblichen Ausmaß Teil der Gruppe ist, zu der er gehört. Dieser kollektive Aspekt durchdringt jeden einzelnen bis ins Innerste. In dem Maße, in dem einer vom abstrakten Modell, dem Standard, der Norm, abweicht, wird er zu einer Variante der Norm ... Gerade diese Abweichungen machen ihn zu einem Individuum, das in seiner Art durch und durch einzigartig ist, bis in die Fingerabdrücke hinein ... Der gesunde Teil der Individualität des Charakters ist fest in der Gruppe verwurzelt und wird voll und ganz durch sie abgedeckt. Insofern respektiert und unterstützt die Gruppe die Entfaltung und freie Entwicklung der Individualität" (*Foulkes* 1948, S. 29).
Im gruppentherapeutischen ‚setting' verwandeln sich autistische Störungen in eine von allen geteilte, untereinander austauschbare Sprache. Neurotische Beziehungsmuster, die bisher Fokus von Störung waren, gelangen auf welche Weise auch immer, durch den sich entwickelnden Prozeß der Kommunikation an die Oberfläche. In dem Maße als sie kommunizierbar werden, verschwinden die neurotischen Symptome

im ‚gemeinsamen Grund' der Gruppe, und ihre individuellen Bestandteile werden in Richtung auf eine gruppen-syntone, sozial akzeptierbare gegenseitige Partizipation befreit. Auf diese Weise herrscht ein ständiger Druck auf jedem einzelnen, der die privaten neurotischen Verhaltensweisen zurückdrängt, das Ich stärkt und alle mit der Gruppe übereinstimmenden Verhaltensmuster fördert.

Wahrnehmungsfeld und Umfang der seelischen Aktivität verändern sich fortwährend. Die therapeutische Situation sorgt dafür, daß sich diese Bereiche ständig erweitern und vertiefen, so daß insgesamt ein Zustand optimaler Individuation erzielt wird. *Foulkes* gebrauchte den Begriff *‚Ichtraining durch Handeln'*, um den Prozeß zu beschreiben, über den der einzelne nach und nach zur Erkenntnis seiner wahren Individualität gelangt, über sich selbst und andere Einsicht gewinnt und dadurch immer mehr wirklich zu sich selbst kommt, was gleichzeitig heißt, sich vollständiger sozialisiert zu erleben.

Der Begriff *‚gruppenanalytische Situation'* ist ein spezielles Konzept mit folgenden drei Aspekten:

1. *Struktur*: Sie bezieht sich auf diejenigen Beziehungsmuster, die sich innerhalb der Gruppe als relativ stabil und dauerhaft erweisen. Derartige Muster entsprechen den vertrauten Rollen, die die einzelnen spielen und die zugleich zwischen den verschiedenen Mitgliedern der Gruppe Gestalt annehmen. Beispiele dafür sind Koalitionen mit Untergruppenbildung und Spaltungen, wie sie zwischen einzelnen Untergruppen entstehen können. Die psychische Struktur der Gruppe entwickelt sich langsam, bildet dann aber eine bleibende Grundlage für jene Therapie, die für die gruppenanalytische Methode typisch ist.
2. *Prozeß*: Diesem entspricht die dynamische Komponente der Gruppe, die darin besteht, daß die Veränderungen sehr schnell ablaufen und in einem ständigen Fluß begriffen sind. Der Gruppenprozeß manifestiert sich als die Interaktion aller Elemente in einer gegebenen Situation einschließlich der reziproken Beziehungen und der verbalen und nichtverbalen Kommunikation.
3. *Inhalt:* Der Gruppenanalytiker verfolgt den Inhalt der Kommunikationen mit derselben Aufmerksamkeit, mit der er die Struktur und den Prozeß der Gruppe beachtet. Dabei taucht der latente Inhalt in dem Maße auf, als der manifeste Inhalt, wie er sich durch die Struktur und den Prozeß vermittelt, analysiert wird.

Das ‚setting' der gruppen-analytischen Gruppe

Der Gruppenanalytiker ist der Leiter der Gruppe (englisch ‚conductor', ein Begriff, der vom Bild des Orchesterdirigenten und seiner Spieler ausgeht, die an einer Musikaufführung zusammenwirken). Der Gruppenleiter hat zwei klar voneinander unterscheidbare Aufgaben, von denen jede gleichermaßen wichtig ist: Die eine hat damit zu tun, daß der Leiter aktiv für die Gruppe sorgt, während sich die andere Funktion um die therapeutische Aktivität innerhalb der Gruppe dreht. Richtet der Leiter seine Aufmerksamkeit auf das Gruppen-‚setting', dann übt er sein Amt aktiv und dynamisch aus. Er übernimmt die Verantwortung dafür, den optimalen Rahmen für die Arbeit der Gruppe zu schaffen und zu erhalten, die Grenzen der Gruppe ständig zu beachten und zu schützen, so daß sich der therapeutische Prozeß ungehindert entfalten kann.
Der Leiter wählt die Mitglieder der Gruppe aus, wobei er sich von der Annahme leiten läßt, daß die einzelnen dadurch von der Gruppe profitieren, daß sie lernen, ihre Konflikte möglichst frei auszudrücken, was freilich sehr eng mit der Art der Kommunikation zusammenhängt, auf die sich eine Gruppe einlassen kann. Der Leiter versucht eine Gruppe zusammenzustellen, in der optimale Unterschiede bestehen im Hinblick auf Persönlichkeit und Art der Störung; auf diese Weise kann er zwischen introspektiven und weniger introspektiven Persönlichkeiten ausgleichen, zwischen Menschen, die sich verhältnismäßig gut ausdrücken können und solchen, die dies weniger können, zwischen optimal labilen und solchen mit einer eher stabilen Disposition usw. Er läßt sich dabei nicht von den traditionellen diagnostischen Kategorien leiten, er verfolgt vielmehr das Prinzip, daß kein Mitglied der Gruppe, durch welche persönliche Eigenart auch immer, von den anderen Gruppenmitgliedern isoliert wird. Die Auswahl von Patienten für eine gruppenanalytische Gruppe hängt im allgemeinen von einem tiefenpsychologischen Gesichtspunkte einschließenden psychodynamischen Erstinterview ab. Dabei ist es grundsätzlich mit dem Prinzip der Gruppenanalyse vereinbar, mit einzelnen Patienten, die sich wegen ihrer Symptome oder Kommunikationsweisen in der Gruppe isolieren würden, eine die Gruppentherapie vorbereitende Einzel-Psychotherapie durchzuführen. Jede Gruppe wird sich von einer anderen in charakteristischen Merkma-

len unterscheiden, besonders im Hinblick auf die Probleme, auf die sich einzulassen die Mitglieder fähig sind. Erreicht zum Beispiel eine Gruppe die Fähigkeit, intensiv und in der Tiefe zu arbeiten, rasch, dann kann sie deshalb gegenüber einem stark abwehrenden Patienten relativ intolerant sein. Der Gruppenanalytiker bildet sich ebenso über die Gruppe ein Urteil wie über deren einzelne Mitglieder. Darüber hinaus wird er im Rahmen von Vereinbarungen, eine „slow-open-group" durchzuführen (also eine halboffene Gruppe, bei der Mitglieder ausscheiden und neue hinzukommen, die übliche Praxis in der „London Group Analytic Society"; Anmerkung des Übersetzers), das ‚timing' (sowohl im Hinblick auf die einzelnen und in bezug auf die Gruppe) besonders beachten und beide Seiten entsprechend vorbereiten.
Eine *kleine Gruppe*, die in der Regel aus sechs bis neun Mitgliedern besteht, gilt im allgemeinen als optimale Größe für eine vertiefte und umfassende analytische Therapie. In Gruppen dieser Größe ist der ‚face-to-face'-Kontakt gewahrt, und die Möglichkeit für jeden Teilnehmer, sich selbst auszudrücken, gewährleistet. Eine zu kleine Gruppe hat zu wenig vitale Ressourcen, um eine soziale Norm zu verkörpern und schwächt darüber hinaus die Matrix. Die Zahl der Teilnehmer kann jedoch durchaus vermehrt werden. Größere Gruppen werden in Ausbildungssituationen zunehmend angewandt und im Hinblick auf ihre beachtliche therapeutische Effizienz günstig beurteilt. In einer *großen Gruppe* werden die dynamischen Prozesse verstärkt, wobei die Multiplizität der Beziehungen die Realitätsprüfung besonders schwierig macht; Projektionen und Gefühle von der Art, als ob die Grenzen des Selbst überschritten würden, sowie psychose-ähnliche Mechanismen werden ausgelöst, verbunden mit einer zuweilen dramatischen Zunahme des Angstpegels. Eine große Gruppe scheint die frühesten infantilen Erfahrungen viel schneller wiederzubeleben, was für einige Teilnehmer störend, ja erschreckend sein mag, während sich andere dabei eher sicher fühlen und deshalb eher in der Lage sind, ihre Gedanken auszudrücken und sich auf zwischenmenschliche Prozesse einzulassen.
Der Gruppenleiter wird aber nicht nur die Größe und Zusammensetzung der Gruppe aufmerksam beachten, sondern er wird sich auch mit der räumlichen Anordnung und mit der Zeitspanne der Therapie befassen. Im Hinblick auf den letztgenannten Punkt wird er die zeitliche

Begrenzung der einzelnen Sitzungen ebenso beachten wie das Gesamtmuster der Therapie auf lange Sicht. Üblicherweise dauern gruppenanalytische Sitzungen eineinhalb Stunden bei einer Frequenz von ein oder zwei Sitzungen in der Woche über die Dauer einer Periode von ungefähr zweieinhalb bis dreieinhalb Jahren. Wie bei anderen Formen psychoanalytisch orientierter Psychotherapie ist das Ziel eine tiefe und anhaltende Veränderung der inneren Objektkonstellationen, gefolgt von sich daraus ergebenden Veränderungen der äußeren Beziehungen und der Wahrnehmung der Umgebung. Dabei verändern sich Beziehungen nur allmählich und der Einsatz an Zeit und Energie ist beträchtlich. Die meisten gruppenanalytischen Gruppen verlaufen in einem halboffenen Muster (englisch: ‚*slow-open*'; Anm. d. Übersetzers): die Mitglieder treten in die Gruppe ebenso zu einer ihnen passenden Zeit ein, wie sie sie verlassen, während die Gruppe als solche weiterlebt. Neue Mitglieder nehmen an der Geschichte der Gruppe teil, während diejenigen, die sie verlassen haben, nicht aufhören, in der Gruppen-Matrix repräsentiert zu sein. Dadurch entsteht eine Kultur, die sich mit anderen Lebensprozessen harmonisch verbindet. Einige Gruppenleiter ziehen eine *geschlossene Gruppe* vor, in der die einzelnen zusammen beginnen und aufhören. Eine derartige Gruppe erlaubt eine intensive Arbeit in einer kohäsiven Atmosphäre, wobei sich oft eine höchst spezifische Gruppenkultur entwickelt. Das *offene* Modell der Gruppe ist unter bestimmten institutionellen Rahmenbedingungen wie z. B. in Krankenhäusern, in denen die Patienten häufig wechseln, besser geeignet.

Der Gruppenleiter regelt die räumliche Umwelt der Gruppe und schützt sie gegen Einwirkungen von außen. Er legt das ‚setting' mit den im Kreis angeordneten Stühlen in einem geeigneten Raum genau fest. Vielleicht stellt er einen kleinen niederen Tisch in die Mitte, der in der Phantasie der Gruppe ein Übergangsobjekt in Winnicottschen Sinne repräsentieren mag, dem die Gruppe eine bestimmte Bedeutung zuschreibt, hat ihn doch der Gruppenleiter zur Verfügung gestellt. Der Gruppenleiter versäumt außerdem nicht, sich auch um solche Einzelheiten zu kümmern wie die gleichartige Ausstattung der Stühle, wobei er für so viele Stühle sorgt, als Mitglieder erwartet werden und besondere Vorsorge dafür trifft, daß wenn irgend möglich immer derselbe Raum für die gesamte Dauer der Therapie zur Verfügung steht. Es bleibt

schließlich dem Leiter überlassen (etwa in Institutionen; Anm. d. Übers.) mit Instanzen der sozialen Umwelt zu verhandeln und gegebenenfalls die institutionelle Dynamik entsprechend einzukalkulieren, um in jedem Fall sicher zu gehen, daß die Existenz der Gruppe akzeptiert ist. Der Leiter sorgt ebenso für die räumliche Anordnung wie er die psychologische Grenze der Gruppe beachtet. Erst dann nämlich, wenn die Grenze der Gruppe im räumlichen Sinne intakt ist, kann sich innerhalb der Gruppe ein befreiender Prozeß entfalten, der es den einzelnen gestattet, sich selbst ebenso zu erreichen wie die anderen und zwar über die Gruppenmatrix, ohne deswegen zusätzliche Ängste entwickeln zu müssen, ständig nach außen wachsam zu sein. Die Mitglieder können sich voll und ganz dem überlassen, was in der Gruppe vorgeht, während der Leiter, was immer sich ergeben mag, auf der Grundlage seiner beiden Fähigkeiten, nämlich die Gruppe in einem dynamischen Sinne zu verwalten und ihre Grenzen zu schützen, eine Position beibehält, die auf der Grenze zwischen der Gruppe und der Außenwelt verläuft.
Der Begriff „*Gruppengrenze*" ist ebenso wie der der „Matrix" auf dem Hintergrund einer physiologischen Analogie konzipiert: sie *funktioniert wie eine Membran, die zwischen inneren und äußeren Prozessen einen Austausch gestattet, ohne daß die Gruppe ihre Identität verliert*: je durchlässiger die Membran ist, wie es zum offenen Modell der Leitung einer Gruppe gehört, desto schwieriger wird es, ein Gefühl von Kohäsion und Gruppenidentität zu erreichen, um so schneller und effektiver läßt sich mit Oberflächenphänomenen umgehen, und um so größer ist das Ausmaß der Interaktionen. Der Prozeß der Sozialisation innerhalb einer solchen Gruppe führt sehr schnell zu gewissen interpersonalen Konstellationen, was für den Leiter einiges Geschick im Umgang mit therapeutischen Interventionen erfordert. So kann es z. B. in Gruppen mit jungen Adoleszenten, in denen Grenzphänomene ständig thematisiert werden, leicht vorkommen, daß der Therapeut mit größter Anstrengung darauf achten muß, die Grenze der Gruppe zu erhalten, ehe er überhaupt damit beginnen kann, die analytische Arbeit aufzunehmen. Dabei werden viele seiner Deutungen die Tatsache berücksichtigen, daß die individuelle Grenze des Adoleszenten ohnehin ständig in Fluß ist und immer wieder neu gebildet wird. Im Gegensatz dazu kommt es in Gruppen mit einer relativ undurchlässigen Grenze leicht zu einer Frag-

mentierung der individuellen Grenzen innerhalb der Gruppe und zu einer Intensivierung der Interaktionen, was zuweilen psychotische Prozesse aktiviert; eine Entwicklung, in der der Therapeut ebenso eine potentielle Gefahr sieht wie auch eine Chance, den therapeutischen Prozeß zu vertiefen.

Die therapeutische Aktivität des Gruppenleiters

Die Leitung einer Gruppe hängt nicht allein von der intuitiven Vielseitigkeit ihres Leiters ab; dieser ist nicht dazu da, die Gruppe dadurch, daß er sie zu Moral und Freundschaft ermutigt, zu einem guten Team zusammenzuschweißen. Er ist auch nicht dazu da, um durch in der Gruppe entstehende dynamische Kräfte, die womöglich das therapeutische Ziel unterlaufen wollen, umgeworfen zu werden. Seine Leitung zielt vielmehr in die Richtung, die Gruppenmitglieder zu einer aktiven Teilnahme einschließlich einer selbst übernommenen therapeutischen Verantwortung zu bewegen. *Er stellt die Gruppe als Ganzes in den Mittelpunkt seiner Aufmerksamkeit und versucht, herauszuspüren, wo die Gruppe in sich übereinstimmt und wo nicht, wo sich abgewehrte Tendenzen melden und wo sich Widerstände entwickeln.* Er interveniert nur dann, wenn er das Gefühl hat, daß die Gruppe mit ihrer Arbeit allein nicht mehr weiterkommt.

Im Laufe der Entwicklung der Gruppe wechselt die Rolle des Leiters. Es kann sein, daß er in frühen Stadien des Gruppenprozesses allmächtige und allwissende Projektionen auf ihn annimmt, um die Gruppenkohäsion zu fördern und Angst zu reduzieren. Nach und nach wird er jedoch die Gruppe von ihren Bedürfnissen nach Abhängigkeit entwöhnen. Damit wird er weniger ein Leiter *der* Gruppe, vielmehr ein Leiter *in der* Gruppe. Am Ende muß die Gruppe seine Autorität durch ihre eigene ersetzen.

Daraus folgt, daß die analytische Arbeit der Gruppe als ganzer zufällt. Im Laufe der Zeit entwickelt die Gruppe eine eigene, sich selbst analysierende Funktion und nur dann, wenn ihr dies vorübergehend mißlingt, wird der Gruppenleiter intervenieren. Dabei kann er sich verschiedener Möglichkeiten bedienen: er kann einen Hinweis geben, et-

was unterstreichen, klären, erläutern, miteinander verknüpfen oder die Gruppe mit etwas konfrontieren. Dabei wird er individuelle Beiträge ebenso deuten wie das Verhalten der Gruppe als ganzer. Die Summe seines Handelns entspricht einer Art „Übersetzen" (englisch: ‚translating', d. h. Übersetzen einer Sprache in eine andere; gemeint ist: des manifesten Textes der gesprochenen Worte in den dahinter verborgenen Sinn; Anm. d. Übersetzers).
Die *Deutung*, die sonst eine so zentrale Position in anderen analytischen Therapien einnimmt, ist in unserem Zusammenhang *unter keinen Umständen die wichtigste Art der Intervention*; *sie ist im allgemeinen nur dann indiziert, wenn der analytische Prozess vorübergehend ins Stocken gerät*. Der Gruppenleiter wird legitimerweise dann in der Gruppe aktiv, wenn es darum geht, Beziehungen zu klären, gemeinsam geteilte Gruppenereignisse zu reflektieren, in den Hintergrund geratene gemeinsam geteilte Erlebnisse in den Vordergrund zu bringen, scheinbar unstrukturierte oder unzusammenhängende Ereignisse miteinander zu verknüpfen, die Gruppe oder ein Mitglied der Gruppe mit einem bestimmten Punkt zu konfrontieren oder auf Entwicklungen innerhalb der Gruppe hinzuweisen, wie Paarbildung, ein Sündenbock-Phänomen oder die Bildung von Untergruppen. Er wird sich so frei fühlen, seine Interventionen ebenso an die Gruppe als solche wie an einzelne Mitglieder zu richten, sowie an bestimmte Untergruppen. Er wird sich dabei bewußt sein, daß sich alle Interventionen auf die gesamte Gruppen-Matrix auswirken und jeden in der Gruppe in Mitleidenschaft ziehen. Auf diesem Hintergrund mag er eine Interaktion zwischen sich selbst und einem anderen Mitglied der Gruppe aufrechterhalten, wenn er den Eindruck hat, daß er durch dieses Mitglied in den Vordergrund der Gruppe gezogen wurde und daß es im Dienst der Therapie ist, die Beziehung zwischen ihm und der anderen Person für alle deutlich sichtbar werden zu lassen.

Deutung

Es ist naheliegend, die Deutung in der Gruppenanalyse als eine unentbehrliche Intervention zu bezeichnen, sie ist aber unter keinen Umständen nur das Vorrecht des Leiters. Sehr oft kommt es vor, daß es die Gruppenmitglieder sind, die deuten, ja, es kann sogar sein, daß die Gruppe als Ganzes gleichsam die Art ihrer Reaktion deutet. Der Gruppenleiter registriert die Bedeutung aller Äußerungen der Gruppe; dabei ist es im Grunde *die Art der Vermittlung* dieser Bedeutung, was die Interpretation ausmacht. Es muß nicht immer der Therapeut sein, der die Gruppe auf diese Bedeutung aufmerksam macht. Die Gruppe kann, wie gesagt, als Ganzes deuten, entweder verbal oder non-verbal. Um eine non-verbale Deutung der Gruppe handelt es sich z. B., wenn die Gruppe auf eine bestimmte Äußerung eines Mitglieds in Form von Haltungsänderungen reagiert, die sich wie eine Welle über die einzelnen fortsetzt. Eine derartige nicht-verbale Kommunikation kann durchaus mit dem zu gegebener Zeit vorherrschenden Inhalt oder Prozeß in Zusammenhang stehen; sie ist insofern selbst eine Form einer Interpretation, die der verbalen Kommunikation vorausgeht. Deutungen können sich auf die gesamte Geschichte der Gruppe beziehen oder sich lediglich mit dem ‚Hier und Jetzt' der Gruppe befassen. Der Leiter richtet seine Interpretationen auf die gerade in der Gruppe vorherrschenden interaktiven Prozesse, als da sind: regressive Bewegungen der Gruppe, Phantasien, Unter-Gruppen-Bildung oder Spiegel-Phänomene. Zu anderen Zeiten deutet er sich wiederholende Konfliktsituationen, gerade aktuelle Erfahrungen im Leben eines Patienten, unabhängig davon, ob diese nun innerhalb oder außerhalb der Gruppe gemacht wurden, ‚Grenz-Phänomene' (Ereignisse, die sich in einem Zwischenbereich zwischen der ablaufenden Gruppe und dem Leben außerhalb der die Gruppe zusammensetzenden Mitglieder abspielen) und die Bedeutung vergangener Erfahrungen, die einem Gruppenmitglied im Kontext einer gerade herrschenden Gruppensituation aufgegangen ist.

Weitere therapeutische Faktoren: Übertragung

Die gruppen-analytische Gruppe ist zweifellos eine Übertragungsgruppe. Der Leiter einer derartigen Gruppe konzentriert sich aber nicht ausschließlich, so wie im Travistock-Modell, auf die Übertragung zwischen Leiter und Mitgliedern bzw. zwischen Gruppe als ganzer und Analytiker. *Er beachtet ebenso die sich überkreuzenden Übertragungen zwischen den Mitgliedern untereinander.* Dabei ergeben sich so verschiedene sich im Gruppenprozeß reflektierende Übertragungs-Phänomene wie Spaltungen, externalisierte Objekte und Teilobjekte, die die Wahrnehmung verzerren, mag diese nun den Leiter, einzelne Gruppenmitglieder oder die Gruppe als Ganzes betreffen.

Projektive Identifizierung

Die Prozesse der projektiven Identifizierung sind in der analytischen Gruppentherapie besonders folgenschwer: sie dienen einer besonderen Art der Kommunikation, entsprechen einem Mittel zur Kontrolle nicht akzeptabler Emotionen, ermöglichen deren Modifizierung in Richtung auf akzeptable Formen und schließen auch die Möglichkeit ein, daß sich die projizierende Person wieder mit den projizierten Anteilen identifiziert. In dieser Sicht erweisen sich projektive Identifizierungen als ein wichtiger Weg zur psychologischen Veränderung und zur Bereicherung der Persönlichkeit der einzelnen Gruppenmitglieder (Odgen, 1979). Während die Projektionen im wesentlichen ein Einpersonen-Phänomen darstellen, erfordert die projektive Identifikation die Gegenwart eines wirklichen äußeren Objektes, wobei die Gruppensituation derartige Objekte „par excellence" zur Verfügung stellt. Projektive Identifikations-Prozesse können sich von einem Gruppenmitglied auf das andere richten, auf den Gruppenanalytiker oder auf die Gruppe als Ganzes.
In der gruppen-analytischen Situation sind in Ergänzung zu denjenigen Faktoren, wie sie in der Psychoanalyse und der psychodynamischen Psychotherapie eine Rolle spielen (wie ein größeres Bewußtsein dessen, was zuvor unbewußten Prozessen unterworfen war, die Katharsis, Durcharbeiten, Einsicht und Analyse der Abwehrmechanismen) noch bestimmte *gruppen-spezifische Faktoren* am Werk, die wir im folgenden kurz aufzählen wollen:
1. *Sozialisation:* Der Einzelne wird aus seiner Isolation herausgerissen und gerät in eine soziale Situation, in der er sich akzeptiert fühlen kann.
2. *Spiegel-Phänomene:* Der einzelne erlebt in einem Verhalten ebenso

Aspekte seiner selbst wie die Probleme anderer Mitglieder. Dies versetzt ihn in die Lage, sich mit früher abgespaltenen Aspekten seines sozialen, seelischen und körperlichen Selbstbildes über einen Prozeß der Identifizierung mit ihnen und über die Projektion auf andere Gruppenmitglieder auseinanderzusetzen.

3. *Kondensator-Phänomene:* Die Gruppe verstärkt und konzentriert Bestandteile einzelner inter-personaler Beziehungen und übt einen ebenso lösenden wie stimulierenden Einfluß auf tiefes unbewußtes Material aus. Auf diese Weise können z. B. Träume und Symptome insofern plötzlich einsichtig werden, weil die sich über Träume und Symptome zunehmend aufladenden Assoziationen der Gruppe, die die Gruppenmitglieder untereinander teilen, wie ein ‚Kondensator' funktionieren.

4. *Austausch:* In der Gruppe findet ständig ein Austausch von Informationen statt, was zu gegenseitigem Verstehen führt und innerhalb der Gruppe eine Resonanz auslöst. Dabei wird jedes Gruppenmitglied auf ein und dasselbe Ereignis ganz verschieden reagieren. Daraus ergibt sich eine reiche Quelle von Informationen, mögen sich diese nun auf eine gerade vorherrschende Fixierung einzelner Gruppenmitglieder oder auf die Entwicklungsebene der Gruppe als ganzer beziehen.

5. *Unterstützung:* Die Gruppe dient als ‚Behälter' (im Sinne des *Bion*schen Begriffs des ‚Containers', in den man projektiv alles verlegen kann, was einen gerade belastet, Anm. des Übersetzers). Dabei ist ein optimaler Angstpegel wichtig. Wie in jeder analytischen Situation sollte die Balance zwischen integrativen und analytischen Kräften ausgeglichen sein. Dabei unterstützen sich die Gruppenmitglieder während schmerzlich belastender Phasen und helfen sich gegenseitig, ihre Konflikte besser zu lösen und zu integrieren.

6. *Kommunikation:* der therapeutische Prozeß besteht hauptsächlich darin, nicht-kommunizierbare Bereiche in kommunizierbare umzuwandeln, bislang nicht von anderen geteilte eigene Störungen zugänglich zu machen und damit auf eine Ebene des Austausches der Gruppenmitglieder untereinander zu bringen. Dies ermöglicht es den einzelnen, sich ihrer Individualität in der Gruppe bewußt zu werden. „Auf eine immer klarer artikulierbare Form der Kommunikation hinzuarbeiten ist genau das, was den therapeutischen Prozeß als solchen ausmacht. Dabei entspricht die Sprache des Symptoms einem autistischen Verhalten, mag es

seinerseits auch eine Art Kommunikation darstellen. Dennoch: macht sich das Symptom auf seine Art heimlich bemerkbar, möchte dabei allerdings überhört werden: Seine sprachliche Bedeutung ist letztlich sozialer Natur" (*Foulkes* & *Anthony* 1965). Deshalb besteht eine entscheidende Funktion des Leiters darin, sprachliche Kommunikation innerhalb der Gruppe zu fördern.
7. *Polarisierung:* Wir sprechen von Polarisierung, wenn sich die Gruppe auf ein und denselben Reiz in zum Teil komplexe polare Reaktionen aufspaltet, wobei jeder Pol von verschiedenen Gruppenmitgliedern übernommen wird. Dabei bringen die gemeinsamen Reaktionen der Gruppenmitglieder, wie sie sich in den Interaktionen der Teilnehmer untereinander abbilden, die gesamte Komplexität der Reaktionen auf den Reiz ans Licht. Derartige Prozesse lassen sich (anhand des Strukturmodell *Freuds*; Anmerkung des Übersetzers) schematisch so sehen, daß dabei das eine Mitglied den Es-Aspekt, ein anderes den des Ich und ein drittes den Überich-Aspekt der gerade gegebenen Reaktion repräsentiert.

Besondere theoretische Erwägungen

Das Konzept der dynamischen Matrix brachte besondere theoretische Schwierigkeiten mit sich, denn es bedeutet, daß die Individuen einer Gruppe über durch sie hindurchgehende mentale Prozesse miteinander verbunden sind, was dann zum Begriff einer Art trans-personalen Netzwerkes führte, was wiederum an so etwas wie einen ‚Gruppen-Geist' denken läßt. Eine derartige Vorstellung kann nun zu allen möglichen falschen Einwänden führen, wie z. B. folgenden: Die Gruppe sei wichtiger als der einzelne, der einzelne unterwerfe sich der Gruppe, das Ganze sei wichtiger als seine Teile und ähnliches. Tatsächlich kann die Formulierung *Foulkes'*, daß der einzelne ein Knotenpunkt in einem Netzwerk und darin gleichsam aufgehängt sei, zu solchen Mißverständnissen Anlaß geben (*van der Kleij* 1982).
Foulkes bezieht sich mit seinem Konzept vom Individuum als einem ‚Knotenpunkt' eines größeren Netzwerkes, so wie es sich im Mikrokosmos der therapeutischen Gruppe zeigt, nicht ohne Dank auf *Norbert*

Elias, der 1937 gerade sein Buch „Der Prozeß der Zivilisation" veröffentlicht hatte. Sein daraus abgeleiteter Standpunkt macht uns keine besonderen Schwierigkeiten im Hinblick auf die ‚Grund-Matrix'. In bezug auf die ‚dynamische Matrix' wird sein Konzept allerdings problematisch. Wir können nämlich durchaus auf der Basis der *Freud*schen Theorie davon ausgehen, daß der einzelne viel weniger auf sich selbst gestellt ist und nicht der Herr im eigenen Hause ist, wie wir oft denken. Damit bleibt aber die Tatsache, daß sich das Individuum selbst gehört und daß ein ‚Gruppen-Geist' einfach nicht existiert, bestehen. In diesem Zusammenhang verdient das Werk *Kurt Goldsteins* besondere Aufmerksamkeit, speziell dessen klinische Arbeiten auf dem Gebiet der Neurologie: ein Aspekt, der inzwischen auch in den Arbeiten *Levi-Strauss'* im Bereich der Anthropologie Beachtung fand. *Goldstein* weist nach, daß wir die Teile eines Organismus nie isoliert vom Ganzen untersuchen können ohne die Analyse zu verfälschen. Diese Tatsache geht aus Goldsteins Studie über Sprachstörungen klar hervor: Die Ursache von Sprachstörungen läßt sich nämlich nicht in einer entsprechenden Läsion des Gehirns lokalisieren: eine Beobachtung, die bereits *Freud* (in seiner Studie über Aphasie; Anm. des Übersetzers) anerkannt hatte. Teil und Ganzes, Figur und Hintergrund stehen ständig miteinander in wechselseitigen Beziehungen. Beobachten wir die Zusammenhänge in dieser Perspektive, dann käme es einer großen Vereinfachung gleich, zu behaupten, das Ganze (die Gruppe) sei *‚mehr' als das Teil* (der einzelne) und daraus zu schließen, daß der Wert des einzelnen in der Gruppenanalyse vernachlässigt oder nur so verstanden werden könne, daß er der Gruppe diene. Es ist nicht daran zu rütteln, daß wir die Gruppe in der Gruppenanalyse ebensowenig nur als Gruppe analysieren können wie einen Organismus. Wir können nur ‚atomistisch' vorgehen und mit einem Teil arbeiten. Dennoch hat Goldstein recht, wenn er betont, daß sich dadurch die Teile wegen der damit verbundenen Isolierung vom Ganzen verändern. Dies führt Goldstein zu dem Schluß, daß es notwendig ist, beides zu untersuchen, nämlich sowohl die Teile als auch das Ganze, und zwar unter den jeweils gegebenen Bedingungen. In ähnlicher Weise bewegen wir uns in einer Therapiegruppe konstant und mit Bedacht vom einzelnen zur Gruppe und von der Gruppe zum einzelnen hin und her.

Es bleibt die Schwierigkeit, daß wir nicht ohne weiteres die Konzepte einer Disziplin, in unserem Zusammenhang der Neurologie, auf die Psychologie übertragen können. Es befriedigt uns nicht, wenn wir auf diese Weise den konkreten Gegenstand eines Organismus durch das abstrakte Konzept des Gruppen-Geistes ersetzen. Vielleicht sind in diesem Zusammenhang die Überlegungen eines Philosophen hilfreich. Es war *Merleau-Ponty*, der zum Ausdruck brachte, daß *Goldstein* gegenüber den Behaviouristen insofern den großen Vorzug hat, als er es ablehnte zu akzeptieren, man könne die Teile vom Ganzen isolieren (*Merleau-Ponty* 1963). Ebenso vermied *Goldstein* den Fehler der Gestalt-Psychologen, für die der untersuchte Gegenstand eine Entität darstellt, ein ‚Ding' (im Sinne des ‚Ding an sich' Kants; Anm. des Übersetzers). Wenn *Goldstein* von einem Organismus spricht, so bezieht er sich auf eine Struktur. Er betrachtet das Nervensystem im Sinne einer globalen Aktivität im Rahmen eines sich selbst organisierenden Prozesses. Hier besteht in der Tat ein konstanter Austausch zwischen den Teilen, ohne die das Ganze nicht funktionieren kann. Gleichzeitig wäre das Ganze ohne die Teile seines Gehalts beraubt. *Merleau-Ponty* schließt, daß ‚Geist' nicht einer Form des Seins entspricht, vielmehr einer neuen Form einer Einheit. Vielleicht läßt sich diese ziemlich abstrakte Sprache mit einem einfachen Beispiel aus dem Bereich der Sprache selbst beleuchten: Man kann sagen, daß die einzelnen in der Weise eine Therapie-Gruppe bilden, wie Worte einen Satz.

Abschließende Einschätzung

Die gruppen-analytische Psychotherapie steht auf dem Standpunkt, daß der Mensch im wesentlichen ein soziales Wesen ist. „Die soziale Natur des Menschen ist eine unreduzierbare fundamentale Tatsache ... In der Gruppentherapie wird die Gruppe als solche wie ein repräsentatives Symbol der Umwelt und deren Kultur verstanden, das sich im Behandlungsraum des Therapeuten allmählich herauskristallisiert und zur aktiven Teilnahme an der Behandlungssituation aufruft" (*Foulkes* 1964, S. 109). Deshalb werden in dieser Art ‚face-to-face'-Gruppe die persönlichsten Phantasien und Gedanken, die intimsten Enthüllungen persönlicher Lebensumstände, irrationales und anti-soziales Verhalten einschließlich aller Beziehungen außerhalb der Gruppe zum gemeinsamen Eigentum der Gruppe. Dies wiederum setzt Aufrichtigkeit und gegenseitiges Vertrauen voraus, nicht nur in den Leiter, der schließlich ein professioneller Experte ist, sondern auch in die Mitglieder der Gruppe, die diese Sicherheit nicht bieten. In der Praxis wird dieses Vertrauen selten enttäuscht, einfach deswegen, weil dies die Gruppenkultur nicht erlauben würde.

Wenn es stimmt, daß die Gruppe als Mikrokosmos die Gemeinschaft widerspiegelt, die sich ihren ‚common sense' bewahrt hat, was zugleich heißt, daß ihr der in der Gemeinschaft verborgene Sinn innewohnt (damit sind wahrscheinlich, um mit *U. Oevermann* (1979) zu sprechen, die ‚latenten Sinnstrukturen' gemeint, die in der Gesellschaft immer schon als Regeln vorgegeben sind; Anmerkung des Übersetzers), dann ist auch das innere seelische Leben des einzelnen von diesem Sinn der Gemeinschaft erfüllt. Entspricht dieser ‚common sense' unter bestimmten Umständen dem ‚common sense' einer deprivierten, unmoralischen oder unethischen Gesellschaft, dann kann sich die oben beschriebene gruppen-analytische Psychotherapie nicht entfalten, so wenig sie sich in den totalitären Staaten, in denen Psychotherapie unterdrückt wird, entfalten kann. Die Gesetze solcher Gesellschaften und deren Grundannahmen laufen denen der Gruppen-Analyse und aller psychoanalytischen Ansätze zuwider. In der Gruppenanalyse wird jeder Teilnehmer dazu aufgefordert, sich über Identifizierung und Einfühlung mit den anderen Mitgliedern zu engagieren, um seine eigenen Konflikte zu lösen. In einer Gesellschaft, in der der ‚common sense' dieses Ziel behindert oder gar verbietet, bleibt dem einzelnen diese Art der Konfliktlösung verschlossen. Die kommunikativen Prozesse sind nämlich in einer derartigen Gesellschaft so gestört, daß Konflikte nur über Projektion und projektive Identifikation abgewehrt werden können, was aber gleichzeitig den Normen der Gesellschaft zuwiderläuft. Ein Mindestmaß demokratischer Werte und ein Minimum an Respekt gegenüber der Würde des einzelnen, unabhängig von Farbe, Geschlecht, Religion und sozialem Status sind notwendige Voraussetzungen, damit die Gruppenanalyse zu dem wichtigen therapeutischen Instrument werden kann, das sie zweifellos ist.

Literatur

Foulkes, S. H.: Introduction to Group Analytic Psychotherapy, Heinemann London 1948
Foulkes, S. H.: Therapeutic Group Analysis, George Allan & Udwin London 1964
Foulkes, S. H.: Group Analysis, Vol. VIII 1975
Foulkes, S. H.: Psychodynamic Processes in the Light of Psychoanalysis and Group Analysis. In: Psychoanalytic Dynamics, hrsg. v. Scheidlinger, S., Int. Univ. Press, New York 1980
Foulkes, S. H. & Antony, E. J.: Group Psychotherapy, Pelican Books London 1965
Freud, S. (1921): Massenpsychologie und Ich-Analyse, G. W. XIII, 71–161, Imago London 1940
Goldstein, K., The Organism: A holistic Approach to Biology derived from the Data in Man. American Book & Co. New York 1939
van der Kleij, G.: About the Matrix, Group Analysis XV/3 1982
Mead, G. H.: Mind, Self and Society, Univ. of Chicago Press, Chicago 1962
Merleau-Ponty, M.: The Structure of Behavoir, Beacon Press Boston 1963
Oevermann, U. et al.: Die Methodologie einer objektiven Hermeneutik und ihre allgemeine forschungslogische Bedeutung in den Sozialwissenschaften. In: Soeffner, H.-G. (Hg.): Interpretative Verfahren in den Sozial- und Textwissenschaften, Metzler, Stuttgart 1979, S. 352–434
Ogden, T. H.: On Projective Identification. Int. J. of Psycho-anal., 60, 1979, S. 357–374

2.4 Das Göttinger Modell der Gruppenpsychotherapie

Annelise Heigl-Evers und Franz Heigl
(Düsseldorf/Göttingen)

I.

Wir setzen voraus, daß die *Anwendung der Psychoanalyse in Gruppen* klinisch begründbar, d. h. bei Patienten mit bestimmten psychogenen Störungen geeignet ist, das angestrebte therapeutische Ziel zu erreichen, nämlich Aufhebung oder Minderung der Störungen bei gleichzeitiger Veränderung der pathogenetisch bedeutsamen inneren Strukturen. Unter dieser Voraussetzung fragen wir: Was heißt Anwendung von Psychoanalyse in Gruppen? Der Beantwortung dieser Frage wollen wir eine Begriffsbestimmung von Psychoanalyse voranstellen.

Freud definierte (1923, S. 211) Psychoanalyse als eine Behandlungsmethode neurotischer Störungen, die sich auf ein Verfahren zur Untersuchung seelischer Vorgänge gründet, welche sonst kaum zugänglich sind; sie umfaßt eine Reihe von psychologischen, auf solchem Wege gewonnenen Einsichten, die allmählich zu einer neuen wissenschaftlichen Disziplin zusammenwachsen.

Bei den seelischen Vorgängen, welche sonst kaum zugänglich sind, handelt es sich um *pathogene unbewußte Konflikte, denen eine unbewußte Phantasie zugrunde liegt, die im Kern einen unerfüllten infantilen Triebwunsch enthält.* Solche Konflikte werden vom Ich mit Hilfe des Unlustsignals der Angst aus dem bewußten Erleben ausgeschaltet. „Das Ich antizipiert also die Befriedigung der bedenklichen Triebregung und erlaubt ihr, die Unlustempfindungen zu Beginn der gefürchteten Gefahrsituation zu reproduzieren“ (*Freud* 1933, S. 96). „Über die Auslösung der Lust/Unlust-Regulierung wird ein Schutzverhalten im Sinne der Abwehrleistungen des Ichs ausgelöst; in dem Maße, in dem diese Abwehrleistungen nicht ausreichend sind, kommt es zu klinischen Manifestationen, zur Bildung von Symptomen" (*Heigl-Evers* u. *Heigl* 1982). Wie *Brenner* (1975) gezeigt hat, können – ähnlich wie künftig drohende Gefahrsituationen mit Hilfe des Angstsignals – in der Vergangenheit abgelaufene schlimme Ereignisse mit Hilfe der Signalfunktion *depressiver* Affekte durch das Ich vom bewußten Erleben abgewehrt und können diese depressiven Affekte im Falle gelungener Abwehr gleichfalls zum Verschwinden gebracht werden[1].

Wir kehren zurück zu unserer Frage: Was heißt Anwendung der Psychoanalyse in Gruppen? Im Sinne der eben genannten Definition *Freuds*, was Psychoanalyse sei, und soweit es sich bei den „sonst kaum zugänglichen seelischen Vorgängen" um pathogene Konflikte handelt, geht es bei dieser Anwendung darum, dem betroffenen Individuum Einsicht in solche Konflikte zu vermitteln, und zwar *mit Hilfe des Gruppenprozesses*. Da diese Konflikte ihrer Entstehung und ihrem Inhalt nach, gemessen am erwachsenen Ich des Patienten, regressiv sind, d. h. zeitlich und formal zurückliegen, also früheren Entwicklungsphasen angehören, muß der Gruppenprozeß einerseits regressiv verlaufen und sich andererseits über die beim einzelnen erfolgte Einsicht in die ihm bis dahin unbewußten Sinnzusammenhänge seines konfliktbestimmten Erlebens und Verhaltens progressiv entwickeln (vgl. *Heigl-Evers* u. *Rosin* 1984). Dabei wird der somit regrediente Verlauf durch die der Gruppe eigentümliche therapeutische Situation in Gang gesetzt, die durch einen *halböffentlichen Raum* gekennzeichnet und die *minimal strukturiert* ist; diese Situation dient als Voraussetzung für einen Prozeß, der durch die Befolgung der *Regel der freien Interaktion* von seiten der Patienten und durch *Interventionen, die am Prinzip ‚Deutung' orientiert* sind, von seiten des Therapeuten gefördert wird. In dieser Weise geht der Therapeut bei der analytischen und bei der tiefenpsychologisch fundierten Gruppenpsychotherapie des Göttinger Modells vor (vgl. *Heigl-Evers* u. *Streeck* 1978).

[1] „... depressive affect and anxiety are closely related. Each is characterized by unpleasure which is more or less intense as well as by ideas having to do with something bad. In the case of anxiety, ‚something bad' is in prospect – while in the case of depressive affect, ‚something bad' has already happened". (*Brenner* 1975, S. 12)

Anwendung der Psychoanalyse in Gruppen bedeutet u. E. ferner, in Auswertung der Ergebnisse der psychoanalytischen Ich-Psychologie und Ich-Pathologie, Patienten mit strukturellen Ich-Störungen bzw. mit – relativ permanenten – Defiziten von Ich-Funktionen solche Defizite und ihre Kompensationen wahrnehmen zu lassen und sie zu ihrer Nachentwicklung anzuregen. Da diese Ausfälle mit der dominanten pathologischen Objektbeziehung des Patienten korrespondieren, d. h. als deren Auswirkungen verstanden werden können, muß die Aufmerksamkeit des Patienten auch auf diese Objektbeziehung gelenkt werden. Da solche ich-pathologischen Phänomene nicht die Qualität ‚unbewußt' haben, sondern im manifesten Erleben und Verhalten der Patienten beobachtbar und dort grundsätzlich therapeutisch erreichbar sind, *wird der Gruppenprozeß* in folgender Weise *gesteuert*: Mit Hilfe von Minimalstrukturierung und Regel der freien Interaktion wird auch hier eine breite Entfaltung des Erlebens und Verhaltens der Patienten gefördert, jedoch nicht, um durch deutende Aufdeckung von Unbewußtem fehlende Sinnzusammenhänge herzustellen, sondern um aufzuzeigen, wie die Patienten in Auswirkung ihrer Ich-Funktionsdefizite und deren Kompensationen den Interaktionsprozeß in der Gruppe normativ, d. h. über von ihnen „ausgehandelte" Normen (*Streeck* 1980) regulieren. Mittels therapeutischer Interventionen, die sich am Prinzip ‚Antwort' orientieren, d. h. auf einer selektiven Expressivität des Therapeuten beruhen, werden solche Normen in ihren spezifischen Funktionen für die Patienten erkennbar und können allmählich durch andere ersetzt werden, durch Normen nämlich, die zur Entwicklung defizitärer Funktionen anregen. Ein solches Vorgehen kennzeichnet die psychoanalytisch-*interaktionelle* Methode des Göttinger Modells (*Heigl-Evers* u. *Heigl* 1973, 1979 a, 1980, 1981, 1983 a).

II.

Die zunächst sehr knapp gefaßten Antworten auf die Frage: Was heißt Anwendung von Psychoanalyse in Gruppen? sollen im folgenden detaillierter ausgeführt werden.
Wird die Psychoanalyse in Gruppen auf die bei den Patienten bestehende

Konfliktpathologie und die dazugehörenden Kompromißbildungen ausgerichtet, wie es bei den beiden Methoden der analytischen und der tiefenpsychologisch fundierten Gruppenpsychotherapie des Göttinger Modells geschieht, *dann muß der Gruppenprozeß so gefördert und gesteuert werden*, daß er den Patienten eine *Verarbeitung ihrer pathogenen Konflikte* im Sinne neuer Kompromißbildungen ermöglicht, die ein *Weniger an pathogener Störung* und ein *Mehr an psychischer Gesundheit* ermöglichen. Wie wird bei dieser therapeutischen Zielsetzung die Außen- wie die Innen-Wahrnehmung der Teilnehmer gegenüber der alltagsweltlichen Wahrnehmung erweitert und gleichzeitig auf die unbewußten konflikthaften Anteile des Erlebens bzw. auf deren ich-modifizierte Abkömmlinge hin gesteuert? (*Heigl-Evers* u. *Heigl* 1975, 1976, 1979 b; *Sandler* u. *Nagera* 1966) Welche Techniken werden dabei eingesetzt und worin wird deren Wirksamkeit gesehen?
Da ist einmal die *Zusammensetzung* der Gruppe zu nennen, die so erfolgen soll, daß größere soziale Nähe zwischen den Teilnehmern vermieden wird, d. h. daß Patienten, die in sozialen Beziehungen zueinander stehen, nicht in dieselbe Gruppe aufgenommen werden. Wenn die in der Gruppe wechselseitig gegebenen Informationen gemäß der von *Freud* für die Psychoanalyse aufgestellten Forderung das nach den Regeln üblicher Sozialkommunikation Mitteilbare überschreiten sollen, dann darf sich dem einzelnen nicht das Argument anbieten, die Mitteilung bestimmter Inhalte könnte ihn sozial beeinträchtigen oder schädigen.
Ferner geht es um die *Minimalstrukturierung* durch den Therapeuten und, komplementär dazu, um die Befolgung der Regel der freien Interaktion von seiten der Teilnehmer. Minimalstrukturierung bedeutet die *Dispensierung alltagsweltlicher Normen für die Dauer der Gruppensitzungen*; die Regel der freien Interaktion ist eine Adaptierung der Regel der freien Assoziation als der Grundregel der klassischen Psychoanalyse an die Pluralität der Gruppe. Wenn in der Einzelanalyse die freien Assoziationen des Subjekts „die Garanten für die Gültigkeit der Deutung" (*Laplanche* u. *Pontalis* 1977, S. 140) sind, so gilt Entsprechendes für die freien Interaktionen des Subjekts in der Gruppe, d. h. für das, was in den Gruppeninteraktionen durch die Bemühung um möglichst weitgehende Freimütigkeit zutage gefördert wird.
Die Einstellung der *Abstinenz* fordert nach einer von *Freud* gegebenen

Formulierung, daß man „Bedürfnis und Sehnsucht als zur Arbeit und Veränderung treibende Kräfte ... bestehen lasse" und sich hüte, „dieselben durch Surrogate zu beschwichtigen" (*Freud* 1915, S. 313).
Neutralität ist eine weitere Qualität, die die Haltung des Analytikers bei der Behandlung bestimmt. Der Analytiker soll sich bemühen, seine persönliche Wertorientierung (Orientierung an religiösen, moralischen und sozialen Werten) dem Patienten fernzuhalten und die Behandlung nicht im Sinne dieser Werte zu lenken. „Die Neutralität kennzeichnet nicht die reale Person des Analytikers, sondern seine Funktion: Derjenige, der Deutungen gibt und die Übertragung geschehen läßt, sollte neutral sein, d. h. als psychosoziale Individualität nicht eingreifen" (*Laplanche* u. *Pontalis* 1977, S. 332).
Schließlich gehört zu den Qualitäten, die die Haltung des Analytikers in der Einzeltherapie wie in der Gruppe kennzeichnen, auch die *Anonymität*; sie fordert von ihm, im Sinne asymmetrischer Distanzkonfiguration (*Hofstätter* 1964) darauf hinzuwirken, daß der Patient von seiner Person und seinem Erleben soviel wie möglich und er selbst in dieser Hinsicht so wenig wie möglich mitteilt.
Mit Hilfe der beschriebenen Techniken soll dem Patienten also ein breiterer Überblick und ein tieferer Einblick sowohl in die eigenen Erlebens- und Verhaltensweisen wie in die der Mitpatienten ermöglicht werden, da unter der Bedingung ‚Gruppe' die Patienten untereinander sowohl hinsichtlich bewußter wie vorbewußter wie auch unbewußter Inhalte kommunizieren. Dabei stellt sich die Frage, wie sich diese Kommunikation der klinischen Beobachtung darbietet und wie sie theoretisch zu erklären ist, ferner, wie sie therapeutisch auf das zuvor genannte Ziel hin – Registrieren und Verarbeiten unbewußter pathogener Konflikte – gesteuert werden kann.
Wie also verständigen sich Teilnehmer an therapeutischen Gruppen hinsichtlich der Inhalte ihres bewußten, ihres vorbewußten und ihres unbewußten Erlebens? Die Begriffe ‚bewußt', ‚vorbewußt' und ‚unbewußt' gehören zur topographischen Theorie der Psychoanalyse, die später von der Strukturtheorie mit den drei Instanzen Ich, Es und Über-Ich abgelöst wurde. Freilich wurde die topographische Theorie von *Freud* selbst – anders als etwa von *Arlow* und *Brenner* (1976) – niemals ganz aufgegeben; sie wurde von ihm jedoch relativiert, und er versuchte, sie mit der

Strukturtheorie zu integrieren, deren Simulationskraft für *innere* Prozesse des Individuums zweifellos weitaus größer ist.
Relativierend schrieb *Freud* 1938 (in der Nachlaßschrift „Abriß der Psychoanalyse"), daß die Lehre von den drei Qualitäten des Psychischen (den Qualitäten bewußt, vorbewußt und unbewußt) eigentlich keine Theorie, sondern ein erster Rechenschaftsbericht über die Tatsachen unserer Beobachungen sei, daß sie sich so nahe wie möglich an diese Tatsachen halte und sie nicht zu erklären versuche.
Was sind das nun für psychische Qualitäten, die des Bewußten, die des Vorbewußten und die des Unbewußten, und welche Bedeutungen haben sie für das Verhalten von Menschen in therapeutischen Gruppen?

„Das Bewußtwerden", so schrieb *Freud* 1938, „ist vor allem geknüpft an die Wahrnehmungen, die unsere Sinnesorgane von der Außenwelt gewinnen. Es ist also für die topische Betrachtung ein Phänomen, das sich in der äußersten Rindenschicht des Ichs zuträgt. Wir erhalten allerdings auch bewußte Nachrichten aus dem Körperinneren, die Gefühle, die sogar unser Seelenleben gebieterischer beeinflussen als die äußeren Wahrnehmungen, und unter gewissen Umständen liefern auch die Sinnesorgane Gefühle, Schmerzempfindungen, außer ihren spezifischen Wahrnehmungen. Da aber diese Empfindungen, wie sie zum Unterschied von bewußten Wahrnehmungen heißen, gleichfalls von den Endorganen ausgehen und wir alle diese als Verlängerungen, Ausläufer der Rindenschicht auffassen, können wir obige Behauptung aufrechterhalten. Der Unterschied wäre nur, daß für die Endorgane der Empfindungen und Gefühle der Körper selbst die Außenwelt ersetzen würde.
Bewußte Vorgänge an der Peripherie des Ichs, alle anderen im Ich unbewußt, das wäre der einfachste Sachverhalt, den wir anzunehmen hätten. So mag es sich auch wirklich bei den Tieren verhalten, beim Menschen kommt eine Komplikation hinzu, durch welche auch innere Vorgänge im Ich die Qualität des Bewußtseins erwerben können. Dies ist das Werk der Sprachfunktion, die Inhalte des Ichs mit Erinnerungsresten der visuellen, besonders aber der akustischen Wahrnehmungen in feste Verbindung bringt. Von da ab kann die wahrnehmende Peripherie der Rindenschicht in weit größerem Umfang auch von innen her erregt werden. Innere Vorgänge wie Vorstellungsabläufe und Denkvorgänge können bewußt werden, und es bedarf einer besonderen Vorrichtung, die zwischen beiden Möglichkeiten unterscheidet, der sogenannten Realitätsprüfung" (*Freud* 1938, S. 83/84).

Was nun erleben Teilnehmer einer analytisch-therapeutischen Gruppe und wie verständigen sie sich miteinander zunächst hinsichtlich ihres bewußten Erlebens? Teilnehmer einer Gruppe haben Wahrnehmungen; sie nehmen sich wechselseitig wahr, sie nehmen auch sich selbst wahr. Sie nehmen einmal Sinnesqualitäten wahr, optische, akustische, vielleicht auch olfaktorische, seltener taktile. Es geht um Außenreize, also um Reize, die der äußeren Realität entstammen. Die Gruppenteilnehmer nehmen ferner auch innere Reize wahr, d. h. Gefühle. Auch die Sinnesorgane liefern außer ihren spezifischen Wahrnehmungen Gefühle, Schmerzempfindungen.

Teilnehmer einer Gruppe erleben also gemeinsam eine Fülle von Außenreizen; dabei wird die eigene Person für die jeweils anderen natürlich zum Sender von Außenreizen, für sich selbst überwiegend von Binnenreizen. Die von jedem erlebten Innenreize werden zum gemeinsamen Erleben der Teilnehmer in dem Maße, in dem sie mitgeteilt werden, wobei zu unterscheiden ist zwischen Reizen aus dem eigenen Inneren und Reizen aus dem Inneren des anderen, die dieser sprachlich zu vermitteln sucht.

Soweit es sich bei den Reizen aus dem eigenen Inneren um Gefühle handelt, kommen mit ihnen auch Vorstellungen ins Spiel, wenn man der Definition des Gefühls oder Affekts von *Brenner* (1974, 1975) folgen will[2]. Danach setzt sich ein Affekt aus angeborener basaler Lust oder Unlust oder aus beiden und aus Vorstellungen zusammen, die aufgrund vor allem früher Interaktionen zwischen Mutter und Kind miteinander verknüpft worden sind und die einer der basalen Empfindungen (Lust oder Unlust) eine spezifische Tönung gegeben und sie zu einem spezifischen, in seiner Qualität letztlich individuell einzigartigen Gefühl ausdifferenziert haben. Diese Vorstellungen haben die Qualität des Vorbewußten; das Reservoir vorbewußter Inhalte umfaßt Vorstellungsabläufe und Denkvorgänge, die, soweit sie mitgeteilt werden, als vorwiegend akustische Reize für die Empfänger dieser Mitteilungen gleichfalls zu einem gemeinsamen Informationsbestand in der Gruppe, zum gemeinsamen bewußten Erleben der Teilnehmer werden.

[2] „Affects are complex mental phenomena which include (a) sensations of pleasure, unpleasure, or both, and (b) ideas. Ideas and pleasure/unpleasure sensations together constitute an affect as a mental or psychological phenomenon.
The development of affects and their differentiation from one another depend on ego and, later, superego development. Indeed the development and differentiation of affects is an important aspect of ego development.
Affects have their beginning early in life when ideas first become associated with sensations of pleasure and unpleasure. Such sensations are most frequently and most importantly associated with drive tension (lack of gratification) and drive discharge (gratification). They constitute the undifferentiated matrix from which the entire gamut of the affects of later life develop" (*Brenner* 1974, S. 554).

Freud schrieb 1938 über das Vorbewußte: „Das Innere des Ichs, das vor allem die Denkvorgänge umfaßt, hat die Qualität des Vorbewußten. Diese ist für das Ich charakteristisch, kommt ihm alleine zu. Es wäre aber nicht richtig, die Verbindung mit den Erinnerungsresten der Sprache zur Bedingung für den vorbewußten Zustand zu machen, dieser ist vielmehr unabhängig davon, wenngleich die Sprachbedingung einen sicheren Schluß auf die vorbewußte Natur des Vorganges gestattet. Der vorbewußte Zustand, einerseits durch seinen Zugang zum Bewußtsein, andererseits durch seine Verknüpfung mit den Sprachresten ausgezeichnet, ist doch etwas Besonderes, dessen Natur durch diese beiden Charaktere nicht erschöpft ist. Der Beweis hierfür ist, daß große Anteile des Ichs, vor allem des Über-Ichs, dem man den Charakter des Vorbewußten nicht bestreiten kann, doch zumeist unbewußt im phänomenologischen Sinne bleiben" (*Freud* 1938, S. 84/85).

Die Mitteilbarkeit von Vorbewußtem wird in Gruppen mit Hilfe der Regel der freien Interaktion systematisch erweitert und intensiviert. Nach der Regel der freien Interaktion soll uns der Patient in der Gruppe, ähnlich wie es dem Patienten in der Einzelanalyse durch die Regel der freien Assoziation als der sog. Grundregel der Psychoanalyse abverlangt wird, „nicht nur mitteilen, was er absichtlich und gern sagt, was ihm wie in einer Beichte Erleichterung bringt, sondern auch alles andere, was ihm seine Selbstbeobachtung liefert, alles was ihm in den Sinn kommt, auch wenn es ihm *unangenehm* zu sagen ist, auch wenn es ihm *unwichtig* oder sogar *unsinnig* erscheint. Gelingt es ihm, nach dieser Anweisung seine Selbstkritik auszuschalten, so liefert er uns eine Fülle von Material, Gedanken, Einfällen, Erinnerungen, die bereits unter dem *Einfluß des Unbewußten* stehen, oft *direkte Abkömmlinge* desselben sind und die uns also in den Stand setzen, das bei ihm *verdrängte Unbewußte* zu *erraten* und durch unsere Mitteilung die Kenntnis seines Ichs von seinem Unbewußten zu erweitern" (*Freud* 1938, S. 89).
Wird das Reservoir vorbewußter Inhalte mit Hilfe der *Regel der freien Interaktion* von den Teilnehmern einer Gruppe weitgehend ausgeschöpft, dann werden auch indirekte und direkte Abkömmlinge, ichmodifizierte Abkömmlinge unbewußter Art mitteilbar und werden so zum gemeinsamen Bestand des Erlebens, zum gemeinsamen Informationsbestand der Teilnehmer. Wenn alle Teilnehmer einer Gruppe sich darum bemühten, die *Regel der freien Assoziation* zu befolgen, dann behinderten sie sich natürlich in der Kontinuität des Assoziierens. In der Gruppe ist das Prinzip der Interaktion, der wechselseitigen Verhaltensstimulierung wirksam; das bedeutet, daß die Gruppenteilnehmer sich ihre je individuellen Assoziationsketten wechselseitig verkürzen, ab-

schneiden und im Zusammenhang der eigenen lebensgeschichtlichen Erfahrungen weiterführen und damit in der Richtung verändern, im Inhalt akzentuieren und modifizieren: aus dem freien Assoziieren wird das freie Interagieren.

Daraus resultieren wechselseitige Stimulierungen unbewußter Anteile von Es, Ich oder Über-Ich. Diese Stimulierung wird dadurch begünstigt, daß Unbewußtes einen natürlichen „Auftrieb" hat, wie *Freud* es 1938 (S. 104/105) ausdrückte; „es verlangt nichts so sehr, als über die ihm gesetzten Grenzen ins Ich und bis zum Bewußtsein vorzudringen". Auf der anderen Seite resultieren aus der freien Interaktion natürlich auch wechselseitige Stimulierungen der unbewußten Abwehr des Ichs gegenüber andrängenden unbewußten Anteilen des Es oder des Über-Ichs und des Widerstandes gegen die auf Aufdeckung unbewußter Inhalte ausgerichtete Therapie. Auf diese Weise kommt es auch zur Entwicklung wechselseitiger Übertragungen mit den dazugehörigen Widerständen oder auch zu gemeinsamen Übertragungen auf die Gesamtgruppe oder auf den Therapeuten.

Wenn indirekte und direkte Abkömmlinge, ich-modifizierte Abkömmlinge des unbewußten Es oder des Über-Ichs zunehmend das Erleben der Teilnehmer bestimmen, dann nimmt das gemeinsame Erleben *zunehmend regressive Züge an*; das bedeutet, daß irrationale Ängste, depressive Affekte wie z. B. Scham- und Schuldgefühle (s. *Brenner* 1975) die Gruppe gleichsam durchdringen. Die Abkömmlinge unbewußter Es- oder Über-Ich-Anteile verstärken die Notwendigkeit der, gleichfalls unbewußten, Abwehr und erzeugen im Verhalten der Patienten gegenüber der Therapie Widerstand.

Je nach Stärke und Ausmaß des *Widerstandes* und, im Zusammenhang damit, je nach Beschaffenheit der Toleranzgrenzen des Ichs der Beteiligten gegenüber den unbewußten Inhalten werden sich aus gemeinsamen Bemühungen der Teilnehmer Gruppenleistungen ergeben, die auf Stufen unterschiedlicher Regression eine Abwehr (= unbewußte Anteile des Ichs) gefürchteter Anteile des Es (= Triebansprüche) und/oder des Über-Ichs nebst den ich-modifizierten Manifestationen des Abzuwehrenden darstellen und somit der Beobachtung und Beurteilung (Schlußbildungen) des Therapeuten zugänglich werden. Dabei ist zu beachten, daß die Art und Weise der Manifestation von Abwehr und Abgewehrtem und ihre Regressionstiefe auch von der Therapie, d. h. vom Interventionsstil des Therapeuten beeinflußt werden (*Heigl-Evers* u. *Heigl* 1976, 1979 b, 1983 c).

III.

Wenn, wie zuvor beschrieben, der *Interaktionsprozeß*, der sich unter der Bedingung ‚Gruppe', d. h. *in der Pluralität* entwickelt, *regressiv* verläuft, dann werden, mit anderen Worten, zeitlich (also lebensgeschichtlich frühere) und formal (also entwicklungspsychologisch frühere) Erlebens- und Verhaltensweisen deutlicher in Erscheinung treten und beobachtbar werden, d. h. daß auch die Grenzen zwischen Subjekt und Objekt gleichsam durchlässiger werden, daß über geeignete Auslöser (*König* 1976) die Züge der Persönlichkeiten der anderen Gruppenteilnehmer mit den Zügen früher Bezugspersonen verbunden werden (Übertragung), daß Inhalte des eigenen Inneren in die anderen Gruppenteilnehmer verlagert, in ihnen gleichsam deponiert werden (Projektion), daß der einzelne umgekehrt Inhalte aus dem Inneren des anderen aufnimmt (Identifizierung) oder daß sich beide Mechanismen in wechselseitigem Vollzug miteinander verbinden (projektive Identifizierung).

Die so resultierenden *Gruppenphänomene* oder *Gruppenleistungen* sind als *psychosoziale Kompromißbildungen* und als *reziproke Latenzrepräsentanz* (*Heigl-Evers* u. *Heigl* 1979 c) bezeichnet worden; das bedeutet, daß innerhalb einer Gruppe Majorität und Minorität wechselseitig im manifesten Verhalten der anderen eigenen latenten Tendenzen begegnen, sie kontrollieren, bekämpfen und u. U. insgeheim genießen (*Heigl-Evers* u. *Heigl* 1972, 1973, 1975, 1979 c). *Diesen deskriptiven Phänomenen liegen u. E. wechselseitige projektive Identifizierungen zugrunde*: Im Falle einer projektiven Identifizierung wird *das in den anderen Projizierte mit Hilfe der gleichzeitigen Identifizierung im anderen einerseits mitvollzogen*, und das heißt, es wird an den entsprechenden Triebbefriedigungen des anderen partizipiert; *andererseits wird es im anderen kontrolliert*. Es wird *interaktionell* kontrolliert, das heißt aber, das auf den anderen projizierte Verhalten wird bei diesem tatsächlich hervorgelockt, hervorgerufen; es wird, bei dem Empfänger der Projektion, somit evident und kann bei diesem unter Kontrolle gehalten werden, bei Vorliegen wechselseitiger Identifizierung auf Gegenseitigkeit (*Heigl-Evers* u. *Heigl* 1983 b)[3].

Die so entstehenden Interaktionsmuster sind echte (psychosoziale) Kompromißbildungen: Sie ermöglichen allen Beteiligten einen den individuellen inneren Erfordernissen genügenden *Kompromiß zwischen der Befriedigung andrängender Triebbedürfnisse einerseits* und *der Abwehr der damit verbundenen Ängste und depressiven Affekte wie Scham- und Schuldgefühlen andererseits*, wobei der Pegel dieser Affekte auf einem subjektiv erträglichen Niveau reguliert wird und wobei, unter Objektbeziehungsaspekten, die Beziehung zum Objekt sich so weit darstellen darf, daß sie dem von früh an gewohnten inneren infantilen Muster (*Sandler* 1961, *König* 1980) ausreichend entspricht und so ein genügendes Maß an Vertrautheit gewährleistet und gleichzeitig die mit dem frühen Objektbeziehungsmuster verbundenen Ängste und sonstigen Unlustaffekte in den Grenzen des Erträglichen gehalten werden.

[3] „Projektive Identifizierung ist ein seelischer Mechanismus, durch den das Selbst die unbewußte Phantasie erfährt, daß es sich insgesamt oder in Teilen zu Erforschungs- oder Abwehrzwecken in ein Objekt verlagert. Wenn die projektive Identifizierung defensiv ist, d. h. der Abwehr dient, dann kann das Selbst glauben, daß es sich durch Verlagerung von unerwünschten abgespaltenen Aspekten befreien kann bzw. solche Aspekte loswerden kann; aber es kann auch die Phantasie haben, daß es in das Objekt eintreten kann, so als ob es dieses aktiv kontrollierte oder passiv in ihm verschwände, um Gefühlen der Hilflosigkeit auszuweichen. Als solches folgt es dem Prinzip der Generalisierung, die mit *Freuds* Verdichtung korrespondiert, die Rechenschaft ablegt über die Vereinheitlichung von Objekten auf der Basis von deren Ähnlichkeit, seien diese nun ausgedacht oder natürlich gegeben. Es ist so das Gegenstück zum Prinzip der Unterscheidung, das die Spaltung beherrscht" (*Grotstein* 1981, S. 123, Übers. v. d. Verf.).

Verdichtung ist „einer der wesentlichen Mechanismen, nach dem unbewußte Vorgänge funktionieren; eine einzige Vorstellung vertritt für sich allein mehrere Assoziationsketten, an deren Kreuzungspunkten sie sich befindet" (*Laplanche* u. *Pontalis* 1977, S. 580). Dabei spielt die Wahrnehmungsidentität eine Rolle, bei der es sich um Äquivalenzen handelt, die zwischen Vorstellungen hergestellt werden. Wahrnehmungsidentität ist ein „von *Freud* (1900, S. 571) benutzter Ausdruck, der bezeichnet, worauf jeweils der Primärvorgang und der Sekundärvorgang abzielen. Der Primärvorgang trachtet danach, eine Wahrnehmung wiederzufinden, die mit dem Bild des Objekts identisch ist, das aus dem Befriedigungserlebnis hervorgeht. Im Sekundärvorgang ist die wieder aufgesuchte Identität eine solche der Denkvorgänge untereinander" (*Laplanche* u. *Pontalis* 1977, S. 620).

In den psychosozialen Kompromissen wird der Mechanismus der projektiven Identifizierung zu einer Form der Kommunikation. „In addition to serving as a mode of interpersonal communication, projective identification constitutes a primitive type of object relationship, a basic way of being with an object that is only partially separate psychologically. It is a transitional form of object relationship that lies between the stage of the subjective object and that of true object relatedness" (*Ogden* 1979). Die projektive Identifizierung konstituiert demnach einen primitiven Typ der Objektbeziehung, einen basalen Weg, auf ein Objekt bezogen zu sein, das vom Subjekt nur partiell psychologisch getrennt ist. Es ist eine Übergangsform der Objektbeziehung, die zwischen dem Stadium des subjektiven Objekts und dem einer wirklichen Objektbezogenheit liegt. Diese Übergangsform der Objektbeziehung wird in analytisch geleiteten Gruppen auf regressivem Wege wiederbelebt. Mit Hilfe therapeutischer Interventionen sollte es dann gelingen, sie in einen objektbezogenen Kommunikationsmodus zu verwandeln.

Die zeitliche und formale *Regression* bei den einzelnen Gruppenmitgliedern betrifft deren innerseelische Instanzen oder Strukturen (Ich, Es, Über-Ich) in unterschiedlicher Weise; jedenfalls so, daß ein Kommunikations- bzw. Interaktionsmuster resultiert, das jedem einzelnen die Konkretisierung einer unbewußt angestrebten Objektbeziehung und einer damit verbundenen gleichfalls unbewußt andrängenden Triebbefriedigung ermöglicht, andererseits die damit verbundenen Angst-, Scham- und Schuldgefühle auf einem erträglichen Niveau hält.

Neben dieser Gruppenleistung gemeinsamer Abwehr und gleichzeitig gemeinsamer Befriedigung von abgewehrten Inhalten (Objektbeziehungen, Triebbefriedigungen) bei individualspezifischer zeitlicher und formaler Regression sind in analytisch geleiteten Gruppen weitere Leistungen der kompromißhaften Abwehr zu beobachten, die wir als *gemeinsames Tagträumen* bezeichnet haben, wobei die Inhalte dieses Tagträumens durch ich-modifizierte Abkömmlinge unbewußter Phantasien bestimmt sind. „Im Verlauf solchen Tagträumens scheint die Individualität des einzelnen Teilnehmers zugunsten einer diffusen Homogenisierung seines Erlebens mit dem Erleben der anderen zurückzutreten. Im Zuge einer solchen regressiven Homogenisierung bildet sich eine gemeinsame Übertragung auf den Therapeuten aus bzw. umgekehrt:

Eine gemeinsame Übertragung auf den Therapeuten fördert eine solche regressive Homogenisierung. In dieser Homogenisierung sind ängstigende Rivalitäts- und Neidkonflikte mit den jeweils anderen aufgehoben; es wird gemeinsam eine Beziehung zum Therapeuten phantasiert, die frühkindlichen Wünschen und Bedürfnissen Raum gibt (*Heigl-Evers* u. *Heigl* 1979b, S. 783).

Während bei der analytischen Gruppentherapie regressive Prozesse dieser Art zugelassen und gesteuert werden, dient der Interventionsstil im Fall der *tiefenpsychologisch fundierten* Gruppentherapie dazu, den Gruppenprozeß auf der Linie psychosozialer Kompromißbildungen mit ihren wechselseitigen Übertragungen zur Entfaltung zu bringen. Über das Registrieren und Verstehen der sich entwickelnden interpersonellen Konflikte sollen dem einzelnen die inneren Konflikte, die sich darin abzeichnen, zunehmend erlebbar und, speziell mit Hilfe der von *König* (1974, 1976, 1980) konzeptualisierten Arbeitsbeziehungen über die Deutungen und sonstigen Interventionen des Therapeuten erklärbar werden. In einem Prozeß des Durcharbeitens werden sich die psychischen Strukturen, zu denen die Konfliktbildungsmuster des Patienten gleichsam geronnen sind und in deren Auswirkung sich habituelle (soziale) Verhaltensweisen entwickelt haben, allmählich verändern; dadurch bedingte Verhaltensweisen werden modifiziert oder durch neue ersetzt. „Dazu gehört, daß der Patient die Bedeutung seiner Konfliktproblematik in unterschiedlichen Zusammenhängen und in ihrem Wiederholungscharakter zu erkennen vermag. Der Patient befreit sich im Durcharbeiten allmählich ‚... von der Bemächtigung der Wiederholungsmechanismen...'" (*Laplanche* u. *Pontalis* 1977, S. 123; s. auch *Heigl-Evers* u. *Heigl* 1979b, S. 781).

Der Interventionsstil des Therapeuten ist in der analytischen und in der tiefenpsychologisch fundierten Gruppentherapie des Göttinger Modells am *Prinzip ‚Deutung'* orientiert; es geht darum, *den Patienten den Abwehrkonflikt aufzuzeigen, der sich in den Gruppenleistungen der psychosozialen Kompromißbildung und des gemeinsamen Tagträumens darstellt, und jedem Teilnehmer die Bedeutung seines Anteils an diesem Konflikt nahezubringen.*

IV.

Wird die in Gruppen angewandte Psychoanalyse nicht auf konfliktpathologische Phänomene ausgerichtet, sondern vielmehr auf die Ich-Organisation des *Patienten und deren strukturelle Störungen* bzw. defizitäre Funktionen, *dann empfiehlt sich eine andere Art des therapeutischen Interventionsstils*.

Wie zuvor bereits erwähnt, wird auch hier mit Hilfe der therapeutischen Situation, mittels Minimalstrukturierung und Regel der freien Interaktion der Bereich des direkt wahrnehmbaren bewußten wie auch des vorbewußten Erlebens der Patienten im Vergleich zu alltagsweltlichen Interaktionen erweitert. Der Gruppenprozeß bzw. der Interaktionsprozeß wird jedoch mit Hilfe einer dafür geeigneten Interventionstechnik *nicht regressiv, in Richtung unbewußter Inhalte* gesteuert, sondern *vielmehr auf der Ebene des manifesten Verhaltens gleichsam belassen*, ausgerichtet auf das Ziel, Ich-Funktionsdefizite für den einzelnen Patienten erkennbar werden zu lassen und ihn zu deren Nachentwicklung anzuregen.

Die Situation in therapeutischen Gruppen ist, im Vergleich zu der in der Einzeltherapie, trotz vieler Unterschiede sozialen Alltagssituationen ähnlicher. Teilnehmer an Interaktionen im sozialen Alltag werden sich immer auch, verbal und averbal und zumeist weniger ausdrücklich als unausdrücklich, darüber verständigen, wie sie von den anderen gesehen werden wollen, wie die jeweilige Situation, in der sie zusammengetroffen sind, zu definieren ist und nach welchen Normen sie ihre Beziehungen in dieser Situation regulieren wollen. Mit anderen Worten: die Interaktionspartner versuchen, die Situation ihrer Begegnung wechselseitig immer als ‚bekannt' zu identifizieren; dabei beinhaltet ‚bekannt' nicht nur kognitive und affektive Komponenten, sondern auch normative im Sinne der Geltung normativer Regeln, die an Rollen gebunden sind (vgl. z.B. *Dreitzel* 1968, *Falk* 1979). Es handelt sich um einen Prozeß des ‚Aushandelns', der bestimmte Steuerungsleistungen des Ichs verlangt und der sich als Bemühung um ‚alloplastische Anpassung' (*Hartmann* 1939) an die äußere Realität verstehen läßt (*Streeck* 1980, 1983).

Im Unterschied zu solchen sozialen Alltagssituationen ist die Situation

in therapeutischen Gruppen insofern ‚offen', als hier im Sinne von Minimalstrukturierung und Regel der freien Interaktion für das interpersonelle Verhalten ausdrücklich *keine* Normen vorgegeben sind. Die daraus folgende Labilisierung in der inneren und der interpersonellen Orientierung des einzelnen Gruppenteilnehmers führt zu einem ‚inneren Notstand', aus dem heraus er Orientierungshilfe bei den jeweils anderen sucht; unter diesen Bedingungen wird der genannte Prozeß des ‚Aushandelns' sowohl notwendiger als auch schwieriger (*Heigl-Evers* 1972, S. 68–77; *Heigl-Evers* u. *Schulte-Herbrüggen* 1977, *Heigl-Evers* u. *Streeck*, im Druck).
Unter den Aspekten rational-kognitiver Orientierung werden die jeweils anderen Gruppenteilnehmer vom einzelnen als Träger von Resourcen erlebt, die für die Behebung des entstandenen inneren und interpersonellen Orientierungsnotstandes genutzt werden können; dabei werden diese Hilfsquellen für den einzelnen in dem Maße nutzbar, wie sie im Sinne effektiver Funktionsverteilung koordiniert und organisiert werden (*Heigl-Evers* u. *Heigl* 1973, 1979 a, S. 853). Zugleich wird die Gruppe irrational als das Größere erlebt, als das Umfassendere gegenüber dem einzelnen als dem Kleineren, Teilhaften und wird auf dieser Erlebnisebene mit regressiven Phantasien früher mächtiger Eltern-Imagines und ihnen verhafteter frühkindlicher Abhängigkeit und einem entsprechenden Beziehungsmuster verknüpft (*Heigl-Evers* u. *Heigl* 1976).
Von den früh gestörten Patienten, für die eine psychoanalytisch-*interaktionelle* Therapie in erster Linie indiziert ist, werden solche frühen Objektbeziehungen nicht, wie bei Patienten mit Psychoneurosen, allein durch Übertragung wiederbelebt; diese Beziehungen bestimmen vielmehr ihr *aktuelles interpersonelles Erleben und Verhalten* direkt und haben notwendigerweise Einschränkungen jeweils bestimmter Ich-Funktionen zur Folge; solche Ich-Funktionsdefizite kennzeichnen als entwicklungspathologische Phänomene das Krankheitsbild dieser Patienten. Die interaktionelle Therapie soll der Nachentwicklung dieser Defizite dienen.
Wenn bei einem narzißtisch gestörten Patienten die Beziehung zu bestimmten realen Personen durch die Phantasie eines idealisierten Objekts bestimmt ist, wobei der Betreffende eine Fusion zwischen seinem realen und seinem idealen Selbst und dem idealisierten Objekt zwecks

Herstellung eines grandiosen Selbst anstrebt, so sind bei ihm in diesen Aktualbeziehungen sowohl Einschränkungen der Realitätsprüfung im Sinne der Innen/Außen- bzw. Subjekt/Objekt-Abgrenzung ebenso wie Einschränkungen der Urteilsfunktion (Einschränkung der Fremd- ebenso wie der Selbstbeurteilung) zu erwarten wie auch Defizite der Funktion der Antizipation der Wirkung des eigenen Verhaltens auf diese Bezugspersonen wie schließlich auch der Funktion der Affektdifferenzierung (Signalfunktion z. B. von Angst, depressiven und aggressiven Affekten); denn diese Funktionen sind in der Beziehung zu einem idealisierten und fusionierten Objekt quasi nicht erforderlich. Aus diesem Grunde ist die Diagnose der dominanten Objektbeziehung hier unabdingbar, damit auch die sonstige Ich-Pathologie des Patienten verstanden und ihm dieses Verstehen nahegebracht werden kann.
Im Rahmen der bei ihnen vorherrschenden Objektbeziehungen und der damit zusammenhängenden Ich-Einschränkungen gestalten die Gruppenteilnehmer ihre interpersonellen Beziehungen innerhalb der Therapiegruppe. Auf der Ebene manifesten Verhaltens entwickelt sich so ein *Prozeß des ‚Aushandelns' von Normen*; bei diesen Normen geht es um Regeln des interpersonellen Verhaltens, die in der Gruppe gültig sein sollen. Das geschieht grundsätzlich nicht anders als im sozialen Alltag; es setzt eine ich-gesteuerte alloplastische Anpassungsarbeit der Gruppenteilnehmer ein, die die ‚Offenheit' der Situation reduzieren soll. Die Gruppenteilnehmer versuchen, wechselnde Situationen in der Gruppe zu ‚definieren'; auf diese Weise soll die Entwicklung der Beziehungen den vorherrschenden Objektbeziehungen und Ich-Funktionen gemäß verläßlich und vorhersagbar werden; es werden Normen des interpersonellen Verhaltens gegenüber den jeweils bestehenden Problemen und Konflikten ‚ausgehandelt', um so den zuvor genannten inneren und interpersonellen Notstand mit Hilfe einer speziellen Gruppenleistung (normative Verhaltensregulierung) zu mindern oder zu beheben. (vgl. *Heigl-Evers* u. *Heigl* 1979 b, *Streeck* 1980, 1983).
„Zwischen dem Entwicklungsniveau der Objektbeziehungen und Ich-Funktionen der einzelnen Gruppenteilnehmer sowie den sich entwickelnden Gruppennormen besteht ein enger Zusammenhang. Die normative Definition „offener" Situationen in der Gruppe entwickelt sich jeweils abgestimmt auf die aktuell möglichen Objektbeziehungen und

verfügbaren Funktionen des Ichs einer Mehrheit der Gruppenteilnehmer. Das Ich, so könnte man sagen, bemüht sich in der Gruppe per Beteiligung am Prozeß des Normenaushandelns darum, nur solche interpersonelle Situationen zustande kommen zu lassen, die seine eigene Orientierung und Sicherheit ausreichend gewährleisten. Der Fokus der Diagnostik und der Interventionen liegt in der interaktionellen Gruppenpsychotherapie deshalb vornehmlich auf den bewußtseinsfähigen Prozessen der Entwicklung und Durchsetzung von Normen und deren Beziehung zu Ich-Funktions-Einschränkungen einer Mehrheit der Gruppenteilnehmer, die diese Einschränkungen entweder ausdrücken oder kompensieren sollen" (*Heigl-Evers* u. *Streeck*, im Druck).
Die Interventionen sind orientiert am *Prinzip ,Antwort'* (*Heigl-Evers* u. *Heigl* 1980, 1983 c), d. h. der Therapeut antwortet im Sinne selektiver Expressivität (*Heigl-Evers* u. *Heigl* 1980, 1983 c) authentisch auf das von der geltenden Gruppennorm gesteuerte Verhalten der Teilnehmer. Die jeweilige Norm wird von den Teilnehmern unter der Einwirkung der momentanen dominanten Objektbeziehung und der damit zusammenhängenden Ich-Funktionsdefizite bzw. deren Kompensation ,ausgehandelt', d. h. durch verbalen und averbalen Austausch etabliert. Er bemüht sich, seine ,Antworten' so zu formulieren, daß die Aufmerksamkeit der Teilnehmer auf die Ich-Funktionsdefizite oder deren Kompensationen und auf deren interpersonelle Auswirkungen gelenkt wird. Gleichzeitig möchte er für die Teilnehmer mit Hilfe dieser ,Antworten' allmählich als ein personales Objekt erkennbar werden, als ein Objekt, das durch die Nachentwicklung defizitärer Ich-Funktionen besser erreichbar wird und mehr reife Befriedigung zu vermitteln vermag. Dieser Interventionsstil wirkt sich auf den Gruppenprozeß so aus, daß zunehmend solche Normen ,ausgehandelt' werden, die eine Nachentwicklung des strukturell gestörten Ichs in Richtung des von *Freud* definierten ,Normal-Ichs' fördern.

Glossarium zum Göttinger gruppenpsychotherapeutischen Modell

Aushandeln:

Die Regel der freien Interaktion als Regel über normative Regeln fordert die Gruppenmitglieder dazu auf, alltäglich gültige Situationsdefinitionen und soziale Normen für die Dauer der therapeutischen Gruppe zu suspendieren. Gegenüber dieser Offenheit der Situation zeichnen sich Bemühungen der Gruppenmitglieder ab, womit sie die soziale Welt wieder zu erschaffen versuchen, in der sie auch sonst zu leben gewohnt sind. Solche Bemühungen zielen auf Reduktion der Offenheit der Situation. Sie haben zum Ziel, soziale Normen zu entwickeln und „auszuhandeln", die die interpersonellen Beziehungen in der Gruppe regeln und mit denen Vorhersehbarkeit des Verhaltens in der offenen Gruppensituation wiederhergestellt werden soll.

Authentische selektive Expressivität:

Therapeutische Technik bei Anwendung der psychoanalytisch-*interaktionellen* Methode des Göttinger Modells. Der Therapeut gibt unter Verzicht auf die in der klassischen analytischen Therapie geforderte Einstellung der Anonymität selektiv, d. h. ausgerichtet auf das jeweilige therapeutische Ziel, authentische Gefühlsantworten auf das manifeste Verhalten der Gruppenteilnehmer, insofern dieses Verhalten durch eine manifeste pathogene Objektbeziehung und die damit zusammenhängenden Ich-Funktionsdefizite bestimmt ist.

Gemeinsames Tagträumen:

Eine der in psychoanalytisch therapierten Gruppen zu beobachtende Gruppenleistung, die sich auf einem vergleichsweise niedrigen Regressionsniveau entwickelt und in der die Ich-modifizierten Abkömmlinge einer auf einen unerfüllten infantilen Triebwunsch zentrierten unbewußten Phantasie der einzelnen Teilnehmer quasi konfluieren, wobei sich das Erleben und Verhalten der Teilnehmer im Sinne einer gemeinsamen Übertragung auf den Gruppentherapeuten homogenisiert. Der oft spielerische Umgang der Gruppenteilnehmer mit der gemeinsamen Phantasie weist auf eine stärkere Beteiligung von Primärprozeß und Lustprinzip hin. Gemeinsames Tagträumen in Gruppen ist als eine Kompromißbildung zu verstehen, in der bei schwereren gruppeninternen Konflikten ein infantiler Wunschanteil gegenüber dem Abwehranteil überwiegt. Der durch Interpretation des Therapeuten ausgelöste Umgang der Patienten mit dem infantilen Wunschanteil ist zumeist zögernd und widerständig.

Innerer Notstand:

Es handelt sich um einen Begriff, der, aus dem von *Sherif* u. *Sherif* (1969) beschriebenen Orientierungsnotstand abgeleitet, durch bestimmte Wahrnehmungsexperimente erzeugbar ist. Werden mehrere Individuen (Gruppe) gleichzeitig einem solchen Notstand ausgesetzt, dann sind diese Individuen bemüht, sich vermehrt dem Einfluß der Gruppe zu öffnen und einen Orientierungs- und Bezugsrahmen (frame of reference) zu entwickeln, der eine gemeinsame Einschätzung der Situation zur Behebung des Notstands ermöglicht. In therapeutischen Gruppen wird durch Minimalstrukturierung und Einführung der Regel der freien Interaktion ein emotionaler Notstand der Art geschaffen, daß beim Einzelnen unbewußte Inhalte mit den dazugehörigen Angst-, Scham- und Schuldgefühlen mobilisiert werden. Dieser Notstand veranlaßt den einzelnen Gruppenteilnehmer, sich verstärkt an die jeweils anderen zu wenden, um mit deren Hilfe einen gemeinsamen Orientierungs- und Bezugsrahmen zu schaffen, der den Notstand beheben soll. Auf diese Weise entfaltet sich ein Prozeß der Bildung, Umbildung, Auflösung und Neubildung von Normen, der der Angstregulierung dient; sie sollen den durch die Minimalstrukturierung provozierten Verhaltensweisen soviel Entfaltungsraum schaffen, wie es die gleichzeitig mobilisierten Ängste erlauben.

Minimalstrukturierung:

Der Gruppendynamik entliehene Technik; sie beinhaltet, daß von seiten des Therapeuten für die Dauer der Gruppensitzung die Teilnehmer von der Befolgung üblicher sozialer Konventionen und Normen dispensiert sind. Diese Technik ist die Voraussetzung für die Einführung der Regel der freien Interaktion.

Normative Verhaltensregulierung:

Eine vornehmlich in psychoanalytisch-*interaktionell* therapierten Gruppen zu beobachtende Gruppenleistung; dabei wird auf der Ebene manifesten Verhaltens, um dem durch Minimalstrukturierung und Regel der freien Interaktion geschaffenen intraindividuellen und interpersonellen Notstand zu begegnen, die jeweilige Situation ‚definiert' und werden der definierten Situation entsprechende Normen ‚ausgehandelt'. Diese Normen tragen der jeweils dominanten pathologischen Objektbeziehung der Patienten und den mit ihr zusammenhängenden defizitären Ich-Funktionen Rechnung, d. h. ermöglichen einen Interaktionsstil, der den Gruppenteilnehmern zu einer diesen Gegebenheiten (dominante pathologischen Objektbeziehung und dazugehörige Ich-Funktionsdefizite) entsprechenden Orientierung verhilft.

Psychoanalytisch-interaktionelle Gruppentherapie:

Es handelt sich um eine gruppentherapeutische Methode, bei der Beobachtung und Schlußbildungen an der Ich-Psychologie und Ich-Pathologie der Psychoanalyse sowie an der psychodynamischen Funktionsverteilung in der Gruppe orientiert sind, während der Interventionsstil interaktionell ist, d. h. unter Verzicht auf Anonymität und Neutralität in authentischen Antworten besteht, die die Aufmerksamkeit der Patienten auf die ihr Verhalten bestimmenden Ich-Funktionsdefizite und deren Wirkungen auf die interpersonellen Beziehungen lenken sollen.

Psychosoziale Kompromißbildung:

Eine der in psychoanalytisch und in tiefenpsychologisch fundiert therapierten Gruppen zu beobachtende Gruppenleistung, bei der auf einem Niveau mittlerer Regressionstiefe (Tiefe als ein Maß für das zeitliche und formale „Zurückgehen" verstanden) sich relativ zeitstabile Interaktionsmuster entwickeln. In diesen Interaktionsmustern repräsentieren die Teilnehmer über Funktions- und Rollenzuteilungen, die entsprechende Rollendispositionen voraussetzen, in wechselseitiger Zuordnung die Abwehr einerseits und die Abkömmlinge des Abgewehrten andererseits. Beim Zustandekommen solcher psychosozialer Kompromißbildungen spielt häufig der Abwehrmechanismus der projektiven Identifizierung eine Rolle.

Regel der freien Interaktion:

Den Teilnehmern an psychoanalytisch orientierten Gruppen zu Beginn der Therapie gegebene Empfehlung, sich während der Gruppensitzung so freimütig und selektionsfrei wie möglich bei Beschränkung auf sprachliche Kommunikation mitsamt mimisch-gestischem Ausdrucksverhalten zu äußern. Es handelt sich um die Adaptation der Regel der freien Assoziation (Grundregel der Einzelanalyse) an die Pluralität der Gruppe; sie soll der Einbeziehung von Abkömmlingen abgewehrter unbewußter Inhalte in die Kommunikation der Gruppenteilnehmer bzw. in den Gruppenprozeß dienen.

Situationsdefinition:

Interpersonelles Geschehen in potentiell offenen sozialen Situationen wie z. B. in therapeutischen Gruppen. So ist die Situation in einer therapeutischen Gruppe anfangs insofern für jedes Verhalten offen, als der Therapeut als einzige Regel die der freien Interaktion vorgibt, wonach jedwede Art verbalen Handelns erlaubt ist. Gegenüber dieser Offenheit bestimmen die Gruppenteilnehmer die Situation und ihre wechselseitigen Beziehungen zueinander; sie verständigen sich indirekt verbal und averbal darüber, was in dieser Situation geschehen soll und wie die gegenseitige Beziehung aussehen soll. Diese Verständigung geschieht in der Öffentlichkeit der Gruppe, ist aber hinsichtlich ihrer Funktion, nämlich des Aushandelns von Normen, also von Verhaltensregulierungen in der Gruppe, meist vorbewußt, d. h. deskriptiv unbewußt. Auf diese Funktion des Aushandelns von Normen in der Gruppe wird meist vom Therapeuten hingewiesen und werden die Mitglieder angeregt, sich den Inhalt der von ihren ausgehandelten Norm und die Abhängigkeit ihres Verhaltens von dieser Norm bewußt zu machen.

Soziodynamische Funktionsverteilung:

Bei der normativen Verhaltensregulierung kann es unter den Teilnehmern zu einer Funktionsverteilung kommen, in der die dynamische Beziehung zwischen Norm und Gegennorm zur Darstellung kommt. Im Zuge soziodynamischer Funktionsverteilung können folgende Positionen bzw. Subpositionen erkennbar werden: die des Normensetzers oder Normenrepräsentanten, die des Normenerfüllers, die des Normenhüters, die des Normenprüfers und schließlich die des Normenverletzers oder Normenbrechers. Das Konzept der soziodynamischen Funktionsverteilung wurde aus der von *R. Schindler* (1957/58) beschriebenen Rangdynamik der Gruppe abgeleitet.

Literatur

Arlow, J. A. u. *Brenner, Ch.:* Grundbegriffe der Psychoanalyse. Rowohlt, Reinbek bei Hamburg 1976

Brenner, Ch.: On the nature and development of affects: A unified theory. Psychoanal. Quart. 43, 1974, 532–556

Brenner, Ch.: Affects and psychic conflict. Psychoanal. Quart. 44, 1975, 5–28

Dreitzel, H. P.: Die gesellschaftlichen Leiden und das Leiden an der Gesellschaft. Enke, Stuttgart 1968

Falk, G.: Über die Theorien der symbolischen Interaktion. In: A. Heigl-Evers, U. Streeck (HG): Die Psychologie des 20. Jahrhunderts, Bd. VIII, Kindler, Zürich, München 1979

Freud, S.: Die Traumdeutung. GW 2/3, Imago, London 1900

Freud, S.: Bemerkungen über die Übertragungsliebe. GW 10, Imago, London 1915

Freud, S.: „Psychoanalyse" und „Libidotheorie". GW 13, Imago, London 1923

Freud, S.: „Neue Folge der Vorlesungen zur Einführung in die Psychoanalyse". GW 15, Imago, London 1933

Freud, S.: Abriss der Psychoanalyse. GW 17, Imago, London 1938

Grotstein, J. S.: Splitting and Projective Identification. Jason Aronson, New York, London 1981

Hartmann, H.: Ich-Psychologie und Anpassungsproblem (1939). Klett, Stuttgart 1970[2]

Heigl-Evers, A.: Konzepte der analytischen Gruppenpsychotherapie. Verlag für Medizinische Psychologie im Verlag Vandenhoeck & Ruprecht, Göttingen 1972, 1978[2]

Heigl-Evers, A. u. *F. Heigl:* Rolle und Interventionsstil des Gruppenpsychotherapeuten. Gruppenpsychother. Gruppendynamik 5, 152–171, 1972

Heigl-Evers, A. u. *F. Heigl:* Gruppentherapie: interaktionell-tiefenpsychologisch fundiert (analytisch orientiert) – psychoanalytisch. Gruppenpsychother. Gruppendyn. 7, 1973, 132–157

Heigl-Evers, A. u. *F. Heigl:* Zur tiefenpsychologisch fundierten oder analytisch orientierten Gruppenpsychotherapie des Göttinger Modells. Gruppenpsychother. Gruppendyn. 9, 1975, 237–266
Heigl-Evers, A. u. *F. Heigl:* Zum Konzept der unbewußten Fantasie in der psychoanalytischen Gruppentherapie des Göttinger Modells. Gruppenpsychother. Gruppendyn. 11, 1976, 6–22
Heigl-Evers, A. u. *F. Heigl:* Interaktionelle Gruppenpsychotherapie. In: Heigl-Evers, A., U. Streeck (Hrsg.): Die Psychologie des 20. Jahrhunderts, Bd. 8, Kindler-Verlag Zürich 1979 a, 850–858
Heigl-Evers, A. u. *F. Heigl:* Struktur und Prozeß in der analytischen Gruppenpsychotherapie. In: Heigl-Evers, A., U. Streeck (Hrsg.): Die Psychologie des 20. Jahrhunderts. Bd. 8, Kindler-Verlag Zürich 1979 b, 778–789
Heigl-Evers, A. u. *F. Heigl:* Die psychosozialen Kompromißbildungen als Umschaltstellen innerseelischer zwischenmenschlicher Beziehungen. Gruppenpsychother. Gruppendyn. 14, 1979 c, 310–325
Heigl-Evers, A. u. *F. Heigl:* Zur Bedeutung des therapeutischen Prinzips der Interaktion. In: Haase, H. J. (Hrsg.): Psychotherapie im Wirkungsbereich des psychiatrischen Krankenhauses. Perimed, Erlangen 1980
Heigl-Evers, A. und *F. Heigl:* Psychosocial Compromise Formation as the Changeover Point between Intrapsychic and Interpersonal Relationship. In: Pines, M. und L. Raphaelsen (Hrsg.): The Individual and the Group: Bounderies and Interrelations in Theory and Practice (Proceedings of the 7th International Congress on Group Psychotherapy) Plenum, London/New York 1981
Heigl-Evers, A. u. *F. Heigl:* Angst – Trauma und Signal. Prax. Psychother. Psychosom. 27, 1982, 83–96
Heigl-Evers, A. u. *F. Heigl:* Das interaktionelle Prinzip in der Einzel- und Gruppenpsychotherapie. Z. Psychosomt. Med. Psychoanal. 29, 1983 a, 1–14
Heigl-Evers, A. u. *F. Heigl:* Die projektive Identifizierung – einer der Entstehensmechanismen psychosozialer Kompromißbildungen in Gruppen. Gruppenpsychother. Gruppendyn. 4, 1983 b, 316–327
Heigl-Evers, A. u. *F. Heigl:* Der Interventionsstil in der analytischen Gruppenpsychotherapie. Gruppenpsychother. Gruppendyn. 19, 1983 c, 1–18
Heigl-Evers, A. u. *O. Schulte-Herbrüggen:* Zur normativen Verhaltensregulierung in Gruppen. Gruppenpsychother. Gruppendyn. 12, 1977, 226–241
Heigl-Evers, A. u. *U. Rosin:* Steuerung regressiver Prozesse in Therapiegruppen. Z. Psychosomat. Med. Psychoanal. 30, 1984, 134–149
Heigl-Evers, A. u. *U. Streeck:* Analytische Gruppenpsychotherapie. Zum psychoanalytischen Prozeß in therapeutischen Gruppen. In: Handbuch der Psychologie. Bd. 8/2, Verlag für Psychologie Dr. C. J. Hogrefe, Göttingen, Toronto, Zürich 1978, 2676–2696
Heigl-Evers, A. u. *U. Streeck:* Psychoanalytisch-interaktionelle Therapie. Zschr. Psychotherapie, Psychosomatik, Med. Psychologie (im Druck)
Hofstätter, P. R.: Gruppendynamik. Rowohlt, Hamburg 1964[8]
König, K.: Arbeitsbeziehungen in der Gruppenpsychotherapie – Konzept und Technik. Gruppenpsychother. Gruppendyn. 8, 1974, 152–166
König, K.: Übertragungsauslöser – Übertragung – Regression in der analytischen Gruppe. Gruppenpsychother. Gruppendyn. 10, 1976, 220–232
König, K.: Le travail thérapeutique dans l'analyse de groupe. Connexions 31, 1980, 25–34

Laplanche, J. u. *J. B. Pontalis:* Vocabulaire de Psychoanalyse. Paris: Presses Universitaires de France 1967 Deutsch: das Vokabular der Psychoanalyse. Bd. 2, Suhrkamp-Verlag Frankfurt 1977

Ogden, T. H.: On Projective Identification. Int. J. Psychoanal. 60, 357–373 (1979)

Sandler, J.: Sicherheitsgefühl und Wahrnehmungsvorgang. Psyche 15, 1961, 124–131

Sandler, J. u. *H. Nagera:* Einige Aspekte der Metapsychologie der Phantasie. Psyche 28, 188–221 (1966)

Schindler, R.: Grundprinzipien der Psychodynamik in der Gruppe. Psyche 11, 308, 1957/58

Sherif, M. u. *C. W. Sherif:* Social psychology. Harper Intern. Ed., New York – Evanston – London 1969

Streeck, U.: ‚Definition der Situation', soziale Normen und interaktionelle Gruppenpsychotherapie. Gruppenpsychother. Gruppendyn. 16, 1980, 209

Streeck, U.: Abweichungen vom „fiktiven Normal-Ich": Zum Dilemma der Diagnostik struktureller Ich-Störungen. Z. Psychosomat. Med. Psychoanal. 1983

2.5 Die primärnarzißtische Repräsentanzenwelt in der Gruppe

Urte D. Finger-Trescher (Frankfurt am Main)

I. Positives und negatives Selbstwertgefühl Überlegungen zum Narzißmuskonzept

Was unter Narzißmus zu verstehen sei, ist heute in der Psychoanalyse noch immer umstritten. Beiträge zur Narzißmusdiskussion sind so zahlreich und vielfältig geworden, daß es hier unmöglich – und auch unnötig – ist, in kurzer Form einen einigermaßen repräsentativen Überblick zu vermitteln. Ich werde also im folgenden versuchen, mich auf die mir wesentlich erscheinenden Aspekte zu beschränken, insbesondere soweit sie auch zum Verständnis von Gruppenprozessen beitragen können.
Freud unterschied zwischen primärem und sekundärem Narzißmus, wobei er jenen als normale objektlose Entwicklungsphase sah, den sekundären Narzißmus aber als Abzug der libidinösen Besetzung von den Objekten und damit als ihren Rückzug ins Ich (heute: „Selbst") definierte. Er sprach von der „Vorstellung einer ursprünglichen Libidobesetzung des Ichs, von der später an die Objekte abgegeben wird, die aber, im Grunde genommen, verbleibt und sich zu den Objektbesetzungen verhält wie der Körper eines Protoplasmatierchens zu den von ihm ausgeschickten Pseudopodien" (*Freud* 1914, S. 141). Demzufolge hätte der narzißtische Mensch sich selbst zum Liebes-(Sexual-)Objekt gewählt.
Heute dagegen unterscheidet man zwischen Narzißmus im „positiven" Sinne als *Ausdruck einer gelungenen Entwicklung von Ich und Selbst mit entsprechend gesicherter Selbstwertregulation und hohem Selbstwertgefühl* einerseits und narzißtischer Störung andererseits, bei der eben diese Entwicklung Defekte aufweist und das Niveau des Selbstwertgefühls entsprechend niedrig ist (*Kohut* 1973, *Sandler* 1961, *Sandler* u. *Joffe* 1967).

Eine ausreichende mütterliche Fürsorge („mothering") in den ersten Lebensmonaten hat den entscheidendsten Einfluß auf diese Entwicklung, denn in diesem Stadium ist der Säugling auf die empathische Anwesenheit seiner pirmären Bezugsperson – zumeist der Mutter – *absolut* angewiesen. Er befindet sich mit dieser in einer symbiotischen Beziehung, die auch „*Dual-Einheit*" genannt wird (*Winnicott* 1974). Sein sensorischer (Wahrnehmungs-)Apparat ist nur unzureichend ausgebildet, seine Wahrnehmung innerer und äußerer Vorgänge und Reize vorläufig „*extensiv coenästhetisch*", d. h. der Säugling reagiert auf Signale wie Gleichgewicht, Tempo, Rhythmus, Dauer, Tonhöhe, Klangfarbe, Resonanz, Schall etc. in einem ganzheitlichen Sinne nach dem Prinzip des „alles oder nichts" (*Spitz* 1965, S. 152). Hierbei spielen Hautoberfläche und Mund die zunächst wichtigste Rolle.
„Menschliche Säuglinge können nur unter bestimmten Bedingungen anfangen zu sein", so „daß das ererbte Potential des Säuglings kein Säugling werden kann, wenn es nicht mit mütterlicher Fürsorge zusammengebracht wird" (*Winnicott* 1974, S. 54 f.). *Ausreichende mütterliche Fürsorge* – von Winnicott auch als „*holding*" bezeichnet – garantiert dem Säugling Sicherheit, Wohlbefinden, Schutz, Wärme, Bedürfnisbefriedigung.
Hierbei handelt es sich nicht nur um Triebbedürfnisse, sondern *von Anfang an wesentlich auch um psychische oder narzißtische Bedürfnisse.*
„In dem sehr frühen Stadium eines Menschenkindes muß man also die Ich-Funktionen als ein Konzept betrachten, das von dem Konzept der Existenz des Säuglings als Person untrennbar ist. Was für ein Triebleben abgesehen von den Ich-Funktionen vorhanden sein mag, kann man vernachlässigen (...). Es gibt kein Es vor dem Ich" (*Winnicott* 1974, S. 77).
Die Art und Weise der primären Erfahrung eines Säuglings bestimmt grundlegend die Art seiner psychischen Entwicklung und seiner Beziehung zu Objekten. Ausreichendes „holding" gewährleistet die Entwicklung eines stabilen, strukturierten Ichs und eines positiven Selbstwertgefühls, während unzureichende oder aber übermäßige mütterliche Fürsorge eine brüchige Ichentwicklung mit entsprechend geringem, bzw. negativem Selbstwertgefühl sowie eine massive Kränkbarkeit und möglicherweise Fragmentierung des Selbst nach sich zieht.
Das Kind entwickelt allmählich konkreter werdende Imagines seiner

Bezugspersonen und seines Selbst, bzw. der konkreten Interaktion zwischen sich und seiner Umwelt (*Lorenzer* 1972 und *Trescher* 1979). Diese Imagines, die zunächst entsprechend seiner symbiotischen Beziehung zur Mutter diffus, unabgegrenzt dual-einheitlich sind, werden im Zuge der Entwicklungs- und Reifungsprozesse zu konturierten Selbst- und Objektpräsentanzen, die libidinös besetzt werden können.
Kohut definiert Narzißmus „nicht durch das Ziel der Triebbesetzung (sei dies die Person selbst oder andere), sondern durch die Natur oder Qualität dieser Besetzung" (*Kohut* 1973, S. 45). Er unterscheidet somit zwischen narzißtischer und libidinöser Besetzungsqualität. Demnach kann *Freuds* Theorie, nach der die narzißtische Persönlichkeit sich selbst zum Liebesobjekt gemacht habe, indem sie alle Besetzung von den Objekten abgezogen habe, nicht mehr Folge geleistet werden. Es wird vielmehr evident, daß *die Qualität der Besetzung von Objekt- und Selbstrepräsentanzen*, i. e. der *Objektbeziehung*, entscheidend abhängt von der Qualität der realen Mutter-Kind-Beziehung und daß beide: sowohl Objekt- als auch Selbstrepräsentanz gleichzeitig sich bilden als *Produkt einer bestimmten Interaktionsform* (*Lorenzer* 1972).
Eine starke Objektbesetzung korreliert keineswegs mit geringer Besetzung des eigenen Selbst oder vice versa. Vielmehr geht eine mangelhafte Besetzung der Selbstrepräsentanzen einher mit einer entsprechend unvollständigen Objektbeziehung und kann als Folge eines durch narzißtische Traumen entstandenen Ich-Defekts verstanden werden.
Holder und *Dare* definieren Narzißmus als „*Summe aller positiv gefärbten Gefühlszustände, die mit der Vorstellung des Selbst (Selbstrepräsentanz) verbunden werden*" (*Holder/Dare* 1982, S. 794).
Überwiegen diese positiven Anteile des Selbstwertgefühls die negativen Anteile, so stellt sich „*Wohlbefinden*" ein. Im Gegensatz hierzu benennen sie die Summe der negativen Anteile des Selbstwertgefühls als „gegennarzißtische Faktoren" (ebenda).
Wenngleich das erste Lebensjahr für das Schicksal der Ich- und Selbst-Bildung von ausschlaggebender Bedeutung ist, ist die Entwicklungslinie des Narzißmus hiermit keineswegs beendet. Wenn sich das Kind gegen Ende dieses ersten Jahres aus der Symbiose zu lösen beginnt, ist es weiterhin angewiesen auf die seinen sich verändernden Bedürfnissen angemessenen Reaktionen seiner Umwelt, um ein narzißtisches Gleich-

gewicht auf neuer Ebene entwickeln und halten zu können. Das Kleinkind ist nun viel eher in der Lage, reale Größenverhältnisse bzw. Unterschiede zwischen sich und anderen zu erkennen, es nimmt sich selbst und seine Bezugspersonen konturierter wahr und ist sich seiner Bedürfnisse und Impulse – auch der aggressiven – bewußter. Sein Differenzierungsvermögen ist so weit – oder so wenig – ausgebildet, daß es Polaritäten umfaßt wie gut/schlecht, hergeben/behalten, lieben/hassen, Unabhängigkeit/Abhängigkeit, Macht/Ohnmacht etc.

Die Mutter, die einen Wunsch erfüllt, wird als *gut*, die gleiche Mutter, die eine Versagung auferlegt, als schlecht, *böse* erlebt. Einhergehend hiermit erlebt sich das Kind auch selbst in diesen Gegensätzen, z. B. als gut oder schlecht. Das Selbsterleben steht auch hier in engster Wechselwirkung mit den guten/schlechten Reaktionen der Umwelt auf seine Bedürfnisse. Entscheidend für die weitere Entwicklung ist es, inwieweit diese gegensätzlichen Anteile in der Zukunft integriert werden können. Weiterhin wird das Schicksal des Narzißmus stark beeinflußt im Zusammenhang mit der Findung einer Geschlechtsidentität als Junge oder Mädchen (*Holder/Dare* 1982, S. 805 ff.), wie auch mit den ödipalen Wünschen an den gegengeschlechtlichen Elternteil. Ob sich das Kind in der Folgezeit als Junge bzw. Mädchen von beiden Eltern trotz notwendiger Versagungen akzeptiert, angenommen, bewundert fühlt, gibt den Ausschlag dafür, daß es sich auch später als Mann bzw. Frau wertvoll und wohl fühlen wird.

Im Zuge fortschreitender Ich- und Überichentwicklung wird das Kind *zunehmend unabhängiger von den Reaktionen und Anforderungen realer äußerer Objekte. An deren Stelle fungieren nun die im Überich repräsentierten inneren Objekte als Regulativ* für die Umsetzung von Triebwünschen, Bedürfnissen, aggressiven Impulsen und Phantasien einerseits, wie auch für das narzißtische Niveau des Selbstwertgefühls andererseits.

Ein strenges, sadistisches Überich wird als „gegennarzißtischer Faktor" wirksam, wohingegen gute, gewährende innere Objekte und Wertvorstellungen ein hohes Niveau des Selbstwertgefühls und damit Wohlbefinden gewährleisten.

Schließlich können gegennarzißtische Faktoren – Enttäuschungen, Mißerfolge, Verluste – in jedem Lebensalter wirksam werden und das narzißtische Grundgleichgewicht – dessen Determinanten das erste bzw. die ersten Lebensjahre sind – beeinflussen (*Holder/Dare* 1982).

Narzißtische Störungen werden in vielfältigen Symptomen evident, z. B. in einem erhöhten Maß an Kränkbarkeit oder in spezifischen *„pathologischen“ Reaktionen auf Trennungen* (*Henseler* 1974, *Finger* 1980). Intensive Gefühle der Scham alternieren mit extremen Wut- und Rachewünschen und können bis zum Selbstmord reichen. Narzißtisch gestörte Patienten klagen über Gefühle der Leere und Depression, über Antriebslosigkeit, ständige Angst vor Liebes- bzw. Objektverlust, aber auch über sogenannte „perverse“ Phantasien, unbefriedigende Beziehungen, diffuses Unglücklichsein, selbst bei erhalten gebliebener großer Leistungsfähigkeit.

Nach Kohut beziehen sich „einige der intensivsten narzißtischen Erfahrungen auf Objekte, das heißt Objekte, die entweder im Dienste des Selbst und der Aufrechterhaltung seiner Triebbesetzung benutzt werden, oder aber auf Objekte, die als Teil des Selbst erlebt werden“ (*Kohut* 1973, S. 14), sogenannte Selbst-Objekte.

Bereits unvermeidliche Mängel der mütterlichen Fürsorge stören das narzißtische Gleichgewicht des kleinen Kindes; es versucht nun, das ursprüngliche Gleichgewicht, die narzißtische Vollkommenheit, die es in der symbiotischen Beziehung zur Mutter hatte, zu bewahren, indem es sie „einerseits einer grandiosen und exhibitionistischen Imago des Selbst, dem grandiosen Selbst, und andererseits einem bewunderten Du: dem idealisierten Elternbild zuweist“ (*Kohut* 1969, S. 321). Diese *grandiosen oder idealisierten Imagines*, die normalerweise von einem stabilen Ich einer Realitätsprüfung unterzogen und somit modifiziert werden, bleiben bei übermäßiger narzißtischer Traumatisierung erhalten, so daß eine realitätsgerechte Wahrnehmung der Objekte und des eigenen Selbst unmöglich wird. Vielmehr wird eine Besetzung an einem diffusen elementaren Objekt vorgenommen, welche zur Stabilität des gestörten narzißtischen Gleichgewichts beitragen, das defekte Selbst vervollständigen und somit Sicherheit vermitteln soll. „Die primärnarzißtische Objektbindung läßt die Wahrnehmung der natürlichen menschlichen Kontur nicht zu, sondern verzeichnet sie ins Ungeheure, Dämonische und Unmenschliche“ (*Argelander* 1972a, S. 25).

Soweit nun diese primärnarzißtischen Imagines und Beziehungsmuster unverändert und unintegriert erhalten bleiben, setzen sie sich immer wieder – nach Maßgabe des Wiederholungszwangs – in Szene, mit dem Ziel, die ursprünglichen archaischen Bedürfnisse doch noch zu befriedigen, bzw. die Traumen ungeschehen zu machen. Dies wird insbesondere relevant im therapeutischen setting, in dem die infantilen Erfahrungen und Interaktionsformen zwischen dem „allmächtigen Objekt“ und dem „grandiosen Selbst“ ungehindert wiederbelebt werden.

II. Zur Wiederbelebung narzißtischer Interaktionsmuster in Gruppen

Abkömmlinge des primären Narzißmus treten in unstrukturierten Kleingruppen auf zwei Ebenen zutage:

1. *auf der Ebene der Psychodynamik der Gruppe* in Form vorherrschender *„Primärprozesse“ im Hier und Jetzt*,
2. *auf der Ebene wiederbelebter Interaktionsmuster*, die sich unbewußt in Szene setzen.

Im Zuge der Reaktualisierung der lebensgeschichtlichen Entwicklung des einzelnen kommen narzißtische Interaktionsformen, archaische Wünsche und Phantasien, wie auch die ihnen entsprechenden Abwehrmechanismen zum Vorschein. *Insbesondere wird dies dann relevant, wenn die Gruppe sich teilweise oder überwiegend aus Mitgliedern zusammensetzt, die eine narzißtische Grundproblematik mitbringen*. In der psychoanalytisch orientierten Gruppe muß hier bereits das setting näher untersucht werden im Hinblick auf seine Funktion als spezifischer *„Auslösereiz“*. Das Fehlen einer vorgegebenen Struktur und Thematik, die Abstinenz des Gruppenleiters begünstigen genauso wie in der Einzelanalyse eine spontane Regression, die immer auch von spezifischen Abwehrmechanismen begleitet ist.

Freud sprach 1921 von einer zu beobachtenden „Affektsteigerung“ und „Intelligenzhemmung“ der Massen. Er zitiert in diesem Zusammenhang *Le Bon:* „An einer psychologischen Masse ist das sonderbarste dies: welcher Art auch die sie zusammensetzenden Individuen sein mögen, wie ähnlich oder unähnlich ihre Lebensweise, Beschäftigung, ihr

Charakter oder ihre Intelligenz ist, durch den bloßen Umstand ihrer Umformung zur Masse besitzen sie eine Kollektivseele, vermöge deren sie in ganz anderer Weise fühlen, denken, handeln würden" (*Freud* 1921, S. 77).

Dieser Prozeß ist bereits in der ersten Sitzung einer Gruppe zu beobachten, wenn nämlich hinter den verbal geäußerten Inhalten (Inhaltsebene) ein *gemeinsames unbewußtes Thema* (Beziehungsebene oder kollektives Unbewußtes) zur Sprache kommt. *Bion* benennt diese verblüffende Fähigkeit der Gruppe, sich spontan auf unbewußter Ebene zusammenzuschließen als „*Valenz*" (*Bion* 1971, S. 36). Es handelt sich hierbei um frühe Identifizierungsvorgänge, in deren Folge die einzelnen ihre Identität, Ichgrenzen und ihr konturiertes Selbst aufgeben zugunsten eines diffusen gemeinsamen Gruppengefühls. Die Gruppenphantasien kreisen – in der Anfangsphase verstärkt – um ihr erstes gemeinsames Objekt, den Gruppenleiter. Die Gruppenteilnehmer indentifizieren sich, wie *Freud* schrieb, in ihrem Ich miteinander, indem sie den Gruppenleiter („Führer") „an die Stelle ihres Ichideals" setzen (*Freud* 1921, S. 125).

Vergleicht man den Beginn einer Gruppe mit den ersten Lebensmonaten eines Kindes, so entspricht das feste setting einer haltenden Umwelt, welche vom Gruppenleiter repräsentiert wird. Dieser wird somit zum ersten Selbst-Objekt der neugeborenen Gruppe, mit der nämlichen Funktion, ihren Erhalt zu gewährleisten, Sicherheit und Schutz nach innen und außen zu garantieren und somit eine Basis zu schaffen für alle in der Zukunft stattfindenden Entwicklungen. „Die Individualität der einzelnen Mitglieder wird aufgegeben. Dieses kollektive Phänomen ... zeigt sich immer, wenn die Gruppe regrediert ... Unsere Erfahrung hat uns gelehrt, in dieser ‚Entpersönlichung' einen aktiven Abwehrmechanismus zu sehen, der ... Gruppen dazu dient, zu erreichen, daß sie sich vollkommen vereinheitlichen" (*Grinberg* et al. 1960, S. 96). Diese Abwehr bezieht sich also auf Zerfalls-Ängste, die aus den frühen Stadien der individuellen Lebensgeschichten stammen, in denen die ausreichenden Schutz gewährende Haltung der Mutter/Umwelt eine Kohärenz des Selbst und damit ein narzißtisches Grundgleichgewicht erst ermöglicht.

Die Gruppe reagiert *besonders im Anfangsstadium, wenn ihr „Gruppen-Selbst" noch diffus, unklar und unkonturiert ist*, in besonders starkem Maß auf Änderungen des settings, was sich nicht selten in langanhaltendem Schweigen und/oder destruktiven Phantasien äußert. Hierzu ein Beispiel aus der Anfangsphase einer Gruppe (vgl. auch *Finger* 1977, S. 186 ff.).

Bis auf Z sind alle anwesend, als ich (GL) den Raum betrete. Es herrscht Unruhe.
GL: „Wie Sie ja wissen, sind wir heute allein, ohne Frau C (Co-Therapeutin)."
Sie rutschen unruhig auf den Stühlen herum, die heute in einem Oval stehen, statt wie üblich im Kreis.

Dies war mein (GL) Versäumnis.

Y sagt: „Wie in einem Schlauch."
Es beginnt ein Gespräch darüber, daß sich nichts geändert habe seit Beginn der Gruppe.
X betont: „Heute ist es mir ganz unverständlich, daß ich letztes Mal gesagt habe, meine Probleme sind verschwunden. Das stimmt nämlich gar nicht."
In ähnlicher Weise pflichten ihm die anderen bei.

Die Gruppe ist enttäuscht. Auf das Fehlen von Frau C wird direkt nicht eingegangen.

X: „Hier ist's, wie wenn man mit Masern zum Arzt geht und der sich alles anguckt und einen dann mit einem freundlichen Klaps wieder entläßt." ...

(Die „Masern" verweisen auf das gegenwärtige kindliche Lebensalter der Gruppe).

Z erzählt schließlich von dem gemeinsamen Essen, das einige von ihnen nach der letzten Sitzung veranstaltet haben.
„Da konnte man viel entspannter reden. Der Druck war weg."

Das Verlassenwerden wie auch meine Unaufmerksamkeit (Stühle) werden jetzt quittiert mit der Phantasie: Wir kommen auch ohne die Gruppenleiter aus, besser sogar.

Dies nun ruft Ärger hervor bei den anderen. E: „Ich finde das nicht gut. Das ist so ein schutzloses Treffen, ich würde da nicht mitmachen." Mehrere stimmen ihr zu.	
Y meint schließlich auch, das sei schlecht, „weil sich ja auch Fraktionen bilden könnten." Es folgt ein panikartiges Schweigen.	Y artikuliert die Angst aller, daß die Gruppe zerfallen könnte.

Man sieht hier plastisch, wie bedrohlich die kurzfristige settings-Änderung für die Gruppe ist. Die Enttäuschung über die mangelnde Fürsorge seitens der Gruppenleiter führt zu destruktiven Phantasien, zu Entwertung und Ängsten um den Fortbestand der Gruppe. Unbewußt haben sich die Teilnehmer auf „ihr" gemeinsames Thema geeinigt, ungeachtet der je individuellen Probleme, die jeder einzelne mitgebracht hat. Das aktuelle Gruppenthema hat Vorrang vor dem individuellen. Dennoch fließen in ihm die spezifischen frühkindlichen Erfahrungen der einzelnen wie in einem „Sammelbecken" (*Bion* 1971, S. 36) zusammen. So ist jedes Thema *in* der Gruppe auch ein Thema *über* die Gruppe.
Nach Bion wird in jeder Gruppe die bewußte Ebene verbaler Inhalte von drei „Grundeinstellungen" („basic assumptions") dominiert:
1. Abhängigkeit (dependence)
2. Kampf – Flucht (fight – flight)
3. Paarbildung (pairing)
(vgl. *Bion* 1972).
Bei der *Grundeinstellung der Abhängigkeit* handelt es sich um die unbewußte Phantasie, „daß die Gruppe sich zusammengefunden habe, um von einem Individuum, von dem sie abhängt, Sicherheit zu erlangen" (*Bion* a.a.O., S. 48). Diesem (meist der Gruppenleiter) werden grandiose Fähigkeiten und magische Kräfte zugesprochen. Es handelt sich hierbei um eine kollektive Wiederbelebung der grandiosen Elternimago, wie *Kohut* sie beschreibt (*Kohut* 1973). Realitätsprüfung, auch Orientie-

rung in Raum und Zeit können gänzlich verschwinden zugunsten der unbewußten diffusen Phantasie, daß alle auf magische Weise mit dem omnipotenten Objekt vereinigt seien. Dem nun entspricht auf individueller Ebene die ganzheitliche coenästhetische (im Gegensatz zur diakritischen) Wahrnehmung und die sogenannte „Dual-Einheit", wobei sich in der Gruppe das individuelle Selbst „auszuweiten" scheint und somit die anderen Gruppenmitglieder gleichsam umfaßt. Auf diese Weise entsteht die Phantasie von der Dual-Einheit zwischen Gruppe und Gruppenleiter.

Dieser Prozeß dient nicht zuletzt der Abwehr von Neid, Gier und Rivalität unter den Gruppenteilnehmern/Geschwistern, welche zu einer Auflösung der Gruppe, bzw. zu Kämpfen und Konflikten, zu Disharmonie führen könnten.

Die Grundeinstellungen sind eine „sekundäre Formation einer äußerst frühen Urszene, die auf der Ebene der Beziehungen zu Teilobjekten auftritt und verbunden ist mit psychotischer Angst und Mechanismen der Abspaltung und projektiven Identifikation" (*Bion* 1971, S. 120). Insofern reproduzieren sie – auch in ihrem häufig zu beobachtenden Verlauf: dependence, fight – flight, pairing – durchaus ein Stück individueller Lebensgeschichte. Ähnlich wie der Traum stellen sie unbewußte Szenen dar, die nun aber immer auch den Zustand der Gruppe als ganzer im Hier und Jetzt repräsentieren.

In der *Grundeinstellung „Kampf – Flucht"* schafft sich die Gruppe einen gemeinsamen, definierten Feind durch die Projektion innerer schlechter (Teil-)Objekte (böse Brust/Mutter), den sie entweder bekämpft und verfolgt oder vor dem sie flieht. Wird dieses „Böse" einem Gruppenteilnehmer zugesprochen (der in der Regel aufgrund seiner individuellen Vorgeschichte für die Rolle des „Sündenbocks" prädestiniert ist), so kommt es unter Umständen zu einer Ausstoßung desselben, sofern die zugrundeliegenden Phantasien nicht bearbeitet und integriert werden können.

Winnicott beschreibt zwei Mechanismen der kindlichen Psyche im ersten Lebensjahr:

„1. all das, was als ‚gut', d. h. für das Selbst annehmbar und förderlich empfunden wird, zu erhalten" und

„2. dasjenige, was als ‚schlecht' und beeinträchtigend empfunden wird oder durch äußere Realität aufgezwungen wurde (Trauma) zu isolieren" (*Winnicott* 1960, S. 31).

Wie beim Individuum lassen sich auch in der Entwicklungsgeschichte der Gruppe auf jeder Stufe spezifische Umformungen der narzißtischen Grundproblematik feststellen. Wie oben (vgl. S. 150ff) bereits näher ausgeführt wurde, muß auf jeder dieser Stufen ein neues Gleichgewicht zwischen narzißtischen und gegennarzißtischen Faktoren hergestellt werden.

So auch *in der Grundeinstellung „pairing"*: Innerhalb der Gruppe bildet sich ein Paar, an das nun die „messianischen Hoffnungen" (*Bion* 1971, S. 46ff) delegiert werden und von dem auf magische Weise Heilung erwartet wird.

Alle „Grundeinstellungen" sind nicht zuletzt von dem Wunsch motiviert, Reifungsschritte *ohne narzißtische Traumen*, d. h. ohne ein Übermaß an gegennarzißtischen Erfahrungen vollziehen zu können.

In diesem Sinne dienen sie der *Abwehr* gegen die Bearbeitung (Erinnern, Wiederholen, Durcharbeiten) tief verborgener Ängste und Konflikte; sie erfüllen diese Funktion indes immer unter der Prämisse, „den eigentlichen narzißtischen Gewinn, eine Gruppe zu sein, nicht (zu) gefährden" (*Argelander* 1972b, S. 55; vgl. auch *Finger* 1977, S. 170ff).

Darüber hinaus besitzt jede Gruppe eine sogenannte „Matrix" (*Foulkes* 1974), oder wie *Kutter* schreibt, „eine tief unbewußte Schicht, wie sie uns ebenfalls aus der Psychoanalyse narzißtisch gestörter Persönlichkeiten bekannt ist" (*Kutter* 1971, S. 859). Es handelt sich hierbei um eine Basis an Vertrauen und Anlehnung, auf der Übertragungsbeziehungen sich erst entfalten können. Die hierzu gehörenden Phantasien sind undifferenziert und entsprechen den archaischen Vorläufern der psychischen Entwicklung überhaupt. Auf dieser Stufe wird die Gruppe als Uterus, als Mutter erlebt, die die Funktion schützender Abgrenzung gegenüber der Umwelt, aber auch der Realitätsprüfung, Vermittlung und Integration für den einzelnen zeitweilig übernimmt, ähnlich wie dies die Mutter für den Neugeborenen und der mütterliche Uterus für den Fötus tut (*Ammon* 1974, *Foulkes* 1974).

Dieser archaischen Erlebnisweise gehören auch die psychotisch anmutenden tiefen Ängste und primitiven Verarbeitungsformen an, die nach *Dare* und *Holder* im Zusammenhang mit der Wiederbelebung gegennarzißtischer Faktoren in der frühesten postnatalen Phase verständlich werden. Werden die Grundbedürfnisse des sehr kleinen Kindes in seinem „für die Welt“ gehaltenen grandiosen Mutter-Kind-System „extrem unzureichend befriedigt“, so daß „es sich seiner Hilflosigkeit und Ohnmacht ausgeliefert fühlt, kann es diesen Zustand nur ertragen, indem es sich um jeden Preis an die Illusion seiner Allmacht klammert. Das Ausmaß von Kränkung und Wut hängt davon ab, wie kraß, abrupt, hart und andauernd der Sturz in die Ohnmacht erfolgt“ (*Leber* 1976, S. 7).

Das folgende Gruppenprotokoll kann beispielhaft verdeutlichen, wie sich Erfahrungen dieser Art in einer Gruppe unter Beteiligung aller Mitglieder in Szene setzen können. Es muß hier vorausgeschickt werden, daß keines der Gruppenmitglieder psychotisch war. Allerdings befanden sich einige sogenannte narzißtisch gestörte Persönlichkeiten unter ihnen, insbesondere Herr A (vgl. auch *Finger* 1977).

Die Gruppe wartet stumm auf Frau E. Als sie endlich eintrifft, scheinen alle hochzufrieden. Dennoch herrscht weiterhin Stille. ...
Frau D: „Also, ich muß in so komischen Situationen immer entweder lachen oder ich schlafe ein.“
– Schweigen –
Frau D: „Ich frage mich wirklich, wieso wir noch herkommen, Vielleicht ist das nur Routine?“
Es folgt ein Disput über das Motiv zur Teilnahme an der Gruppe zum gegenwärtigen Zeitpunkt. Dann wieder langanhaltendes Schweigen. ...
Herr A erträgt diese Situation nicht: „Mit geht immer so furchtbar viel durch den Kopf. Das kann

Herr A hat schon lange die Funktion, das unbewußte Gruppengeschehen zur Sprache zu bringen.

ich hier gar nicht sagen, weil es so viel ist. Von einer Sitzung zur nächsten kann ich das auch kaum richtig behalten. Ich glaube, ich renne immer irgendwas nach, aber ich kann gar nicht so schnell rennen wie ich denke. Das ist, wie wenn man Wasser mit den Händen aufzuhalten versucht. Habt ihr das schon mal probiert? Das Wasser rinnt immer irgendwo durch. Das geht nämlich gar nicht. Manchmal weiß ich selber nicht so richtig, was ich wirklich denke. Jedenfalls kann ich's hier nicht ausdrücken – –"

Herr A spricht immer stockender. Er weiß nicht mehr, was er eigentlich sagen will, die Gruppe reagiert in Gestik und Mimik ungeduldig, gereizt.

Frau D, eine Psychologin: „Sag mal, glaubst du eigentlich, daß deine Probleme hier in der Gruppe gelöst werden können? Nein, nicht?"

Sie sagt dies mit aggressiv-spöttischem Lächeln. Sie deutet an, die Gruppe könne ihn nicht halten.

Die anderen lachen. Herr A ist sehr betroffen. Angst steht in seinen Augen.

Man spürt direkt seine massive Verunsicherung und das Aufsteigen von großer Angst.

Herr A: „So würd' ich das nicht sagen .... Aber du stellst überhaupt viele Suggestivfragen, oder?"

Frau D: „Suggestivfragen? Möglich. Aber – ich kenne mich mit den psychologischen Termini nicht so aus, aber ich denke, daß die Ideen, die du immer hast, ganz schön – hm, absurd sind – – verglichen mit anderen Leuten. Das muß dich doch stören – – ?"

Sie verspottet ihn. Jeder weiß: Sie kennt sich aus!

Sie treibt ihn fühlbar in die Enge; die anderen spielen mit. Sie deutet an, er sei verrückt.

Jetzt wird Herr A gefragt, welche Literatur er mag. Es stellt sich heraus, daß er am liebsten Beschreibungen von Maschinen liest.
Herr A: „Wenn z. B. einer eine Maschine konstruiert, die's gar nicht gibt. In den Maschinen liegt sogar viel mehr Phantasie drin als in diesen normalen Illusionsgeschichten –."

Maschinen sind im Gegensatz zu Menschen konstruierbar, kontrollierbar, berechenbar; sie sind somit verfügbare Objekte.

Frau F versucht, ihn mit Fragen wieder mehr in die Gruppe zu integrieren.
Herr A: „Da sind eben immer einfach Gedanken, die zwingen einen, gedacht zu werden. Ich hab' ziemlich viel Angst vor Zeiten, in denen ich nichts Konkretes zu tun habe, nichts machen muß und wo nur diese Gedanken da sind."
Die Gruppe wird zunehmend wütend, wirft ihm vor, zu kompliziert und unverständlich zu sein.
Sehr hilflos sagt Herr A schließlich: „Ich hab' mit einem Haufen Kindern an einem Bach gespielt. Wir haben Dämme gebaut und Wasser umgeleitet. Und dann haben wir unser Bild im Wasser angeguckt und versucht, es mit den Händen rauszuheben."

Ist dies ein Traum, eine Erinnerung, eine Phantasie? Das bleibt unklar. Herr A ist jetzt wirklich isoliert, ohnmächtig; es ist, als ob er seine innere Struktur verloren hätte.

Frau D, wieder spöttisch, anzüglich: „Das hat doch schon mal einer gemacht – ?"

Sie spielt auf seine Größenphantasien an, versucht, ihn bloßzustellen, zu beschämen.

Frau E: „Odysseus?"
Frau D: „Nein, Narziß!"

Herr A ist wieder sehr betroffen.
An dieser Stelle interveniert der Gruppenleiter: „Ich verstehe jetzt nicht, welche Art von Beziehungen momentan unter Ihnen zum Tragen kommen."
Das Gespräch kommt jetzt wieder in Gang.

Die Intervention in dieser Form soll vor allem Herrn A schützen, der durch das Gruppengeschehen förmlich aus dem Gleichgewicht gebracht wurde. Die Frage nach den Beziehungen innerhalb der Gruppe spricht die reifen Ichanteile der Gruppenteilnehmer an und setzt den Reflexionsprozeß in Gang.

Schließlich erzählt ein Gruppenmitglied von dem Film „Einer flog übers Kuckucksnest", in dem es ja um die Beziehungen zwischen den Insassen einer psychiatrischen Klinik und den behandelnden Psychiatern, bzw. Pflegepersonal geht. Es dreht sich um Erlebnisse von Ohnmacht und Ausgeliefertsein.

Das Grundthema kommt in neuer Form wieder zur Sprache. Die eigentlichen Beziehungsmuster und zugrundeliegenden Erfahrungen werden sehr viel deutlicher. Frau D hatte die Rolle des sadistisch erlebten Therapeuten/Mutter übernommen, wohingegen Herr A das „Verrückte"/Kind dargestellt hat in seiner ganzen Hilflosigkeit und Isolation; ein Kind, das sich bloßgestellt, entwürdigt, unverstanden und ohnmächtig erfährt (vgl. auch *Finger* 1977, S. 221 ff).

Aufgabe des Gruppenleiters ist es hier, das dramatische Geschehen zu entziffern

a) bezüglich der aktuellen Beziehungen der Teilnehmer untereinander und zu sich selbst,
b) bezüglich der Biographien der einzelnen Mitglieder und
c) bezüglich der Geschichte dieser Gruppe.

So wird in diesem Beispiel bereits in den ersten Minuten angekündigt, was sich dann im Gespräch manifestiert: Es geht um Gefühle der Wertlosigkeit, Scham, Ohnmacht, Ent-Wertung (eine Gruppe, die nur noch „routinemäßig" zusammenkommt, kann nicht viel wert sein), aber auch um Hilflosigkeit und Wut. Exponent dieses Wertlosigkeitsgefühls ist Herr A, der die Rolle des Schwachen, Kranken, Hilflosen (Gruppenanteils) übernimmt und auch frühe Größenphantasien re-aktualisiert, wohingegen Frau D als sadistisches Überich der Gruppe – in dieser Situation – fungiert, das die Schwäche anprangert, verurteilt, bloßstellt. Schließlich wird evident, wie sich die Gruppe dem Gruppenleiter gegenüber fühlt, bzw. wie sie befürchtet, von ihm als Repräsentant der Eltern behandelt zu werden. Das Schlechte, Böse, Kranke im eigenen Selbst soll eliminiert werden; es besteht die Befürchtung, daß hierfür kein ausreichendes Verständnis und nur ungenügender Schutz beim Gruppenleiter (Eltern) zu finden ist.

Das ursprüngliche narzißtische Trauma wird in der aktuellen Situation faktisch wiederholt: Herr A wird „traumatisiert", in seinem Selbstwertgefühl herabgesetzt, gekränkt und muß real beschützt werden. Erst dann ist eine Reflexion der Beziehungssituation möglich.

Die Gruppe kann vom einzelnen wie ein innerpsychisches System erlebt und genutzt werden. Innere Imagines werden auf andere Teilnehmer übertragen (bzw. projiziert) und die Gruppe somit mit den eigenen inneren Objekten bevölkert. Hierdurch werden diese greifbar und scheinbar wieder real. Dies erleichtert dann den Erkenntnisprozeß, insofern die irrealen Phantasien, die sich an den/die anderen heften, korrigierbar und direkt bearbeitbar sind; die infantilen Objekte können dann als „gute" wieder verinnerlicht werden, obwohl die Rekonstruktion der individuellen Lebensgeschichte weitaus weniger vollständig ist als in der Einzelanalyse. „Die persönlichen Erkenntnisse in der Gruppentherapie stammen ... überwiegend aus momentanen affektiven Beziehungserlebnissen, deren unbewußter Sinngehalt in erster Linie emotional verstanden werden muß, weil er nicht im Kontext mit den primären infantilen Beziehungen der individuellen Vergangenheit aufgedeckt wird" (*Argelander* 1963, S. 318).

Die Neigung des einzelnen, die Gruppe mit den Imagines seiner an die Vergangenheit gebundenen affektiven Welt zu bevölkern, diesen hierin eine Gestalt zu geben, die „ähnlich wie" die realen Objekte damals ist, erleichtert den Kontakt zu und den umwandelnd strukturierenden Umgang mit diesen ganz erheblich. Dies kann gerade auf der *Ebene wiederbelebter narzißtischer Interaktionsmuster*, die ja häufig vorsprachlich diffus und konturlos geblieben sind, einen besonderen therapeutischen Nutzen haben. Die Gruppe entwickelt mit Hilfe der haltenden und deutenden Funktion ihres Analytikers „ihre“ *Sprache*. In dieser finden sowohl unbewältigte unbewußte Anteile als auch sogenannte „reife“ Ichanteile ihren Ausdruck. Sie transzendiert im Laufe der Entwicklung die unbewußt gebliebenen isolierten Einzelerfahrungen, bindet diese ein in die Realität dieser bestimmten Gruppe, in welcher dann der einzelne nicht mehr nur als Übertragungsobjekt, sondern auch in seinem „*wahren Selbst*“ (*Winnicott* 1960) wahrgenommen, verstanden und akzeptiert wird.

Literatur

Ammon, G.: Vorgeburtliche Phantasien und Träume im gruppenanalytischen Prozeß, in: *Graber, G.* (Hrsg.), Pränatale Psychologie, Kindler, München 1974

Argelander, H.: Die Analyse psychischer Prozesse in der Gruppe I und II, in: *Psyche 23*, Klett, Stuttgart 1963, S. 450–515

Argelander, H.: Der Flieger, Suhrkamp, Frankfurt 1972a

Argelander, H.: Gruppenprozesse – Wege zur Anwendung der Psychoanalyse in Behandlung, Lehre und Forschung, Rowohlt, Reinbek 1972b

Bion, W. R.: Erfahrungen in Gruppen, Klett, Stuttgart 1971

Finger, U.: Narzißmus und Gruppe, Fachbuchhandlung für Psychologie – Verlagsabteilung, Frankfurt 1977 (²1980)

Finger, U.: Das Trennungstrauma in der narzißtischen Persönlichkeitsstörung, in: *Psychoanalyse 1*, Bonz, Fellbach-Oeffingen 1980, S. 41–61

Foulkes, S. H.: Gruppenanalytische Psychotherapie, Kindler, München 1974

Freud, S.: Zur Einführung des Narzißmus (1914), in: *Freud, S.*, Gesammelte Werke Bd X, Fischer, Frankfurt ⁵1969

Freud, S.: Massenpsychologie und Ichanalyse (1921), in: *Freud, S.*, Gesammelte Werke Bd XIII, Fischer, Frankfurt ⁵1969

Grinberg, L.; Langer, M.; Rodrigué, E.: Psychoanalytische Gruppentherapie (*Kemper, W.*, Hrsg.), Kindler, München 1960

Henseler, H.: Narzißtische Krisen, Rowohlt, Reinbek 1974

Holder, A. und *Dare, Ch.:* Narzißmus, Selbstwertgefühl und Objektbeziehungen, in: *Psyche 36*, Klett, Stuttgart 1982, S. 788–812

Kohut, H.: Psychoanalytische Behandlung narzißtischer Persönlichkeitsstörungen, in: *Psyche 20*, 1969, S. 322–347

Kohut, H.: Narzißmus, Surhkamp, Frankfurt 1973

Kutter, P.: Übertragung und Prozeß in der psychoanalytischen Gruppentherapie, in: *Psyche 25*, 1971, S. 856–875

Leber, A.: Rückzug oder Rache, in: *Jahrbuch der Psychoanalyse 9*, Huber, Bern, Stuttgart, Wien 1976, S. 123–137

Lorenzer, A.: Zur Begründung einer materialistischen Sozialisationstheorie, Suhrkamp, Frankfurt 1972

Sandler, J.: Sicherheitsgefühl und Wahrnehmungsvorgang, in: *Psyche 15*, 1961, S. 124–131

Sandler, J. und *Joffe, W. G.:* Die Persistenz in der psychischen Funktion und Entwicklung – mit besonderem Bezug auf die Prozesse der Fixierung und Regression, in: *Psyche 21*, 1967, S. 138–151

Spitz, R.: Vom Säugling zum Kleinkind, Klett, Stuttgart 1965

Trescher, H.-G.: Sozialisation und beschädigte Subjektivität, Fachbuchhandlung für Psychologie – Verlagsabteilung, Frankfurt 1979

Winnicott, D. W.: Über die emotionelle Entwicklung im ersten Lebensjahr, in: *Psyche 13*, 1960, S. 25–37

Winnicott, D. W.: Reifungsprozesse und fördernde Umwelt, Kindler, München 1974

2.6 „Einsicht durch Interpretation" und „korrigierende emotionale Erfahrung" – zwei wichtige Heilfaktoren in der psychoanalytischen Gruppentherapie

Peter Kutter (Frankfurt am Main)

1. Einführung

Die These lautet: Das Hauptziel der Psychoanalyse ist Einsicht durch Interpretation. Dies bedeutet: Ohne Interpretation und ohne Einsicht nach Interpretation = keine Veränderung unserer Patienten; die typische psychoanalytische Position. Einsicht heißt in diesem Zusammenhang: Verstehen der unbewußten Bedeutung, Wahrnehmen, um was es wirklich geht, was eigentlich gemeint ist, der latente Sinn der Rede, die momentane subjektive Wahrheit.
Die Anti-These lautet: Einsicht durch Interpretation ist nicht die einzige Möglichkeit, um eine Verhaltensänderung unserer Patienten zu erzielen. Zu dieser Veränderung kann es auch durch „korrigierende emotionale Erfahrung" kommen; eine ziemlich nicht-analytische Postition, die eher in Encounter-Gruppen innerhalb der neueren Gruppenpsychotherapie eine Rolle spielt. Dabei geht der Bergriff „korrigierende emotionale Erfahrung" auf *Alexander* und *French* (1946) zurück, das heißt: Ein neues emotionales Ereignis, ein neues Geschehen, das nie zuvor erfahren wurde, ist notwendig zur Veränderung; zum Beispiel das Wagnis bisher nie gewagten Hasses oder ein erstes Verliebtsein.
Bilden These und Anti-These im Sinne von Hegels dialektischem Denken eine Synthese, dann kommen wir zu dem Schluß: Beides, „Einsicht durch Interpretation" *und* „korrigierende emotionale Erfahrung" sind notwendig, um therapeutische Veränderungen zu erreichen. Dies be-

deutet in anderen Worten: um dauernde Resultate durch psychoanalytische Gruppentherapie zu erzielen, müssen beide Faktoren wirksam sein.
Dies gilt sowohl für individuelle wie Gruppentherapie. Einsicht und korrigierende emotionale Erfahrung stehen dabei in einem bestimmten Verhältnis zueinander. So scheint, wie noch zu zeigen sein wird, Einsicht wichtiger in Therapien zu sein bei Patienten mit klassischen neurotischen Störungen, während korrigierende emotionale Erfahrung wichtiger ist bei strukturellen Ich-Störungen.

2. „Einsicht durch Interpretation" als der eine wichtige Heilfaktor in der psychoanalytischen Gruppentherapie

Freud (1909, S. 339) schrieb in der Analyse der Phobie eines fünf Jahre alten Knaben: „Die Psychoanalyse ist ein Eingriff, sie will verändern". Dies läuft eindeutig auf verändertes Verhalten hinaus.
In der Gruppentherapie tragen bekanntlich alle beteiligten Personen zu Enstehen, Entwicklung und Entfaltung des Gruppenprozesses bei; eine wichtige Voraussetzung dafür, daß sich Veränderungen ereignen können. Dabei ist der Gruppenprozeß die Resultante jener verinnerlichten Objektbeziehungen, die jeder Teilnehmer der Gruppe via Externalisation zum Gruppenprozeß beisteuert. Die Summe der individuellen Interaktionsstrukturen ergibt hierbei zusammen eine gemeinsame Gruppenstruktur, das „Netzwerk" im Sinne von *Foulkes* (1975, S. 18), oder die „Matrix". In anderen Worten: die Summe aller persönlichen Übertragungen der Gruppenmitglieder formiert das, was *van der Kleij* (1982, S. 231) in einer neueren Differenzierung des Foulkesschen Begriffs der Matrix „persönliche Matrix" der Gruppe nennt.
Im Laufe des sich entfaltenden Gruppenprozesses werden die den Symptomen der Teilnehmer zugrunde liegenden traumatisierenden Objektbeziehungs-Muster im Hier und Jetzt der Übertragung und Gegenübertragung wiederbelebt oder wiederinszeniert. Der Gruppenleiter nimmt dabei insofern – in horizontaler Dimension – an der Wieder-Inszenierung teil, daß er sich, mehr oder weniger, in die sich gestaltende Szene

einläßt und die ihm via Übertragung zugewiesene Rolle partiell übernimmt. Im Gegensatz zu den Gruppenmitgliedern hat der Leiter aber auf Grund seiner professionellen Kompetenz zusätzliche Fähigkeiten, die es ihm erlauben, sich aus den partiellen Identifizierungen wieder herauszulösen und in einem weiteren Schritt – in vertikaler Dimension – auf der Grundlage seiner Erfahrungen und auf dem Hintergrund der psychoanalytischen Theorie die Art der in der Szene reaktivierten Objektbeziehungen, deren affektive Besetzung und deren zeitliche Lokalisation einzuschätzen.

Ist der Leiter auf diese Weise zur Einsicht gelangt, dann kann er, in einem weiteren Schritt, die ihm durch das emotionale Partizipieren am Gruppenprozeß und das danach stattfindende kognitive Verarbeiten möglich gewordene Einsicht der Gruppe in Form einer Deutung mitteilen.

Dabei sollte die gegebene Deutung die von *Ezriel* (1952) genannten drei Arten der Objektbeziehungen, nämlich (1) die gewünschte, (2) die gefürchtete und (3) die gemiedene enthalten. Wenn die Deutung „stimmt", dann können die Teilnehmer ihrerseits Einsicht in die wieder-inszenierten Prozesse, bei denen sie jeweils bestimmte Rollen unbewußt übernommen haben, gewinnen. Jedes Gruppenmitglied nimmt ja, je nach seiner individuellen Dynamik, an den sich konstellierenden Gruppenszenen teil. Dabei formieren bestimmte Gruppenmitglieder die Wunschseite, andere die gefürchtete und wieder andere die zu vermeidende Seite der Szene.

Deutet nun der Gruppenleiter in diesem Stadium des Gruppenprozesses das aktuelle Geschehen, dann wird die sich konstellierende Bewegung unweigerlich gestoppt. Das heißt: diejenigen Gruppenmitglieder, die sich der Erfüllung ihrer Wünsche nahe fühlten, werden frustriert. Die sich vor der Katastrophe Fürchtenden werden entlastet und die auf der vermeidenden Seite des Konfliktes stehenden Gruppenmitglieder haben ihre Abwehr nicht mehr nötig. Allen Teilnehmern ist dann Einsicht in die abgelaufenen Prozesse möglich, wenn ihnen deutlich geworden ist, welche Position sie jeweils in dem wiederinszenierten Interaktions-Muster eingenommen hatten.

Nach der Unterbrechung des sich reaktivierenden Interaktions-Musters durch die Deutung des Therapeuten wird das übertragene Interaktions-

Muster „vernichtet“ (*Freud* 1905, S. 281) oder, mit Hegel in philosophischer Sprache ausgedrückt, „aufgehoben“. Ist dies geschehen, haben die Teilnehmer die Chance der „Einsicht durch Interpretation“ als dem einen wichtigen Heilfaktor in der psychoanalytischen Gruppentherapie.

3. Die „korrigierende emotionale Erfahrung“ als der andere wichtige Heilfaktor

Die spezielle Situation einer Gruppe ist eine emotional stark anregende Erfahrung, die die „korrigierende emotionale Erfahrung“ eher erleichtert als erschwert. Es kommt zu vielfältigen Interaktionen zwischen den Teilnehmern untereinander und zwischen den Teilnehmern und dem Leiter, die im Unterschied zu dem, was oben „persönliche Matrix“ genannt wurde, mit van der Kleij die „dynamische Matrix“ bilden. Mit anderen Worten: eine Matrix, die aus den sich real ereigneten dynamischen Interaktionen hervorgegangen ist. Damit wird die Gruppe zu einem Ort inter-personalen Lernens (Yalom 1974), über das die Teilnehmer erfahren können, einerseits akzeptiert zu werden und andererseits andere zu akzeptieren.

4. „Einsicht durch Interpretation“ *und* „korrigierende emotionale Erfahrung“ oder die sieben Schritte des Veränderungsprozesses

Ich bezweifle nun, daß ausschließlich die korrigierende emotionale Erfahrung ausreichen soll, bleibende Veränderungen in Dynamik und Struktur unserer Patienten zu erzielen, wie dies zum Beispiel von Vertretern der Encounter-Gruppen behauptet wird. Es ist vielmehr so, wie in der eingangs aufgestellten Synthese festgestellt wurde, daß hierzu beide Heilfaktoren, nämlich „Einsicht durch Interpretation“ *und* „korrigierende emotinale Erfahrung“ unerläßlich sind.
Der gesamte Veränderungsprozeß kann systematisch in folgende sieben Schritte aufgeteilt werden:

1. Wiederholung der früheren pathogenen infantilen Interaktions-Muster in der Übertragung beziehungsweise im Hier und Jetzt der Gruppensituation
2. Einsicht des Leiters in die entstandene Szene
3. Interpretation durch den Leiter
4. Einsicht auf seiten der Teilnehmer, gefolgt von
5. Zerstörung beziehungsweise Aufhebung des reaktivierten Interaktions-Musters mit der Möglichkeit des nächsten Schrittes, nämlich der
6. Chance einer neuen „korrigierenden emotionalen Erfahrung", gefolgt von
7. Einsicht in die neue „korrigierende emotionale Erfahrung".

Überblicken wie diese sieben Schritte, dann können wir feststellen, daß wir es mit zwei Arten von Einsicht zu tun haben:
1. eine Einsicht, die nach Wiederholung der entscheidenden pathologischen Beziehungsmuster und nach deren Zerstörung diese Interaktions-Muster gleichsam ersetzt und
2. eine Einsicht, die im Anschluß an die korrigierende emotionale Erfahrung folgt.

Ich schlage vor, die der Interpretation folgende Einsicht „Einsicht erster Ordnung" zu nennen, und die Einsicht, die auf die korrigierende emotionale Erfahrung folgt, Einsicht zweiter Ordnung.

5. Fall-Präsentation

Die vorgestellten theoretischen Zusammenhänge sollen durch folgendes Fallbeispiel illustriert werden. Es bezieht sich auf eine Selbsterfahrungsgruppe von Studenten, die sich aus sieben Frauen und einem Mann zusammensetzte, wobei ich der Leiter war.
Von Anfang an übernahm der Mann nahezu die volle Aktivität der Gruppe. Er war es, der den Zeitplan und den vorgegebenen Raum beanstandete, während sich die Frauen schweigsam verhielten und alle Bedingungen akzeptierten.
In einer folgenden Sitzung hatte der männliche Teilnehmer den Platz des

Leiters besetzt. Dabei handelte er nicht, wie jeder zunächst annehmen würde, aus ödipalen Gründen, sondern deshalb, weil er, wie sich später herausstellte, Schutz suchte vor den gefürchteten Angriffen der Frauen (in der Tat hatten zwei Teilnehmerinnen den Mann in der vorausgegangenen Sitzung angegriffen).

Ich interpretierte: „Mir scheint, daß die Frauen sich deswegen so schweigsam verhalten, weil sie Aktivität fürchten, während der Mann deswegen so übertrieben aktiv ist, weil er seinerseits fürchtet, durch die Frauen angegriffen zu werden“. Nach dieser Interpretation der Gruppendynamik im Hier und Jetzt tauchten Erinnerungen auf: auf seiten der Frauen, daß die Mütter von den Väter dominiert gewesen seien, und auf seiten des Mannes, daß dieser als Kind immer Angst hatte, von den älteren Geschwistern attackiert zu werden.

Somit hatte sich in meinem Verständnis des Gruppenprozesses eine infantile Szene in der Übertragung reaktiviert, und zwar auf seiten der Frauen in Richtung auf den Mann und auf seiten des Mannes in Richtung auf die Frauen. Dabei sah der Konflikt in der Ezrielschen Orientierung folgendermaßen aus: Auf seiten der Frauen: (1) Wir fürchten die Katastrophe, nämlich vom Mann genauso dominiert zu werden wie die Mutter vom Vater. (2) Die vermiedene Beziehung: Wir werden uns deswegen heraushalten und still bleiben, sowie (3) die gewünschte Beziehung: Wir sollten uns wehren gegenüber den Männern, so wie die Mutter sich hätte wehren sollen gegenüber dem Vater.

Auf der Seite des Mannes: (1) die gefürchtete Katastrophe: Ich werde wieder mißhandelt von den Frauen so wie meine Geschwister mich als Kind mißhandelt haben. (2) Die vermiedene Beziehung: Ich werde deswegen lieber aktiv sein und handeln, sowie (3) die gewünschte Beziehung: Die Frauen sollten mich nicht angreifen, sondern schätzen.

Nahezu alle Gruppenmitglieder konnten Einsicht in diese Bedingungen gewinnen. Sie konnten auch die Analogie zwischen dem, was gegenwärtig in der Sitzung ablief und dem, was in der Vergangenheit geschah, erkennen. Dies nenne ich „Einsicht erster Ordnung“ als dem einen wichtigen Heilfaktor in der analytischen Gruppentherapie. Natürlich bedurfte es zahlreicher Sitzungen, in denen die Objektbeziehungs-Muster auch in der Beziehung auf den Gruppenleiter wiederholt wurden, um die genannte Einsicht zu einer bleibenden werden zu lassen. In

diesem Zusammenhang hatte eine der Frauen einen Traum: „Ich wollte schwimmen gehen mit Freunden. Die Mutter war aber dagegen. Da protestierte ich: ‚Ich will nicht, daß man mir befiehlt', schließlich blieb ich aber doch zu Hause." Nach diesem Traum konnten die Frauen noch deutlicher als zuvor sehen, in welch extremem Ausmaß sie zuvor schweigsam geblieben waren, in welchem Ausmaß sie sich unterworfen hatten, wie sehr sie diese Seite in sich selbst haßten, und wie neidisch sie deswegen auf den aktiveren Mann in der Gruppe gewesen waren.
In der Schlußphase des Gruppenprozesses begannen die Frauen ihre Einstellung zu ändern, was sich auch in einem veränderten Verhalten auswirkte: Sie wurden mehr und mehr aktiv, kleideten sich bunter und differenzierten sich zusehends in Mimik und Gestik. Auch die gesamte Atmosphäre der Gruppe änderte sich. Erotische Gefühle zwischen Frauen und dem Leiter kamen auf, nun auf einer typisch ödipalen Ebene, gefolgt von rivalisierenden Auseinandersetzungen innerhalb des Dreiecks Frauen – Leiter – Mann.
Schließlich konnten alle Gruppenmitglieder einsehen, daß sie sich auf eine neue Weise emotional verhielten, womit sie zu dem gekommen wären, was ich Einsicht zweiter Ordnung nenne.

6. Unterschiede zwischen klassischen und nach-klassischen Neurosen

Sind die Teilnehmer einer psychoanalytischen Gruppe überwiegend ödipal strukturiert, kommt es in aller Regel im Laufe des Gruppenprozesses zu triangulären Konstellationen, wie in unserem Gruppenbeispiel zwischen Frauen, Mann und Leiter. Die Hauptarbeit des Analysierens besteht dann in dem Herausarbeiten der sich in Übertragung und Gegenübertragung wiederholenden Interaktions-Muster und deren Deutung, gefolgt von Einsicht durch Deutung. Die neuen korrigierenden Erfahrungen entwickeln sich gleichsam spontan und müssen nicht unbedingt besonders beachtet werden.
Bei Patienten mit nach-klassischen Neurosen, (das sind Patienten mit strukturellen Ich-Störungen, wie sie als narzißtische Persönlichkeitsstö-

rungen oder Borderline-Fälle beschrieben werden) ist es notwendig, die neuen korrigierenden emotionalen Erfahrungen und die Einsicht in diese besonders zu beachten. Derartige früh gestörte Patienten müssen erst langsam lernen, sich in Beziehung zu anderen Menschen einzulassen, sich zum Beispiel in ein anderes Gruppenmitglied zu verlieben oder zum ersten Mal Gefühle der Haßregungen in einer Beziehung unmittelbar zum Ausdruck zu bringen.

7. Schlußfolgerungen

Einsicht nach Interpretation und korrigierende emotionale Erfahrung gehören zusammen. Einsicht ohne korrigierende emotionale Erfahrung führt ebensowenig zu bleibenden Veränderungen wie korrigierende emotionale Erfahrung ohne Einsicht. In psychoanalytischer Sicht folgt dabei – zeitlich gesehen – die korrigierende emotionale Erfahrung der Einsicht (erste Ordnung). Es gibt aber auch eine Einsicht *nach* der korrigierenden emotionalen Erfahrung (Einsicht zweiter Ordnung). Bei strukturell ich-gestörten Patienten scheint die korrigierende emotionale Erfahrung eine größere Rolle zu spielen als bei klassischen Neurosen.

Literatur

Alexander, F. & French, T.: Psychoanalytic Therapy. The Ronald Press Company, New York 1946

Ezriel, H.: Notes on psychoanalytic Group Therapy. Interpretation and Research. Psychiatry, 15, 119–126, 1952. Deutsch in: Brocher, T. u. Kutter, P. (Hrsg.): Entwicklung der Gruppendynamik. Wiss. Buchgesellschaft, Darmstadt 1984

Foulkes, S. H.: Praxis der gruppen-analytischen Psychotherapie. Ernst Reinhardt, München/Basel 1975

van der Kleij, G.: About the Matrix. Group Analysis, XV, 3, 219–234, 1982

– (1905) Bruchstück einer Hysterie-Analyse. G.W.V., Imago, London 1942

Freud, S. (1909): Analyse der Phobie eines fünfjährigen Knaben. G.W. VII, Imago, London 1941

Yalom, I. D.: Gruppenpsychotherapie. Grundlagen und Methoden. Ein Handbuch. Kindler, München 1974

3. Tiefenpsychologische Perspektiven

Vorbemerkung des Herausgebers

In der Einleitung war die *tiefenpsychologische* Gruppentherapie von der *psychoanalytischen* Gruppentherapie folgendermaßen abgegrenzt worden: Es kommt weniger zu gesamten Aktionen der Gruppe als Ganzes, in deren Verlauf die einzelnen Teilnehmer unter Nutzung regressiver Prozesse die Funktion innerer Repräsentanzen übernehmen. Die einzelnen Mitglieder sind vielmehr in personenspezifischer Weise in ein gruppendynamisches Feld einbezogen, in dem sie ihre aktuellen Konflikte ohne allzu weitreichende regressive Prozesse gut bearbeiten können. Tiefenpsychologisch fundierte Gruppenpsychotherapie zielt somit im Gegensatz zur psychoanalytischen Gruppentherapie primär nicht auf tief abgewehrte unbewußte Prozesse, sie befaßt sich vielmehr vor allem mit den vorbewußten Inhalten. Annelise Heigl-Evers und Frenz Heigl machen denselben Unterschied in ihrem Göttinger Modell. Im übrigen werden bei den tiefenpsychologisch fundierten Verfahren Übertragung und Widerstand durchaus beachtet, wenn auch nicht so stringent wie in der klassischen Psychoanalyse.
Die im Folgenden vorgestellten tiefenpsychologischen Perspektiven der Gruppe passen in diese Definition, verlangen indes noch eine besondere Charakterisierung: Beim *katathymen Bilderleben* ist zusätzlich zum tiefenpsychologischen Ansatz eine gewisse direktive Komponente nicht zu übersehen. Das Verfahren verdient dennoch als tiefenpsychologisch fundiert bezeichnet zu werden, da es ebenso Widerstand und Übertragung berücksichtigt wie die aus der Psychoanalyse bekannten Theorien. Die *Psychologie C. G. Jungs* benutzt selbstverständlich, schon wegen der gemeinsamen Herkunft, Methoden und Theorien der Psychoanalyse, versteht sich in ihrem Selbstverständnis aber als „analytische Psychologie“ mit eigenständigen Akzentuierungen des Gegenstandes und

der Zielsetzung. Für die Arbeit in Gruppen ist sie besonders wegen ihres Konzeptes des „kollektiven Unbewußten" interessant. In diesem Zusammenhang lassen sich durchaus Parallelen zum Begriff der „Grund-Matrix" ziehen (vgl. den Beitrag von H. L. Behr, L. E. Hearst & G. A. van der Kleij: Die Methode der Gruppenanalyse im Sinne von Foulkes; in diesem Buch). – Auch der neuartige Ansatz eines an *Janov* orientierten Konzeptes der Gruppentherapie, wie er hier zum ersten Mal vorgestellt wird, zielt auf tief unbewußte Konflikte wie die psychoanalytische Methode. Die regressiven Prozesse reichen hierbei, bedingt durch das andere ‚setting' und die längere Zeitdauer, – metaphorisch gesehen – in wesentlich tiefere unbewußte Bereiche, als dies im Rahmen der klassischen Psychoanalyse möglich ist. Beide Verfahren werden dennoch im vorliegenden Buch unter der Rubrik „tiefenpsychologisch fundierte Konzepte" eingeordnet, weil sie sich, im Gegensatz zu den „Psychoanalytischen Konzepten" *methodisch* von der klassischen Psychoanalyse Freunds mehr oder weniger entfernt haben und sich in ihrem Selbstverständnis *eigenständig* definieren.

3.1 Die Gruppentherapie im Rahmen der Analytischen Psychologie

Theodor Seifert (Stuttgart)

Die Psychologie der Gruppe sowie die Formen der Psychotherapie, die sich auf Gruppenprozesse stützen, sind im Bereich der Analytischen Psychologie wenig beachtet und kaum gefördert worden. Die Ursachen hierfür sind vielfältiger Natur und zum Teil in Äußerungen *Jungs* begründet, die darauf schließen lassen, daß er der Gruppentherapie kritisch, wenn nicht gar ablehnend, gegenüberstand. In seinen Schriften finden sich aber an vielen Stellen Hinweise, die man in den weiten Rahmen einer allgemeinen Sozialpsychologie einordnen kann. Bemerkenswert ist dabei, daß diese Äußerungen *Jungs* anscheinend unabhängig von seinen jeweiligen Spezialinteressen sind, also so etwas wie einen roten Faden darstellen, der sich durch das Gesamtwerk zieht. Gemeinsam ist diesen Äußerungen noch ein starkes emotionales Engagement, was sich besonders in den häufig damit verbundenen wertenden Kommentaren zeigt. Es ist sicher unrichtig zu behaupten, *Jung* habe diesen großen Lebensbereich grundsätzlich vernachlässigt. Es läßt sich m. E. nachweisen, daß er sogar zu einem Schwerpunkt seiner Lebensarbeit zu rechnen ist.

Es ist eine reizvolle, aber auch kaum lösbare Aufgabe, sich die Frage zu stellen, welche archetypischen Konstellationen hinter dem Werk eines Forschers stehen. Daß dem so ist, wird wenigstens im Rahmen der Analytischen Psychologie nicht bezweifelt und ist so etwas wie eine grundsätzliche Arbeitshypothese. „Wir sind heute überzeugt, daß es auf allen Wissensgebieten psychologische Prämissen gibt, welche über die Auswahl des Stoffes, die Methode der Bearbeitung, die Art der Schlüsse und über die Konstruktion von Hypothesen und Theorien Entscheidendes aussagen" (*Jung* 1954). Unsere These lautet, daß archetypische Entwicklungen die Grundlage auch des wissenschaftlichen Arbeitens sind, abgesehen von der persönlichen Gleichung. *Fierz* (1963) hat das z. B. für *Keppler* sehr genau nachgewiesen, *Jung* (1952) für die Alchemie, *von Franz* (1952) für *Descartes.*

Archetypisch, wenn auch beim heutigen Stand des Wissens vielleicht noch keinem bekannten Archetypus zuzuordnen, dürfte das Gegensatzpaar Individuum–Kollektivität sein. Verschiedenen psychologischen Schulen liegen verschiedene archetypische Gegensatzpaare zugrunde, die ihre innere Dynamik bestimmen und aufrechterhalten, bis der jeweils konstellierte „Persönlichkeitsanteil" ins Bewußtsein gehoben ist und neue Konstellationen erfolgen. Mir scheint, daß für die Analytische Psychologie, und somit auch für *Jung*, das eben benannte Gegensatzpaar entscheidend ist. *Jungs* Engagement für die Einzelpersönlichkeit, sein Ergriffensein vom allgemein Menschlichen, seine Gegensatzsynthese im Archetypus des Selbst, in dem höchste Individualität und zugleich Kollektivität sich vereinen, sind so deutlich sichtbar, daß wir hier mit einem gewissen Recht einen Angelpunkt der Analytischen Psychologie, ihr Koordinatenkreuz oder Kristallgitter sehen können. *Jung* (1952, S. 64) war von den sich aus diesem Gegensatzpaar ergebenden Fragen fasziniert; auch für ihn gilt: „Jeder Archetypus nämlich ergreift bei seinem Auftreten, und solange er unbewußt ist, den ganzen Menschen und veranlaßt diesen, die entsprechende Rolle zu leben".

Unsere Auseinandersetzungen über das Phänomen Gruppe und die daraus sich ergebenden Konsequenzen für die therapeutische Technik sehe ich vor dem Hintergrund dieser archetypischen Konstellation. *Jung* (1952, S. 64) selbst nennt es „das Gegensatzpaar Kollektivität und Individuum oder Gesellschaft und Persönlichkeit". Aktueller kann es kaum formuliert werden. Das genaue Studium der Schriften *Jungs* zeigt einfach immer wieder, wie hoch aktuell diese Thematik für ihn gewesen ist, wenn auch die Art seiner Beweisführung für viele Leser ungewohnt bleibt und die Brisanz der Fragen damit verdunkelt.

Im folgenden werde ich die Aspekte der Gruppentherapie im Rahmen der Analytischen Psychologie in thesenartiger Form entwickeln und begründen. Die mit dieser Darstellungsform notwendig bedingte Verschärfung und Einseitigkeit ist im Rahmen dieser Erörterung m. E. nur von Vorteil und entspricht außerdem dem dialektischen Stil der Analytischen Psychologie unter Einbezug des möglicherweise Logisch-Paradoxen.

I. Grundsätzliche Thesen

1. Das Gegensatzpaar Individuum und Kollektivität oder Persönlichkeit und Gesellschaft ist eine tragende Basis für die Entwicklung der Analytischen Psychologie und stellt sich bei einer theoretischen Analyse als eine ihrer Grundannahmen heraus, aus der wesentliche Einzelhypothesen wie auch mancher Interpretationsschlüssel deduziert werden können. Für *Jung* (1958, S. 5) hat die „Antinomie individuell–allgemein" grundlegende erkenntniskritische Bedeutung. Er warnt vor Einseitigkeiten, die mit der Verabsolutierung des einen oder anderen Pols verbunden sind. „Da aber die Individualität nur relativ ist, d. h. nur komplementär zur Konformität oder Gleichartigkeit der Menschen, so sind allgemein gültige Aussagen, d. h. wissenschaftliche Feststellungen, möglich. Diese Aussagen aber können sich dementsprechend nur auf jene Teile des psychischen Systems beziehen, welche konform, d. h. vergleichbar, und daher statistisch erfaßbar sind, nicht aber auf das Individuelle, d. h. Einmalige eines Systems. Der zweite fundamentale Gegensatz der Psychologie lautet: Das Individuelle bedeutet nichts gegenüber dem Allgemeinen, und das Allgemeine bedeutet nichts gegenüber dem Individuellen. Es gibt bekanntlich keinen allgemeinen Elefanten, sondern nur individuelle. Aber wenn es keine Allgemeinheit und stetige Vielzahl von Elefanten gäbe, so wäre ein einmaliger, individueller Elefant über alle Maßen unwahrscheinlich" (*Jung* 1958, S. 3). Diese grundsätzliche Feststellung ist für *Jung* die Basis der praktischen Tätigkeit, worauf ich angesichts der vielfachen Kritik gerade an der Wissenschaftlichkeit seines Werkes hier ausdrücklich hinweisen möchte. „Diese logischen Überlegungen scheinen unserem Thema wohl recht fern zu liegen. Insofern sie aber grundsätzliche Auseinandersetzungen mit der bisherigen psychologischen Erfahrung sind, so ergeben sich daraus praktische Schlüsse von erheblicher Bedeutung" (*Jung*, a.a.O. S. 3).

Im differentiellen Sinne kommt dem Gegensatz Persönlichkeit und Gesellschaft die Bedeutung einer archetypischen Basis historischer wie persönlicher Entwicklungen zu, von *Jung* (1952) z. B. in seiner „Psychologie und Alchemie“ beschrieben und etwa in folgendem Satz zusammenzufassen: „Diese Problematik ist insofern modern, als es der Verstärkung des kollektiven Lebens und der unerhörten Massenzusammenhäufung unserer Zeit bedurfte, um den einzelnen seiner Erstickung im Gefüge organisierter Massen bewußt zu machen. Der Kollektivismus der mittelalterlichen Kirche hat selten oder nie jenen Druckgrad erreicht, welcher das Verhältnis des einzelnen zur Gesellschaft zu einem allgmeinen Problem erhoben hätte. Deshalb verharrte auch diese Fragestellung auf dem Niveau der Projektion, und es blieb unserer Zeit vorbehalten, sie einer wenigstens keimhaften Bewußtheit unter der Maske eines neurotischen Individualismus anzunähern“ (*Jung* 1952, S. 641). Das Gegensatzpaar Individuum und Gesellschaft erweist sich somit als eine (oder *die?*) Arbeitsgrundlage der Analytischen Psychologie.

2. *Die beiden Pole des Gegensatzpaares sind gleichwertig*, d. h. Theorie und Praxis der Analytischen Psychologie haben sie entsprechend einzubeziehen.

Die Termini „Individuation“ und „Archetypus“ dürften für eine Kennzeichnung der Analytischen Psychologie wenn nicht ausreichend so doch sehr charakteristisch sein und sie von anderen Schulen unterscheiden, die sie zwar jetzt langsam auch terminologisch assimilieren.

Der Archetypus entspricht einem Aspekt des Allgemeinen, dem Artgemäßen, gewissermaßen Konstruierenden; „es ist die Menschenart des Menschen, die spezifisch menschliche Form seiner Tätigkeiten“ (*Jung* 1954, S. 94). An anderer Stelle betont *Jung* diese Allgemeinheit noch einmal völlig unzweideutig: „Der Archetypus ist ein an sich leeres, formales Element, das nichts anderes ist als eine facultas praeformandi, eine a priori gegebene Möglichkeit der Vorstellungsform. Vererbt werden nicht die Vorstellungen, sondern die Formen, welche in dieser Hinsicht genau den ebenfalls formal bestimmten Instinkten entsprechen“ (*Jung* a.a.O., S. 95).

Die *Sozietät*, wie *Jung* es vielfach nennt, entspricht dem anderen Aspekt des Allgemeinen, dem sich der einzelne gegenübergestellt sieht, ohne die er aber nicht leben kann, die ihn genauso bedingt wie die archetypische Grundlage seiner Existenz. „Der Mensch kann daher nicht ohne die Sozietät existieren, wie er auch nicht sein kann ohne Sauerstoff, Wasser, Eiweiß, Fett usw. Wie diese, so ist auch die Sozietät eine der notwendigsten Existenzbedingungen" (*Jung* 1958 a, S. 112). *Jung* sieht das Ich im Spannungsfeld zwischen zwei kollektiven Mächten: „Das Ich-Bewußtsein erscheint als von 2 Faktoren abhängig: 1. von den Bedingungen des kollektiven resp. sozialen Bewußtseins und 2. von den unbewußten kollektiven Dominanten resp. Archetypen" (*Jung* 1954, S. 583).

Bei dieser These geht es nicht um die später noch zu erwähnenden wertenden Stellungnahmen *Jungs,* sondern um den grundlegenden Ansatz. Dabei ist sein Bemühen, beiden Polen gerecht zu werden, unübersehbar. Äußerungen, die die Bedeutung der Individualität relativieren, sind im Gesamtwerk *Jungs* wahrscheinlich seltener zu finden als solche, die die in der Sozietät sich zeigende Kollektivität kritisieren, aber es gibt sie, z. B. in den „Symbolen der Wandlung" (*Jung* 1952 a, S. 293): „Die Individualität gehört zu jenen bedingten Tatsächlichkeiten, die wegen ihrer praktischen Bedeutsamkeit überschätzt werden; sie gehörten nicht zu jenen überwältigend klaren und sich darum aufdrängenden allgemeinen Tatsachen, auch welche zunächst eine Wissenschaft sich zu gründen hat... Dagegen ist das Unbewußte das Allgemeine, das nicht nur die Individuen unter sich zum Volke, sondern auch rückwärts mit den Menschen der Vergangenheit und ihrer Psychologie verbindet. So ist das Unbewußte in seiner über das Individuelle hinausgehenden Allgemeinheit in erster Linie das Objekt einer wirklichen Psychologie, die Anspruch darauf erhebt, keine Psychophysik zu sein."

Jung war sich der Tatsache einer vielseitigen Bedingtheit der individuellen Existenz voll bewußt, doch wäre es eine übermenschliche Leistung, wollte man angesichts der eingangs erwähnten archetypischen Konstellationen und der.bekannten Wirkungsweisen des Archetypus eine mittlere Haltung durchgängig erwarten. In den Grundlagen ist sie da, und es mag der Psychologe des einzelnen Jungianers überlassen bleiben, wo und wie er seinen Weg innerhalb der Grenzen findet, denn „die Grenzen aber sind festgesetzt, von der Antinomie individuell und allgemein" (*Jung* 1958, S. 5).

3. *Zwischen Individuum und Gesellschaft besteht ein gegenseitiges Bedingunsverhältnis.* Die Entwicklung individueller und kollektiver Verhaltensweisen sind gleichberechtigte und notwendige Ziele einer auf der Analytischen Psychologie fußenden Psychotherapie (*Jung* 1958 a, S. 115). „Indem die Bewußtwerdung der Individualität zwar der natürlichen Bestimmung entspricht, so ist sie dennoch nicht das ganze Ziel. Es kann nämlich unmöglich die Absicht der Menschenerziehung sein, ein anarchisches Konglomerat von Einzelexistenzen zu erzeugen. Das entspräche zu sehr dem uneingestandenen Ideal eines extremen Individualismus, der an sich nichts als eine krankhafte Reaktion gegen den ebenso unzulänglichen Kollektivismus ist. Im Gegensatz dazu bringt der natürliche Individuationsprozeß eine Bewußtheit menschlicher Gemeinschaft hervor, weil er eben das alle Menschen verbindende und allen Menschen gemeinsame Unbewußte zur Bewußtheit führt. Die Individuation ist ein Einswerden mit sich selbst und zugleich mit der Menschheit, die man ja auch ist."
Selbstverständlich wären hier die heute schon zur Selbstverständlichkeit gewordenen Ergebnisse der Sozialwissenschaften einzufügen, doch geht es hier nur um die Begründung der Gruppentherapie innerhalb der Analytischen Psychologie, nicht um ihre allgemeinen Grundlagen.

4. *In der Analytischen Psychologie besteht die Neigung zur Abwertung kollektiver Phänomene,* soweit sie die sozialen Zusammenhänge betreffen. *Kollektives Bewußtsein, Sozietät, Masse werden hauptsächlich nach ihren pathologischen und für den Einzelmenschen verhängnisvollen Folgen hin analysiert und nicht in ihrer Bedeutung als Matrix individuellen Lebens, auch wenn diese Grundlage prinzipiell anerkannt wird.*
Das kollektive Bewußtsein ist für *Jung* oft mit allen -ismen identisch. Diese Zauberworte wirken „am erfolgreichsten gerade bei den Menschen, welche den geringsten Zugang zu den inneren Tatsachen haben und am weitesten von ihrer Instinktgrundlage in die wirklich chaotische Welt des kollektiven Bewußtsein abgeirrt sind" (*Jung* 1954). Nach *Jungs* Meinung ist die Identifikation mit den Vorstellungen und Meinungen des kollektiven Bewußtseins für das Individuum gefährlich, weil damit die Inhalte des kollektiven Unbewußten verdrängt werden und entsprechende Stauungen energetischer Art entstehen. „Eine solche

Identität produziert unfehlbar eine Massenpsyche mit ihrer unwiderstehlichen Katastrophenneigung" (*Jung* 1954, S. 587). Die innere Ordnung der Seele ist für *Jung* „das unerläßliche Instrument zur Reorganisation der kulturellen Gemeinschaft... im Gegensatz zu den heute so beliebten Kollektiv-Organisationen, welche unfertige Halbmenschen zusammenhäufen. Solche Organisationen haben ja nur dann einen Sinn, wenn das Material, das sie anordnen wollen, etwas taugt. Der Massenmensch taugt aber gar nichts, sondern ist bloße Partikel, die den Sinn des Menschseins und damit der Seele, verloren hat" (*Jung* 1958 b, S. 345). An anderer Stelle (*Jung* 1958 a, S. 112) spricht er von einer Anhäufung von Nullitäten, auch das ist ein sehr hartes, wenn nicht überhebliches Urteil über die kollektiveren Formen menschlichen Verhaltens.
Das sind schwerwiegende und wertende Äußerungen, an deren Richtigkeit nur insofern kein Zweifel besteht, als damit nicht das Gesamt der sozialen Prozesse gemeint ist, sondern nur ihre pathologischen Abarten. Angesichts dieser Äußerungen kann man sich kaum noch eine gesunde menschliche Gemeinschaft vorstellen, sondern nur eine schwere Gefährdung des einzelnen durch das soziale Bewußtsein und die Masse. Hier ist m. E. eine Rückbesinnung auf die Grundlagen der Analytischen Psychologie dringend nötig und nicht nur eine Identifizierung mit den persönlichen Meinungen *Jungs*.

5. Die therapeutischen Bemühungen der Analytischen Psychologie zielen bisher ausschließlich auf die Entwicklung des einzelnen ab und sind einer auf den einzelnen hin zentrierten Gesellschaftsauffassung verpflichtet. Soziale und gruppenbezogene Phänomene erhalten von diesem Rahmen her ihren Stellenwert und werden nicht als Phänomene sui generis analysiert. „Ich erachte es daher für die vornehmste Aufgabe der Psychotherapie unserer Gegenwart, unentwegt dem Ziel der Entwicklung des einzelnen zu dienen. Damit folgt unsere Bemühung dem Streben der Natur, in jedem Individuum die größtmögliche Fülle des Lebens zu entfalten, denn nur im einzelnen kann das Leben seinen Sinn erfüllen" (Jung 1958 a, S. 117).
Die Entwicklung einer Gruppe als Gruppe, nicht als Summe von Einzelpersönlichkeiten gesehen, hat von diesem Standpunkt aus keinen Wert, es sei denn, man verstehe sie als Lebensgrundlage des einzelnen Gruppen-

mitglieds. An dieser individualistischen Auffassung ist heute vielfach Kritik geübt worden, man hat dieses Weltbild als typisch bürgerlich und spätkapitalistisch bezeichnet. Bei aller Reserve gegenüber dieser relativen Entwertung der Freiheit und Würde des einzelnen zugunsten einer Gewichtsverschiebung auf die Gruppe hin bleibt die Frage offen, ob sich nicht möglicherweise eine neue Phase der Geschichte anbahnt, bei der es um die Reifung von kleinen und großen Gruppen und eine entsprechende Differenzierung geht. Jung hatte deren Unbewußtheit ja immer wieder betont. Es gibt eigentlich keinen Grund, diese Annahme, daß eine solche Entwicklung jetzt im Sinne der fortschreitenden Bewußtwerdung liege, grundsätzlich abzulehnen.
Die Entwicklung der Ansichten *Jungs* steht stark unter dem Eindruck der Wirkung totalitärer Staatsapparate und einer diesen eventuell ideologisch verpflichteten Psychologie, der gegenüber er die Rechte des einzelnen Menschen mit aller Entschiedenheit vertritt. Er weigert sich, die Psychotherapie „als ein Hilfsmittel zur Erzeugung einer staatlich nützlichen Hilfskraft" anzusehen und sie auf diese Weise zu einem „zweckgebundenen Technizismus" werden zu lassen, „dessen einziges Ziel die Erhöhung der sozialen Leistung sein kann. Die Seele ginge ihres Eigenlebens verlustig und würde zu einer nach staatlichem Gutdünken zu verwendenden Funktion. Was endlich die Heilungsabsicht der Therapie anbelangt, so würde die geglückte totale Eingliederung in das staatliche Gefüge zum Kriterium der Heilung" (*Jung* 1958 a, S. 114). Diese Argumente haben kaum etwas von ihrer Gültigkeit eingebüßt. *Jungs* Kritik an der sozialen Leistungsfähigkeit als Maßstab der Therapie entspricht genau der allgemeinen Diskussion um die Problematik unserer Leistungsgesellschaft.

6. Jungs Auffassung über Sozietät und Masse fußt auf einer heute überholten Massenpsychologie, in der das Phänomen Gruppe nicht beachtet wurde.
Wie z. B. von *Hofstätter* nachgewiesen wurde, sind die Annahmen der alten Massenpsychologie eher affektiv abwehrende Stellungnahmen und nicht sachliche wissenschaftliche Analysen. Die Masse erscheint als das böse Monstrum, gekennzeichnet durch Primitivität, „urweltliche Mordlust und Blutrausch" (*Jung* 1956, S. 117). Der Staat stellt sich

unter diesen Aspekten als eine „Anhäufung aller Nullitäten, aus denen er besteht", dar, und dieses Monstrum liegt geistig und ethisch in jeder Hinsicht weit unter dem Niveau der meisten einzelnen, aus denen es sich zusammensetzt. Diese Kriterien sind „Massenpsychologie in höchster Potenz" (*Jung* 1958 a, S. 112). Demgegenüber erscheint es aber viel konstruktiver, von Großgruppen und nicht von Massen zu sprechen, nomen est omen. So geartete Monstren erschrecken und lähmen den einzelnen. Großgruppen fordern zur Entwicklung von Methoden und neuen Gesichtspunkten heraus, die eine Lösung der vielfältigen und sicher oft gefährlichen Probleme ermöglicht. Gerade dazu sollte und könnte die Analytische Psychologie wichtige Beiträge leisten, nicht zuletzt auf Grund der von ihr erkannten kompensatorischen Dynamik von kollektivem Bewußtsein und kollektivem Unbewußtem. Zwischen diesen beiden Mächten muß das Ich des einzelnen sich behaupten. „Das ist aber nur dann möglich, wenn es sich nicht nur des einen sondern auch des anderen bewußt ist" (*Jung* 1954, S. 585). Daraus folgt für die Praxis der Psychotherapie die Notwendigkeit, beide Aspekte in den Bewußtwerdungsprozeß einzubeziehen. Dafür bieten aber globale und von vornherein negativ bewertete Massenkonzepte keine Basis. Sie führen nur zu erneuter Distanzierung, nicht zur inneren und äußeren Auseinandersetzung. Hier bietet die Gruppenpsychologie Ansätze an, die eine Verwirklichung der von *Jung* angestrebten Ziele möglich erscheinen lassen.

7. Die Kritik Jungs an der Masse und ihre das Individuum gefährdende Wirkung ist über den Einbezug des Gruppenphänomens in den therapeutischen Verlauf überwindbar.

Eine Einzeltherapie, die vor dem Hintergrund einer so gefährlich gezeichneten Masse abläuft, wird die Gefährdung des Individuums nicht aufheben, da ihm die konkrete Erfahrung seiner sozialen Reaktionen, insbesondere aber aller Identifikationsbereitschaften, vorenthalten wird. Die Gruppentherapie fördert nicht die Vermassung, sie beugt ihr vor durch Bewußtwerdung der eigenen Erlebnisweisen in der Gruppe. Um der Gefährdung, die in der ständigen Identifikation und damit im Verlust des individuellen Eigenlebens liegen, zu begegnen, schlägt *Jung* die Bewußtwerdung des eigenen Schattens und der Archetypen vor (*Jung*

1954, S. 587). Nach den hier erörterten Befunden ist aber eine Ergänzung im Sinne des Gruppengeschehens empfehlenswert.

Jung (1955, S. 11) kritisiert „jene moderne Tendenz ..., den inneren Zusammenhalt des Menschen durch äußere Gemeinschaft zu ersetzen, wie wenn einer, der keine Gemeinschaft mit sich selber hat, einer äußeren überhaupt fähig wäre“. Er bezeichnet diese Tendenz als verwerflich und sieht darin den Nährboden für eine Vermassung. Was *Jung* behauptet, ist folgendes: Innere Spaltung und Verdrängung soll durch äußere Gemeinschaft künstlich überbrückt und negiert werden. Zum anderen soll die Verselbständigung des einzelnen durch Einbettung in eine wie auch immer geartete Gemeinschaft umgangen, vielleicht auch bewußt verhindert werden. Gerade an dieser Stelle läßt sich aber sehr genau zeigen, wie die Gruppentherapie eine mögliche Antwort auf das von *Jung* formulierte Problem darstellt. Ein großer Teil der praktischen Arbeit in der analytischen Gruppe läuft darauf hinaus, die inneren Parallelen der äußeren, sozialen Interaktionen in der Gruppe sehen zu lernen und sich den eigenen inneren Anteil bewußtzumachen. Das heißt, daß der Außenseiter, der aggressiv abgelehnt oder ausgestoßen wird, gleichzeitig der dunkle innere Bruder ist, den man nicht annehmen kann. Es geht um das Wiedererkennen der inneren Prozesse im sozialen Geschehen. Damit bietet aber gerade die Bewußtwerdung der in der Gruppe verlaufenden Prozesse die Möglichkeit, den inneren Zusammenhalt des Menschen zu fördern und seine Neigung, ihn durch äußere Zusammenhalte zu ersetzen, dabei aber infantil und unbewußt zu bleiben, zu bearbeiten. Damit geschieht über die soziale Interaktion das Werden der inneren Vollständigkeit, die *Jung* unter anderem als Ziel der analytischen Arbeit formuliert hat. In diesem Zusammenhang ist darauf zu verweisen, daß der Unterschied der therapeutischen Gruppe zur anonymen oder spontan in sozialen Zusammenhängen sich bildenden Gruppe unter anderem in der Anwesenheit des Therapeuten liegt, der deutend eingreift. Eventuell auftretende Mordgelüste oder Neigungen zur Lynchjustiz, wie sie ja in Großgruppen genügend bekannt sind, werden genauso behandelt und gedeutet wie Ausdrucksformen des individuellen Sadismus in der Einzelbehandlung.

Die bisherigen Ausführungen zusammenfassend, möchte ich folgendes feststellen:

Analytische Psychologie und Gruppentherapie schließen sich nicht aus. Die Gruppentherapie bietet die Möglichkeiten, zentrale Fragen der Analytischen Psychologie, nämlich die der Festigung des einzelnen angesichts der Gefahren in Großgruppen, konstruktiv zu bearbeiten.
Die Analytische Psychologie muß sich um eine differenzierte Bearbeitung beider Pole des Gegensatzpaares Persönlichkeit und Kollektivität bzw. Gesellschaft bemühen. Eine Verteufelung des einen Pols erhöht die energetische Wertigkeit des anderen mit allen bekannten Folgen der Dissoziation, Autonomie und Pathologie.
Die Außerachtlassung des Gruppenphänomens ist angesichts der Wichtigkeit der damit zusammenhängenden Fragen nicht vertretbar.
Einbezug der Gruppentherapie in den Rahmen der Analytischen Psychologie heißt nicht, sie zu *der* Therapieform zu erklären, es heißt Ergänzung bewährter Konzepte und Techniken in theoretischer und praktischer Hinsicht.

II. Differenzielle Thesen zur Gruppentherapie im Rahmen der Analytischen Psychologie.

Die bisherigen Erörterungen sollten die Vereinbarkeit von Gruppentherapie und Analytischer Psychologie aufzeigen sowie ihre Stellung im Rahmen der Theorie und Praxis begründen. Ich habe versucht, das ausführlich mit Äußerungen *Jungs* zu vergleichen und dann entsprechende Schlüsse zu ziehen. Die folgenden Thesen beziehen sich auf die Ansätze zur praktischen analytischen Arbeit mit Gruppen.

8. Die Konzepte der Analytischen Psychologie sind als Wahrnehmungs- und Interaktionsstile auf die Gruppe anwendbar, unterscheiden sich aber von den Eigengesetzlichkeiten der Gruppe.
Es hat den Anschein, als seien Gruppen zum Tummelplatz aller möglichen Auffassungen geworden, seien sie politischer, religiöser, wissenschaftlicher oder sonstiger Herkunft. Die Gruppe muß gewissermaßen dafür herhalten, daß an ihr, unterstützt durch entsprechende Manipulationen, die Richtigkeit der jeweiligen Auffassungen bewiesen wird. Es

ist aber anzunehmen, daß die Gruppe als Teil des grundsätzlich menschlichen Verhaltensmusters primär nicht dazu dienen sollte, Ideologien zu beweisen. Sie ist ein Lebensphänomen sui generis der Gattung Mensch und auch bei Tieren nicht unbekannt. Sie hat ihre eigenen Gesetze. Diese Gesetze, auch wenn sie erst zum Teil bekannt sind, möchte ich klar von der Anwendung anderer, im Grunde gruppenfremder Theorien auf die Gruppe unterscheiden. Genauer gesagt: In der Gruppe oder mit Hilfe der Gruppe ist es möglich, die einen oder anderen Erlebnisweisen bzw. Einsichten zu vermitteln, den einzelnen Gruppenmitgliedern bei der Erreichung bestimmter Ziele zu helfen, die Gruppe als solche ist davon aber streng zu unterscheiden. In diesem Sinne spreche ich von Wahrnehmungs- und Interaktionsstilen, Sichtweisen und Verhaltensformen, die an die Gruppe herangetragen werden. Ein Jungianer bringt andere Konzepte in die Gruppe ein als etwa ein Psychoanalytiker oder ein Quäker.

9. Die Gruppe ermöglicht eine Bewußtwerdung des kollektiven Bewußtseins als eines Systems von Selbstverständlichkeiten, allgemeinen Grundsätzen und „Wahrheiten", in denen der Mensch lebt und mit denen er voll identifiziert ist.

Jung ist nie müde geworden, auf die große Gefährdung des Individuums durch den Einbruch kollektiver Mächte, vorzugsweise über den Mechanismus der Identifikation, hinzuweisen. Das Ich muß eine Mittelstellung einnehmen können, sich möglichst mit keiner der beiden Seiten identifizieren, weder der des kollektiven Bewußtseins noch der des kollektiven Unbewußten. „Selbst wenn es sich um eine große Wahrheit handeln sollte, so wäre die Identifizierung damit doch so etwas wie eine Katastrophe, indem sie nämlich die weitere geistige Entwicklung stillstellt" (*Jung* 1954, S. 585).

Die Bewußtwerdung der Selbstverständlichkeiten beginnt oft mit ganz einfachen Alltagsfragen. Da geht es um das Problem, immer gut sein zu müssen, nichts falsch machen zu dürfen, egoistische Regungen grundsätzlich zu unterdrücken usw. Jedes der einzelnen Gruppenmitglieder bringt eine Menge solcher Grundsätze in den Gruppenprozeß ein. Die Auseinandersetzung ermöglicht die Bewußtwerdung wenigstens 8 verschiedener Ausschnitte des kollektiven Bewußtseins, die sich natürlich

teilweise überschneiden, aber auch nuancieren. Der Vergleich der jeweiligen Selbstverständlichkeiten und moralischen Grundsätze, nach denen der einzelne bisher, oft voller Angst, gelebt hat, gehört zu den eindringlichsten Erlebnissen in einem Gruppenprozeß. Vollständigkeit kann und braucht nicht angestrebt zu werden, aber die Fähigkeit eines bewußteren Umgangs mit diesen kollektiven Mächten und den entsprechenden Introjekten wird entwickelt. Es geht oft um die Fähigkeit, die eigenen Reaktionen, etwa die einer angstvollen Identifikation, einer Verleugnung des eigenen Gefühls angesichts moralischer Grundsätze oder überhaupt die Einmaligkeit der eigenen Existenz kennenzulernen. All dies kann m. E. in der Gruppe eindeutig besser erlangt werden als in der Einzeltherapie. Damit wird die Gruppe zu einer Möglichkeit einer gesellschaftlichen Psychohygenie. Die Erweiterung und Differenzierung des individuellen Bewußtseins ermöglicht dann die Emanzipation von den kollektiven Gesetzmäßigkeiten, und „proportional seiner Erweiterung wächst der Grad der empirischen Willensfreiheit" (*Jung* 1954, S. 501).
Demgegenüber liegt in der Einzelanalyse die Gefahr, das System eigener Selbstverständlichkeiten mit dem seines Analytikers zu vertauschen. Dieses Risiko ist auf Grund der ganz anders gearteten Übertragungsverhältnisse in der Gruppe geringer.

10. In der Gruppe zeigen sich die verschiedenen Einstellungstypen und Bewußtseinsfunktionen. Das ermöglicht Einsicht in die eigene typologisch bedingte Einseitigkeit der Sicht- und Erlebnisweise und der daraus resultierenden inneren und äußeren Konflikte.
Es ist in der Einzelbehandlung bekanntlich sehr schwierig, dem Analysanden die Reaktion und Reaktions- und Erlebnisweise eines anderen Einstellungs- oder Funktionstypus aufzuzeigen. Beschreibungen oder das Nachlesen bei *Jung* hilft wenig, selbst wenn der eigene Typus einigermaßen bekannt sein sollte. In der Gruppe ergibt sich diese Erfahrung von selbst und ist konkret faßbar. Die Zusammenhänge, die zwischen bestimmten Mißverständnissen oder Aversionen und typologischen Gegensätzen bestehen, werden bewußt. Wird diese Seite menschlichen Verhaltens durchsichtig, so führt die Anerkennung prinzipiell anderer aber eben gleichberechtigter Sichtweisen zu einer größeren Toleranz

und Einfühlung in Andersdenkende, zu einer bewußteren Gemeinschaft.

Die Interaktionen in der Gruppe zeigen die ganze, oft neurotische Dynamik, wie sie sich aus der Einseitigkeit der bewußten Einstellungen ergibt. Die freie Interaktion der Gruppenmitglieder, analog der freien Assoziation in der Einzelanalyse, ermöglicht die Entwicklung der gesamten Affektivität, die zur Verteidigung einer eigenen Bewußtseinsdominante aufgeboten werden kann. Wie *Jung* gezeigt hat, ist die bewußte Einstellung „immer zum mindesten eine Art Weltanschauung, wenn sie nicht geradezu eine Religion ist" (*Jung* 1960, S. 566).

Die ganze Vielfalt der Konflikte innerer und äußerer Art, wie sie sich aus der Typenfrage ergeben, spiegeln sich in der Dynamik der Gruppe wider und bieten eine Fülle von Erlebnis- und Einsichtsmöglichkeiten, die ohne Einbezug der Gruppentherapie m. E. viel schwieriger, wenn überhaupt, gewonnen werden können. Ohne Gruppe ist der Analytiker ausschließlich auf die Erfahrungen angewiesen, die der Analysand von außerhalb berichtet. In der Gruppe kann er das Kontaktverhalten direkt beobachten und bearbeiten.

Der Gegentypus stellt gewisse Aspekte der eigenen unbewußten Seite dar, das heißt aber, über die Interaktion in der Gruppe bahnt sich der Weg zum eigenen Unbewußten, dessen Einbeziehung wiederum die sozialen Interaktionen im Sinne der Verselbständigung und Toleranz verändert.

11. Der „Schatten" wird in der Gruppe rascher und intensiver erlebbar als in der Einzeltherapie.

Das alte Wort vom Balken im eigenen und vom Splitter im Auge des anderen wird in der Gruppe zum aktuellen Erlebnis. Sowohl die persönlichen als auch die kollektiven Schattenaspekte, durchaus auch in geschlechtsspezifischer Hinsicht, zeigen sich in der Gruppe oft schon nach kürzester Zeit mit aller wünschenswerten Deutlichkeit. Dabei ist es im Grunde gleichgültig, ob Rivalitäten, Angst und Heuchelei, sadistische Impulse usw. als aus der persönlichen Geschichte kommend oder als Möglichkeit der menschlichen Bosheit überhaupt angesehen werden. Diese theoretischen Rahmen sind von geringerer Bedeutung als das intensive Eifersuchtserleben in einer Gruppe, aus dem dann mühsam der

langwierige Weg zum bewußten Umgang mit diesen Reaktionen gesucht und erlernt wird. Bekanntlich gehören auch viele unserer zärtlichen Regungen in den Schattenbereich. In unserer Zeit wird, und bei unseren Patienten nicht zuletzt durch den Einfluß der Wertungen des Therapeuten, die Entwicklung aggressiver Strebungen gefördert, um nicht zu sagen gefordert. Den zärtlichen Regungen und dem Ausdruck der Liebe schenkt man weniger Beachtung. In der Gruppe fällt es dem einzelnen durchaus leichter, seine Wut über ein anderes Gruppenmitglied zu äußern und sich eigene aggressive Impulse bewußt zu machen, als ihm zu sagen, daß er jetzt ein warmes Gefühl empfindet und ihm eigentlich übers Haar streichen möchte. Mut zum Zärtlichsein, aber auch Mut, sich zu verteidigen oder mit offenem Visier zu kämpfen und nicht die alten, von Kindesbeinen an erlernten Schleichwege in der Auseinandersetzung mit dem Nächsten zu begehen, kann sich in der Gruppe entwickeln. Im Endeffekt vielleicht ein „Mut zum Sein", wie *Tillich* (1958) es einmal genannt hat.
Die Erkenntnis des Schattens wird von *Jung* (1955, S. 279) einmal als „der einzige Schutz gegen die kaum zu überschätzenden Gefahren der Überwältigung durch die politische Propaganda" bezeichnet. Die Frage des Schattens beschränkt sich eben nicht nur auf die Abweichungen von der bekannten bürgerlichen Moral, sondern überhaupt auf den Umgang mit dem noch Lebendigen und wirklichen Primitiven im zivilisierten Menschen (*Jung* 1955, S. 279). Der Schatten zeigt die Grenze der Vernunft, und genau diesen Prozeß kann jedes Gruppenmitglied bei sich und bei den anderen – da natürlich zuerst – beobachten.

12. Die Gruppe ermöglicht eine nuancierte Begegnung mit dem anderen Geschlecht als dem äußeren und inneren Problem.
Wie in der Einzelanalyse sind auch in der Gruppenbehandlung Partnerschafts- und Ehefragen ein häufiges Thema. Es hat mich immer wieder fasziniert zu beobachten, wie dem einzelnen Gruppenmitglied grundsätzliche Erkenntnisse über das andere Geschlecht anhand der vorgetragenen Äußerungen oder berichteten bzw. selbst beobachteten inneren Reaktionen erwachsen sind. Vergleiche zum eigenen Partner, die ein anderes Gruppenmitglied förmlich aufdrängt, oder Parallelen zu Vater und Mutter werden ganz anders erlebbar als es von der Einzelbehand-

lung her bekannt ist. Ganz besonders aber zeigen sich die eigenen Reaktionen, seien sie Haß, Mitleid, Schutzbedürfnis, Anklammerungswunsch usw. Über die Gruppe erlernt der einzelne den Umgang mit seiner eigenen Seele angesichts des Partners, er erlernt die Rücknahme von Erwartungen, Projektionen und infantilen Wünschen, er lernt sehen, wie er dem anderen seine eigene Selbstverwirklichung aufbürdet, wie er wünscht, daß der andere das realisiert, was er selbst tun möchte und sollte. Das ist m. E. der Ansatz zur Analyse von Anima und Animus, obwohl ich diese Begriffe in der Gruppe nie brauchen würde. Die Realität des eigenen Gefühls, der eigenen Weichheit, aber auch der eigenen Tatkraft oder Sinngebung wird dann zur bewußten Aufgabe und kann nicht mehr auf den anderen verschoben werden. Ich möchte nicht behaupten, daß dieses „Meisterstück" der Auseinandersetzung mit Anima oder Animus, wie *Jung* (1954, S. 39) es einmal genannt hat, in der Gruppe geleistet werden könnte. Die Gruppe bietet aber eine ganz wesentliche Hilfestellung, dieses das ganze Leben durchziehende Problem bewußter zu sehen und zu bearbeiten. Es scheint mir auch wesentlich, daß viele Anima- und Animus-Projektionen in der Gruppe erlebbar werden und dadurch wahrscheinlich konflikthafte Verwirklichungen, die sonst das Leben komplizieren würden, wenigstens zum Teil vermieden werden können.

13. Archetypische Phänomene können im Gruppenprozeß nachgewiesen werden.

Diese These möchte ich von mehreren Aspekten her kommentieren:
a) Das Gruppenphänomen als solches könnte mit Fug und Recht als „archetypisch" bezeichnet werden. Es entspricht m. E. den in der Analytischen Psychologie verwendeten Kriterien. Damit ist das Gruppenerleben als solches ein Rückbezug oder Einbezug einer archetypischen instinkthaften Basis unseres Lebens und als solcher eine notwendige Ergänzung des individuellen Bewußtseins. Viele grundlegende Erlebnisse, wie Initiation, Wandlungsmysterium, Wiedergeburt, religiöse Offenbarung, können auch über die Gruppe gehen, wobei allerdings die zentrale Stellung des einsamen Ringens mit der Gottheit nicht übersehen werden darf.
b) Die Gruppe vermittelt das Erlebnis eines tragenden Grundes, eines

Nährbodens, aus dem man leben kann. Das provoziert alle uralten Sehnsüchte nach Geborgenheit und mütterlichem Schutz, wie sie jeder Mensch kennt und wie sie durch entsprechende Kindheitserlebnisse noch erheblich verstärkt werden können. Aber gerade dieses Erlebnis und die Bewußtwerdung dieser Sehnsüchte nach einem verlorenen Paradies gehören m. E. zu den wesentlichen Einsichtsmöglichkeiten, die in der Gruppentherapie vermittelt werden können. Eine Durcharbeitung dieser allgemein-menschlichen Fragen bietet einen gewissen Schutz, Geborgenheit noch dort zu suchen, wo doch nur Ideologien verkauft werden und der einzelne um seine Seele betrogen wird. Natürlich besteht die Gefahr, in der Gruppe erneut Vater und Mutter zu sehen, doch ist dieses Risiko einer permanenten Bindung bei keiner analytischen Arbeit völlig auszuschließen und bei ich-schwachen Strukturen auch wahrscheinlich.

c) Von psychoanalytischer Seite (Bion 1971, *Foulkes & Anthony* 1971) wurde auf Gruppenphänomene hingewiesen, die durchaus als archetypische Phantasien bezeichnet werden können. Der von *Foulkes* (1971) verwendete Begriff der *Matrix,* die sich im Laufe des Gruppenprozesses bildet und aus der die Gruppe schöpft, scheint mir eine andere sprachliche Formulierung dessen zu sein, was wir mit Mutter-Archetypus meinen.

Bions (1971, S. 111) Beobachtung der „*basic assumption*" knüpft ebenfalls an unsere Vorstellung vom Archetypus an. Er spricht die Befürchtung aus, „daß der einzelne aus der Gruppe Vater und Mutter macht und dabei so abhängig, unsicher und infantil bleibt, wie er war". Das Risiko der Gruppentherapie besteht für ihn im Steckenbleiben auf kollektivem Niveau. Diese Gefahr besteht sicher bei der Eingliederung in eine nichtanalytische Gruppe, im Rahmen der Gruppentherapie scheint mir aber der Bewußtwerdungsprozeß so im Vordergrund zu stehen, und außerdem scheint mir die Chance zu bestehen, daß dem einzelnen gerade diese „notorische Neigung des Menschen, sich an andere und an -ismen anzuklammern, anstatt Sicherheit und Selbständigkeit in sich selber zu finden" immer neu bewußt wird. Gerade über die Gruppe läßt sich diese uralte Schwäche überwinden.

Zusammenfassend erscheint mir folgende These berechtigt:

14. Die Gruppe eröffnet Möglichkeiten, strukturelle und dynamische Konzepte, wie sie die Analytische Psychologie vertritt, bewußt zu machen und durchzuarbeiten. Sie fördert die Entwicklung des einzelnen, wie sie im Rahmen der Analytischen Psychologie gesehen wird.

Literatur

Bion, W. R.: Erfahrungen in Gruppen und andere Schriften. Klett, Stuttgart 1971

Fierz, M.: Symbole in der Wissenschaft. In: Traum und Symbol, S. 11–13. Rascher, Zürich 1963

Foulkes, S. H.: Dynamische Prozesse in der gruppenanlytischen Situation. In: Heigl-Evers, A. (Hrsg.): Psychoanalyse und Gruppe. Vandenhoeck & Ruprecht, Göttingen 1971

Foulkes, S. H. & Anthony, E. J.: Group Psychotherapy, the Psychoanalytic Approach. A Pelican Original, Harmondsworth 1971

Franz, M.-L. von: Der Traum des Decartes. In: Zeitlose Dokumente der Seele. Rascher, Zürich 1952

Jung, C. G.: Psychologie und Alchemie. Rascher, Zürich 1952

Jung, C. G.: Symbole der Wandlung. Rascher, Zürich 1952 a

Jung, C. G.: Von den Wurzeln des Bewußtseins. Rascher, Zürich 1954

Jung, C. G.: Mysterium Conjunctionis. Band 1. Rascher, Zürich 1955

Jung, C. G.: Mysterium Concunctionis. Band 2. Rascher, Zürich 1956

Jung, C. G.: Grundsätzliches zur praktischen Psychotherapie. Rascher, Zürich 1958

Jung, C. G.: Psychotherapie in der Gegenwart. Rascher, Zürich 1958 a

Jung, C. G.: Die Psychologie der Übertragung. Rascher, Zürich 1958 b

Jung, C. G.: Psychologische Typen. Rascher, Zürich 1960

Tillich, P.: Der Mut zum Sein. Steingrüben, Stuttgart 1958

3.2 Gruppenpsychotherapie mit dem Katathymen Bilderleben

Ulrich Sachsse und Leonore Kottje-Birnbacher (Göttingen)

1. Einführung

Die Psychotherapie mit dem gemeinsamen Katathymen Bilderleben der Gruppe (GKB) ist *eine Form tiefenpsychologisch fundierter Gruppenpsychotherapie.* Wie die Einzeltherapie mit dem KB basiert sie auf den Erklärungsprinzipien, den Zielsetzungen und der Methodik der psychoanalytischen Theorie (*Leuner* 1980). Wie bei jeder tiefenpsychologisch fundierten Arbeit geht es um „die Aufdeckung und Verarbeitung von Konflikten, in die das sich entwickelnde Ich in der Auseinandersetzung mit den unbewußten Triebimpulsen und der realen Umwelt, seinem Über-Ich und unter dem Druck hoher Ich-Ideal-Anforderungen geraten ist" (*Preuss* 1975)[1].

Damit *die in der Kindheit erworbenen Konfliktlösungsmuster* sich in der Gruppe *durch Projektion und Übertragung auf die Gruppenmitglieder, die Gesamtgruppe* und *den Gruppenleiter* darstellen können, gelten die technischen Grundregeln der tiefenpsychologischen Gruppentherapie (*Heigl-Evers* 1967):

1. Die *Minimalstrukturierung:* Der Therapeut bleibt in der Position eines teilnehmenden Beobachters und orientiert sich am Abstinenzprinzip.

[1] Der Begriff „tiefenpsychologisch fundiert" wird hier in seinem umfassenderen Sinn verwendet. Er ist nicht zu verwechseln mit der speziellen Bedeutung, die ihm im Göttinger Modell der Gruppenpsychotherapie zugelegt wird (*Heigl-Evers* und *Heigl* 1975). Vgl. auch die Vorbemerkung des Herausgebers, S. 171 f.

2. Die *freie Interaktionsregel:* Der Therapeut fordert die Teilnehmer auf, jeder möge sich in der Gruppe so freimütig äußern, wie es ihm möglich ist (*Heigl* 1978). – Die freie Interaktionsregel entspricht der freien Assoziationsregel in der psychoanalytischen Einzeltherapie.
3. Die *Aufforderung zur Verschwiegenheit,* damit die freie Interaktion ermöglicht, zumindest erleichtert wird.

Eine Gruppengröße von 6–9 Teilnehmern und eine Sitzungsdauer von etwa 2 Zeitstunden ermöglichen eine optimale Arbeit.
Projektionen und Übertragungen manifestieren sich bei der Gruppentherapie mit dem KB nicht nur an den anderen Gruppenmitgliedern, der Gesamtgruppe und dem Gruppenleiter. Mit der Gruppenimagination kommt ein neues Medium für die bildliche Darstellung internalisierter Objektbeziehungen, andrängender Triebimpulse und ihrer Verarbeitungen hinzu, so daß der Gruppenprozeß auf zwei Ebenen geschieht: Der Ebene des Gespräches und der Ebene der gemeinsamen Gruppenimagination[2].

2. Geschichtliche Entwicklung

Das Katathyme Bilderleben wurde von *Leuner* seit 1955 systematisch zu einer psychoanalytisch orientierten Psychotherapie entwickelt (*Leuner* 1980). Es stellt inzwischen ein *System gestaffelter Methoden und Regieprinzipien zur Handhabung des Tagtraumes in der Psychotherapie* dar. Für die Gruppentherapie mit dem KB wurde besonders die Entwicklung des assoziativen Vorgehens bedeutsam, bei dem es – in Analogie zur freien Assoziation der Psychoanalyse – zu einem „*Assoziieren in Bildern*" kommt (*Leuner* 1964). Unter Mitarbeit von *Nerenz* (1965) und *Plaum* (1967) wurde es zum Katathymen Bilderleben mit Musik (mKB) weiterentwickelt, das von *Plaum* erstmals in einer Gruppe ein-

[2] Die Minimalstrukturierung und das Abstinenzprinzip des therapeutischen Handelns werden u. E. durch die Einführung der Gruppenimagination nicht inhaltlich beeinträchtigt. Denn die Ausgestaltung dieser äußeren Vorstrukturierung bleibt der Gruppe überlassen. Einleitung und Beendigung der Gruppenimagination ist eine formale Aufgabe des Therapeuten, wenn sein Handeln auch natürlich zum Übertragungsauslöser (*König* 1976) werden kann.

gesetzt wurde. Die dort begonnene Technik des „Einzeltraumes in der Gruppe" wurde von *Kreische* ausgearbeitet, in ihren Wirkfaktoren theoretisch untersucht und in ihrer Wirksamkeit statistisch belegt (*Kreische* 1976, *Kreische und Sachsse* 1978). Diese „*Technik I*" der Psychotherapie mit dem KB in der Gruppe ist eine *leiter-zentrierte Einzelpsychotherapie in der Gruppe* (vgl. *Wolf und Schwartz* 1962, *Heigl-Evers* 1972).

In der Abfolge *parallel zur historischen Entwicklung der analytischen Gruppenpsychotherapie* (*Heigl-Evers* 1972) folgte dann die Entwicklung des *gemeinsamen Katathymen Bilderlebens in der Gruppe*, das die Gruppendynamik und die aus ihr resultierenden Gruppenprozesse diagnostisch und therapeutisch miteinbezieht (*Kreische* 1976, *Sachsse* 1979), die sogenannte „*Technik II*". Diese Technik der Gruppentherapie mit dem KB soll hier in gedrängter Form vorgestellt werden[3].

3. Der Ablauf einer Gruppensitzung

Die Gruppe sitzt auf dem Boden, auf Decken oder Matten, und *einigt sich* zunächst auf ein *gemeinsames Thema* für die Gruppenimagination. Dann *legen sich die Gruppenmitglieder* auf den Rücken und schließen die Augen. Der *Gruppentherapeut fordert dazu auf, sich zu entspannen.* Während der Gruppenimagination ist er stiller Beobachter.

Ein Gruppenmitglied beginnt, sein Bilderleben den anderen zu schildern. Ein anderes schließt sich an, entweder indem es die Bildinhalte des Vorgängers aufgreift und fortführt, oder indem es ein eigenes, anderes Bild gegenüberstellt. Die Gruppenmitglieder entwickeln so *eine gemeinsame Gruppenimagination.* Nach 20–30 Minuten beendet der Therapeut die Gruppenimagination.

In einer *ersten Bearbeitungsphase*, noch auf dem Boden, lassen die Gruppenteilnehmer das Erleben auf der Bildebene nachklingen. Der

[3] Eine ausführliche Darstellung der Gruppenpsychotherapie mit dem Katathymen Bilderleben ist in Vorbereitung: *H. Leuner, L. Kottje-Birnbacher, R. Kreische, U. Sachsse*, Gruppenpsychotherapie mit dem Katathymen Bilderleben, Verlag Hans Huber, Bern, Stuttgart, Wien. – In diesen Beiträgen werden auch die theoretischen Konzepte, die der Diagnostik und den therapeutischen Strategien zugrunde liegen, ausführlich dargelegt.

		Diagnostische Wahrnehmungseinstellung des Therapeuten
Themenfindung	10–15 Min. a. d. Boden	1. Welche Wünsche kündigen sich durch die Themenvorschläge an? Aus welchen Antriebsbereichen stammen diese Wünsche? 2. Welche soziodynamische Funktionsverteilung bildet sich in dieser Phase?
Gruppenimagination	20–30 Min. sternförmig liegend	1. Welche Wünsche aus welchen Antriebsbereichen stellen sich in den Gruppenimaginationen dar? 2. Welche dieser Wünsche werden von den Gruppenmitgliedern erlebt oder ausgelebt? Welche werden aus der Gruppe hinaus projiziert? In welchen Bildinhalten äußert sich die Übertragung auf den Therapeuten? 3. Auf welche genetische Stufe der Trieborganisation und der Ich-Entwicklung regrediert die Gruppe? Welcher Art sind die in der Gruppenimagination dargestellten inneren Objekte? 4. Welche soziodynamische Funktionsverteilung bildet sich unter den Gruppenmitgliedern heraus? Welche Rollen werden Nicht-Gruppenmitgliedern zugeschrieben?
Erste Bearbeitungsphase	20–30 Min. a. d. Boden	1. Welche Bildinhalte werden aufgegriffen, welche nicht? 2. Welche Emotionen sind spürbar? Wo zeigen sich Erlebnislücken? Wo sind Emotionen kohärent, wo inadäquat? 3. Welche Konfliktebene schält sich aus den Interaktionen heraus?
Zweite Bearbeitungsphase	45–60 Min. auf Stühlen oder Sesseln	1. Welche Konflikte werden bearbeitet? 2. Wie werden die Konflikte im Hier und Jetzt der Gruppe verarbeitet? Wie sind die Interaktionen der Gruppenmitglieder auf dem Hintergrund theoretischer Konzepte (Segment-Modell oder Göttinger Modell) verstehbar?

Gruppentherapeut beginnt nun zu intervenieren, zunächst schwerpunktmäßig mit dem Ziel, emotionales Erleben zu klarifizieren und zu vertiefen.

In einer *zweiten Bearbeitungsphase im Sitzen* auf Sesseln oder Stühlen

Therapeutenverhalten	Vgl. Abs.
Nur in der Anfangsphase einer Gruppe Vorgabe oder Vorschlag des Themas. i. A. keine Interventionen.	3.1
Einleitung der Gruppenimagination mit leichten Entspannungssuggestionen.	3.2
Keine Interventionen.	
Beendigung der Gruppenimagination, Aufforderung zum „Zurücknehmen“.	
1. Konfrontation mit nicht angesprochenen Szenen der Gruppenimagination. 2. Bearbeitung von Affektisolationen und Reaktionsbildungen. 3. Verbalisieren emotionaler Inhalte. 4. Erarbeiten von Gestaltqualitäten archaischer Symbolwesen.	3.3
1. Konfrontation der Gruppe mit dem Konflikt, den der Therapeut aus den Bildinhalten der Gruppenimagination erschlossen hat, sofern er sich ihm als bewußtseinsfähig erweist, verknüpft mit den Affekten und Einfällen, die in der ersten Beaebeitungsphase geäußert wurden. 2. Verbindung dieses Konfliktes mit dem Hier und Jetzt der Gruppe. 3. Konfrontation der Gruppenmitglieder mit ihren wechselseitigen Übertragungen, die am Konflikt beteiligt sind oder sich in ihm äußern. 4. Bearbeitung der Übertragung auf den Therapeuten, sofern diese Übertragung zum Widerstand zu werden droht. 5. Bearbeitung der Rollenverteilung, insbesondere habitueller Rollen. 6. Verbindung zur Genese, Transfer zu den Realbeziehungen der Teilnehmer im Privat- und Berufsleben.	3.4

werden die Bildinhalte und der Gruppenprozeß tiefenpsychologisch fundiert bearbeitet.

Die Übersicht zeigt eine schematische Darstellung des Gruppenverlaufes in seinen Einzelphasen mit ihrer jeweiligen Zeitdauer, der diagnostischen Wahrnehmungseinstellung des Therapeuten und dem Therapeutenverhalten.

Die GKB-Sitzung verläuft also in den im folgenden ausführlich dargestellten vier Phasen:

3.1. Die Phase der Themenfindung

Die Gruppensitzung beginnt damit, daß die Gruppenmitglieder sich mit dem Therapeuten gemeinsam auf den Boden setzen und ein Thema für die Gruppenimagination suchen. Dieses Thema kann vom Gruppentherapeuten vorgegeben werden, zumal in den ersten Sitzungen einer Gruppe, wenn diese durch die Aufgabe, auf sich allein gestellt ein gemeinsames Thema zu finden, noch überfordert ist. Der Gruppentherapeut kann auch, ebenfalls eher in der Anfangsphase, einige Themen zur Auswahl oder als Anregung zur Diskussion stellen. Typische Gruppenthemen sind *Themen, die eine gemeinsame Unternehmung beinhalten*, etwa „*Wanderung mit einem Picknick*", „*Floßfahrt*", „*Ballonfahrt*", „*Bergbesteigung*", „*Zoobesuch*", „*Faschingsball*", „*Erforschen einer Höhle*", „*Urwaldexpedition*", „*Besuch eines alten Schlosses*" u. ä. Es kann aber auch sein, daß die Gruppe sich nur auf einen gemeinsamen Treffpunkt, etwa eine *Wiese* oder einen *Marktplatz* einigt.
Bereits nach wenigen Sitzungen, in denen die Gruppenmitglieder mit dem äußeren Ablauf vertraut geworden sind, greift der Gruppentherapeut in die Phase der Themenfindung nicht mehr ein. Um den Gruppenprozeß nicht frühzeitig nach seinen bewußten oder unbewußten Intentionen zu beeinflussen, *überläßt er die Einigung auf ein Thema nun allein den Gruppenmitgliedern.* Im allgemeinen benötigt eine Gruppe dafür 10–15 Minuten. Der Therapeut registriert, welche Triebbereiche in den Themenvorschlägen anklingen, bei den einzelnen Gruppenteilnehmern somit andrängen, und welches Thema schließlich gewählt wird. Die meisten Themen der Gruppenimaginationen sind schließlich Kompromisse aus mehreren Vorschlägen, um möglichst vielen Gruppenmitgliedern gerecht zu werden.
Die Themenfindung ist insgesamt *eine gruppendynamische Leistung der Gruppe.* Am Problem des Themas konstellieren sich erste Akzeptanz- und Dominanzprobleme. Die soziodynamische Funktionsverteilung mit ihren Gruppenpositionen (*Schindler* 1971, *Heigl-Evers* 1972) beginnt, sich abzuzeichnen.

Besonders am Anfang hat das *Thema* wichtige *Orientierungsfunktionen.* Es dient als Kristallisationspunkt (*Leuner* 1982), der eine Gruppenimagination als gemeinsame Aktion ermöglicht – eine Aktion, zu der die Gruppenkohäsion (*Yalom* 1974) allein die Gruppe anfangs noch nicht befähigen würde. Das Thema prägt den Inhalt und die Atmosphäre der Gruppenimagination. Jedes Thema hat einen tiefenpsychologischen Aufforderungscharakter und kann für jedes einzelne Gruppenmitglied eine spezifische Versuchungs- und Versagungssituation (*Schultz-Hencke* 1970) herbeiführen. Inhalt und Ablauf einer Gruppenimagination werden jedoch weit mehr von den in der Gruppe andrängenden Konflikten geprägt als vom Thema selbst.
Es ist die Aufgabe des Therapeuten, die Phase der Themenfindung diagnostisch zu erfassen und, sofern das erforderlich erscheint, ihren Ablauf als Material in die Bearbeitungsphase mit einzubeziehen.

3.2. Die Phase der Gruppenimagination

Die Gruppenmitglieder legen sich sternförmig auf den Boden, die Köpfe im Zentrum des Sternes, damit alle sich gut verstehen können, auch

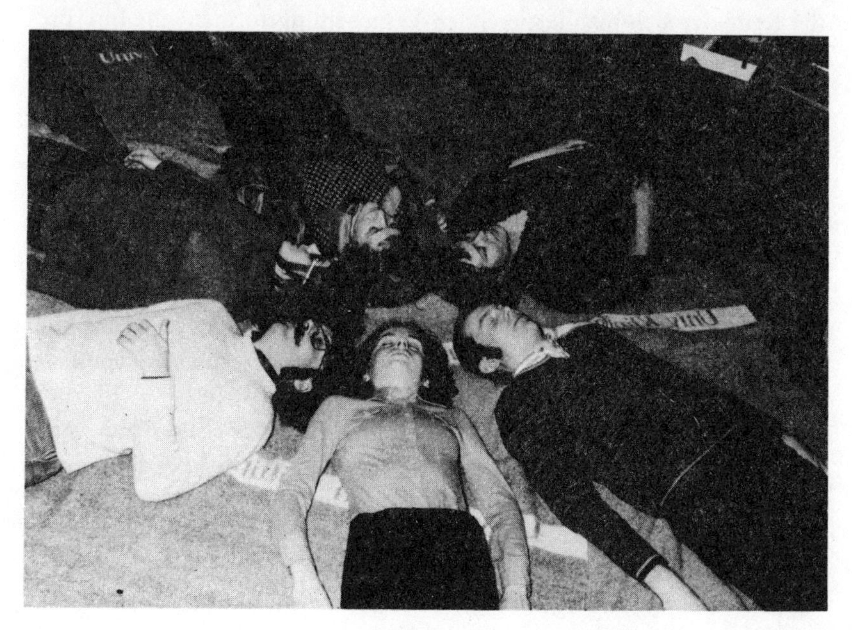

wenn sie leise sprechen. Sie schließen die Augen. Der Gruppentherapeut fordert sie dazu auf, sich etwas zu entspannen, und leitet die Gruppenimagination etwa mit den Worten ein: „Allmählich entstehen Bilder, immer deutlicher, der Traum beginnt, und einer schildert, was er sieht." Die Gruppenmitglieder überlassen sich zunächst einen Moment lang ihren aufkommenden katathymen Bildern. Bald teilen sie ihre KB-Inhalte den anderen in kurzen Bemerkungen mit, nehmen die Imaginationen der anderen auf, setzen eigene dagegen und entwickeln so die gemeinsame Gruppenimagination.

Der Gruppentherapeut interveniert während dieser Phase nicht. Er vollzieht die Gruppenimagination identifikatorisch mit, registriert empathisch die in ihm anklingenden Gefühlsbereiche, nimmt seine Gegenübertragungsgefühle wahr und zieht aus diesem Material auf dem Boden seiner theoretischen Orientierung seine diagnostischen Schlüsse.

Gruppenimaginationen unterscheiden sich in ihrem Inhalt und in ihrer Struktur. Sie öffnen demjenigen, der gelernt hat, sie zu „lesen", einen *umfassenden diagnostischen Einblick in die in der Gruppe andrängenden Impulse und deren Verarbeitung.* Zum einen gestatten die Symbole und die Reife der sich manifestierenden Verarbeitungsformen eine Interpretation des Regressionsniveaus der Gruppe. Zum anderen erlaubt die Beobachtung der gruppendynamischen Prozesse auf der Ebene der Gruppenimagination, die in der Gruppe vorhandenen Gruppenpositionen zu erkennen.

Der Begriff „Reife" bedarf einer inhaltlichen Klärung. Wir beziehen uns dabei auf die bisherigen Ergebnisse der psychoanalytischen Entwicklungspsychologie, ohne hier den Anspruch erfüllen zu können, die großenteils noch unverbundenen Ansätze der Triebtheorie, der Theorie der frühen Objektbeziehungen sowie der Theorie von der Organisation des Ichs und Über-Ichs differenziert darzulegen, geschweige denn aufeinander beziehen zu können (vgl. hierzu *Kernberg* 1981).

Unreife oder archaische Imaginationen sind gekennzeichnet durch genetisch frühe Mechanismen wie Projektion, Introjektion, Spaltung und Verleugnung sowie durch Symbole, die bildhafte Manifestationen allein guter oder böser innerer und äußerer Objekte sind. – Reifere Imaginationen beinhalten Gefühle der Ambivalenz gegenüber Objekten mit guten und schlechten Eigenschaften. Bildinhalte der ödipalen Entwicklungsstufe beinhalten die Rivalitätsproblematik zwischen abgegrenzten Objekten. Die frühen Abwehrmechanismen sind abgelöst durch Reaktionsbildung, Affektisolierung und Verdrängung. Als reifste Form einer Gruppenimagination kann die bewußte Selbstkonfrontation mit bisher abgewehrten Anteilen der eigenen Person gelten.

3.2.1. Die Landschaft als Bühne

Der Gruppe eröffnet sich im KB eine *Landschaft*. Das Landschaftsbild ist eine Metapher seelischer Strukturen (*Leuner* 1959): Die spontan imaginierten Inhalte am Beginn eines katathymen Bildes sind Niederschläge der aktuellen emotionalen Reaktionslage. Die Inhalte, die erst durch Bewegung in der Landschaft entdeckt werden, sind nicht aktuell, können es aber plötzlich werden. So kann sich etwa während einer Gruppenimagination die gedrückte, belastete Athmosphäre einer Wüste verändern in eine gelöste, heitere, befreite Stimmung, wenn die Gruppe nach mühsamer, anstrengender Suche eine Oase findet, in der oraler Genuß und motorische Entfaltung möglich werden.
In der Natur begegnet die Gruppe einer Fülle von Produkten menschlichen Schaffens. Alle diese Städte, Häuser, Schiffe, Truhen etc. können als Symbole aufgefaßt werden. Wichtig für die spätere therapeutische Bearbeitung des Symbols ist es, die Gefühlstönungen zu erfassen, in die das Symbol gebettet ist; darauf wird in der Darstellung der ersten Bearbeitungsphase noch eingegangen werden.

3.2.2. Archaische Symbolwesen

Die Begegnung einer Gruppe mit *archaischen Symbolwesen* ist diagnostisch besonders aufschlußreich (*Sachsse* 1984). Auf Symbolwesen werden eigene inakzeptable Impulse projiziert. Die Stellung dieser Symbolwesen in der phylogenetischen Reihe korreliert mit der Reife der auf sie projizierten Impulse im Gruppenprozeß (*Leuner* 1955, *Sachsse* 1979). Ein Symbolwandel (*Leuner* 1955) hin zu phylogenetisch höher entwikkelten Lebewesen vollzieht sich im Gruppenprozeß oft spontan.

So konnte in einer leiterlosen Selbsterfahrungsgruppe von Studenten beobachtet werden, wie oralkaptative Impulse sich in den Bildinhalten darstellten und spontan im Laufe der Gruppensitzungen wandelten. Die Gruppe imaginierte in ihrer zweiten Sitzung einen „Jahrmarkt", raste in einer Geisterbahn einem Krokodil in den Rachen hinein und am Schwanz wieder hinaus. – In der vierten Sitzung erschien ein seehundähnliches Wesen, das die Gruppe bei ihrem „Flug zum Mond" im Raumschiff mit seinen Steilzähnen bedrohte. Als dieses Wesen mit großen Händen nach dem Raumschiff griff, biß ein Gruppenmitglied ihm in die Hand. Auf dem Mond fand die Gruppe dann in einem tiefen Krater krokodilähnliche Tiere, denen Steine in den Rachen geworfen wurden. – In der siebten Sitzung fand in einem „Blockhaus" dann eine ausgelassene Feier statt. Plötzlich brach ein Bär in das Blockhaus ein, füllte die Hälfte der Hütte aus und stopfte alle Reste des reichlichen Essens gierig in sich hinein. Die Gruppe gab ihm Rotwein mit Honig, machte ihn dadurch betrunken und warf ihn hinaus.

Hier zeigt sich eine Entwicklungsreihe von einem Pappwesen zu einem lebendigen Fabelwesen, schließlich zu bekannten Tieren wie Krokodilen und menschenähnlichen Tieren wie dem Bär. Das gipfelte in der teils lustvollen, teils ängstigenden Feier in der siebenten Sitzung. Parallel dazu entwickelte die Gruppe immer mehr Zugang zu eigenem oralen Erleben. Die Gruppenmitglieder konnten ihre Wünsche freier einbringen und sich in den Gruppensitzungen mehr „nehmen".
Das Bild-„Erleben" in den Gruppenimaginationen mobilisiert rasch expansive Impulse. Wünsche werden wach und drängen zur bildhaften Darstellung. Der lustvolle Antriebsanteil wird in den Gruppenimaginationen ausgelebt, etwa bei dem Besuch des Jahrmarktes oder bei der Fete im Blockhaus. Der aggressive, ängstigende Antriebsanteil wird auf phylogenetisch frühe Tiere projiziert:
Krokodile, Haie, Kraken u. ä. sind Träger heftiger oral-destruktiver Affekte, wie Haß und verzehrendem Neid. Die Gruppenmitglieder schließen dadurch solche Affekte zunächst aus der Gruppe aus. Nicht selten erlaubt ihnen dann der Kampf gegen diese äußere Bedrohung, Anteile der abgewehrten Affekte an eben diesen Tieren doch auch selbst befriedigen zu dürfen, entweder indem sie diese Tiere selbst ärgern oder quälen oder über sie triumphieren wie über den betrunkenen Bären.
Solche Gruppenimaginationen sind besonders häufig in der Anfangsphase einer Gruppe. Die Gruppe konsolidiert sich dadurch gegen einen Außenfeind. In einer fortgeschrittenen Gruppe sind sie Ausdruck einer tiefen Regression.
Die Beobachtung der archaischen Symbolwesen, auch menschenähnli-

cher Tiere, hat mehr diagnostische als therapeutische Relevanz: Sie erlaubt Rückschlüsse darauf, wie groß die Angst vor den auf das archaische Wesen projizierten Impulsen im Hier und Jetzt der Gruppe ist. In den therapeutischen Prozeß kann erfahrungsgemäß erst die Interaktion mit Menschen und die Aktion der Gruppenmitglieder untereinander auf der Ebene des Bilderlebens einbezogen werden. Erst wenn die Gruppe signalisiert, daß sie einen Impuls als menschliches Verlangen oder Affekt phantasieren kann, wird sie sich auf diese Problematik in den Bearbeitungsphasen emotional einlassen können.

3.2.3. Ödipale Strukturen in der Gruppenimagination

Bei der Verarbeitung in der Gruppe andrängender Impulse ist die *Begegnung mit einer Gruppe fremder Menschen* ein Zwischenschritt. Im sukzessiven Symbolwandel steht sie zwischen der ängstlich-aggressiven Abgrenzung gegen ein feindliches Tier und dem Ausleben vorher abgewehrter Impulse durch die Gruppe selbst. Hier werden die abgewehrten Impulse auf feindliche Menschen projiziert, auf Wilde, Neger, Indianer, Räuber, Piraten u. a. In diesen Begegnungen, etwa mit einer Gruppe von Indianern, ist die Gruppe selbst meist keine einheitliche Notgemeinschaft mehr gegen eine äußere Bedrohung, sondern Untergruppen bilden sich, die diese Indianer als eher freundlich oder eher feindlich gesonnen erleben. Die Gruppe besteht aus differenzierten Einzelwesen, die miteinander koalieren und rivalisieren. Sie begegnet anderen Menschen, die zwiespältig erlebt werden. Hier beginnen ödipale Triebkonflikte auf einem ödipalen Niveau der Ichentwicklung abgehandelt zu werden.

Es ist völlig unmöglich, hier die verschiedenen Schattierungen, in denen auf der ödipalen Stufe in der Gruppenimagination andrängende Es-Impulse, Über-Ich-Reaktionen und ödipale Beziehungsmuster dargestellt und abgehandelt werden, aufzuzeigen. In vielerlei Hinsicht ähneln solche Bilder Abenteuerromanen oder Entdeckergeschichten, wie sie am Ende der Latenzzeit und am Beginn der Pubertät gelesen werden. Man denke an Erzählungen von Karl May, Jules Verne, Enid Blyton u. a.

3.2.4. Selbstkonfrontation mit bisher abgewehrten Anteilen

Ein Annehmen, Tragen und Durchleiden *depressiver Affekte* ohne den Versuch, sie hypomanisch zu überspielen oder anderweitig abzuwehren, ist im allgemeinen erst in einem relativ fortgeschrittenem Stadium einer Gruppe möglich, wenn genügend Vertrauen in die Haltefunktion der Gruppe besteht.

In länger arbeitenden Selbsterfahrungsgruppen mit dem GKB kommt es gelegentlich auch zu bewußten Selbstkonfrontationen der Gruppenmitglieder in der Gruppenimagination. Z. B. kann sich eine Gruppe entschließen, gemeinsam das *Wiedererleben einer Kindheitssituation in der Altersregression* zu imaginieren, etwa indem sich alle Gruppenmitglieder im Sandkasten treffen. Es besteht auch die Möglichkeit, daß die Gruppenmitglieder sich mit abgespaltenen Selbst-Aspekten auseinandersetzen, die C. G. *Jung* den *„Schatten"* eines Menschen nennt. Das kann z. B. dadurch geschehen, daß die Gruppenmitglieder sich zu einem Maskenball treffen und feststellen, in welcher Verkleidung sie erschienen sind, und im Bild darstellen, was sie sonst nicht leben können.

Auch in dieser gedrängten Darstellung wird wohl deutlich, daß eine Gruppenimagination unter verschiedenen theoretischen Konzepten betrachtet und verstanden werden kann. Jedes dieser Konzepte betont andere Aspekte und eröffnet einen anderen Zugang zu seelischen Prozessen. Für die Gruppenimagination gilt – wie für Gruppen überhaupt –, daß sie sich nach der theoretischen Ausrichtung des Therapeuten mit organisiert. Dessen sollte sich der Therapeut bewußt bleiben.

Am Ende einer Gruppenimagination hat der Gruppentherapeut sich eine Hypothese gebildet, welche Impulse in der Gruppe andrängen, wie sie verarbeitet, wie abgewehrt werden und wie weit sie erlebnisfähig sind. Er hat die Tiefe der Regression diagnostiziert und die Signale aus der Gruppe registriert, welche Gefühle und Empfindungen noch zu ängstigend sind, als daß sie direkt angesprochen werden könnten. Er hat ferner die Gruppenpositionen während der Gruppenimagination, die sich bei einem Szenenwechsel verändern können, verfolgt. Seine Schlußfolgerungen aus den Inhalten der Gruppenimagination stellen seine Interventionen in den nun folgenden Bearbeitungsphasen auf eine solide Basis.

3.3. Die erste Bearbeitungsphase

Der Gruppentherapeut beendet nach ca. 20–30 Minuten die Gruppenimagination etwa mit den Worten: „Jeder sucht sich jetzt einen Ort, von dem aus er in die Realität zurückkehrt. Wer wieder hier ist, nimmt ganz kräftig zurück." Die Gruppenmitglieder nehmen die Entspannung in der vom autogenen Training (*J. H. Schultz* 1970) bekannten Art „zurück". Das kräftige „Zurücknehmen" wird vom Gruppentherapeut in der ersten Sitzung nachdrücklich empfohlen, da das KB Entspannungszustände sehr vertiefen kann (*Leuner* 1980).

Die erste Bearbeitungsphase dauert etwa 20–30 Minuten. Die Gruppe läßt das gemeinsame Bilderleben zunächst ausklingen. Assoziativ-unverbunden wird dieses oder jenes Ereignis oder Motiv kurz angesprochen, meist nur, um etwas zu vergleichen, zu ergänzen, emotional auszufüllen oder zu korrigieren. Allmählich werden die Interaktionen dann länger und verweilen bei bedeutsamen Szenen.

Der Gruppenleiter hat von jetzt ab nicht mehr nur diagnostische, sondern auch therapeutische Aufgaben. Er klärt und interveniert im Kreis der Gruppe vornehmlich unter folgenden zwei Fragestellungen:

1. Werden wesentliche Inhalte der Gruppenimagination nicht angesprochen?
   In diesem Fall konfrontiert er die Gruppe nach einer angemessenen Zeit mit seiner Beobachtung.
2. Von welchen Gefühlen wird das Gespräch über die Gruppenimagination begleitet? Sind die Affekte kohärent, oder werden Affektisolationen bzw. Defizite in der Binnenwahrnehmung deutlich? Sind die begleitenden Affekte inadäquat?

Der Gruppentherapeut wird sich bemühen, die emotionalen Inhalte der Bilder zu vermitteln und in den Gruppenteilnehmern anklingen zu lassen. Das Verbalisieren emotionaler Erlebnisinhalte per Empathie hat *Rogers* (1973) in der klientbezogenen Gesprächspsychotherapie sorgfältig und ausführlich beschrieben. Die Bedeutung dieses therapeutischen Vorgehens für das KB haben zuerst *Breuer und Kretzer* (1975) herausgestellt. Der Wert solcher therapeutischen „Kleinarbeit" wird häufig unterschätzt. Das Ergebnis einer Vernachlässigung können Therapien sein, die nur vordergründig tiefgreifend wirken, weil zwar wichtige

Konflikte erörtert werden, die zugehörigen Emotionen aber ausbleiben. Das ist bekanntlich therapeutisch wirkungslos. Es führt zu einer unverbindlichen Bildproduktion und verstärkt ehestens eine rationalisierende und intellektualisierende Abwehr.
Der in Anlehnung an Ergebnisse der Gestaltpsychologie empfohlene Umgang mit Symbolen im KB (*Leuner* 1978) hat sich auch für die erste Bearbeitungsphase im GKB bewährt. Symbole werden danach zunächst nicht tiefenpsychologisch gedeutet, sondern in ihren Gestaltqualitäten, in dem sie begleitenden Fluidum, in ihrer emotionalen Anmutung erfaßt. Grundsätzlich ist zur Bearbeitung von Symbolen und Symbolwesen anzuführen, daß ein enger Zusammenhang besteht zwischen der phylogenetischen Stufe des Symbols und der Regressionstiefe (*Leuner* 1959). Je höherstehend, je differenzierter das Symbol in diesem Kontinuum ist, um so geringer ist die Regression. Symbolwesen auf einer phylogenetisch frühen Stufe sollen nicht direkt gedeutet werden. Eine Verschiebung oraler Impulse auf das Symbol des Haies oder des Krokodils beispielsweise ist ein Hinweis, daß orale Gier und oraler Neid im Hier und Jetzt dieser Gruppe zwar heftig andrängen, aber als so destruktiv erlebt werden, daß sie nur an einem nicht-menschlichen, dem Menschen vital gefährlichen Lebewesen wahrgenommen werden können. Hier könnte allenfalls in der oben beschriebenen Weise versucht werden, die Gestaltqualität eines Haies oder eines Krokodils anzusprechen. Erst wenn orale Impulse in der Gruppenimagination bei Menschen, z. B. an Räubern oder Piraten erlebt werden, kann der Gruppentherapeut sie im Hier und Jetzt konfrontierend ansprechen, denn das ist ein Hinweis, daß die Gruppe solche Impulse als menschlich wahrnehmen und damit integrieren kann.

3.4. Die zweite Bearbeitungsphase

Die zweite Bearbeitungsphase dauert mindestens 45, meist jedoch 60 Minuten. Während dieser Zeit sitzen die Gruppenmitglieder mit dem Therapeuten auf Stühlen oder Sesseln im Kreis. Dadurch wird eine räumliche Distanzierung zur Ebene der katathymen Bilder, zum regressiven Zustand des Liegens oder Auf-dem-Boden-Hockens hergestellt. Durch den räumlichen und körperlichen Wechsel der Ebene bekommen die Interaktionen der Gruppenmitglieder eine andere Qualität: Das Kli-

ma wird konventioneller, Abwehrmechanismen und temporär aufgegebene Ich-Funktionen treten wieder in Kraft. In diesem Rahmen fällt es oft leichter, auch sog. „negative Gefühle" wie Ärger, Neid, Haß, Eifersucht, Zweifel oder Mißtrauen mitzuteilen und in den Kontakten wirksam werden zu lassen. Auch Gefühle dem Therapeuten gegenüber sind erfahrungsgemäß auf dieser Ebene leichter einzubringen.
So ist der Wechsel des Settings für den Therapeuten eine wesentliche Hilfe bei seiner therapeutischen Arbeit, die er schwerpunktmäßig dann in der zweiten Bearbeitungsphase leistet. Idealtypisch konfrontiert der Gruppentherapeut am Ende der ersten Bearbeitungsphase oder am Anfang der zweiten Bearbeitungsphase die Gruppe mit seiner Hypothese darüber, um welchen Konflikt es in der Gruppe z. Zt. überwiegend geht. Er greift dabei die Teile der Gruppenimagination auf, die sich ihm als bewußtseinsfähig dargestellt haben, also Interaktionen der Gruppenmitglieder untereinander und Begegnungen mit anderen Menschen, und verbindet sie mit den Einfällen und Affekten, die in der ersten Bearbeitungsphase manifest wurden. In einem weiteren Schritt bezieht er diesen Konflikt auf das Hier und Jetzt der Gruppe. Er verdeutlicht, welchen Anteil die einzelnen Gruppenmitglieder an diesem Konflikt haben: Wer ihn in der Gruppenimagination gesucht oder gemieden hat, welche Affekte diesen Konflikt begleiteten. Er konfrontiert die Gruppenmitglieder damit, wer die Exponenten dieses Konfliktes in der Alpha- und Omega-Position im aktuellen Gruppengeschehen sind und verweist auf frühere Gruppensitzungen. Das Gruppengeschehen kann und soll sich dabei von den Inhalten der Gruppenimagination entfernen. Zumeist wird auch nur ein Teilbereich der Gruppenimagination therapeutisch aufgearbeitet. Die katathymen Bilder dienen in dieser Phase nur noch als „Material".
Sofern sich eine *Übertragung* auf den Gruppentherapeuten entwickelt hat, die zum *Widerstand* in der Arbeit zu werden droht, bearbeitet er sie ebenfalls in dieser Phase.
Nicht zuletzt achtet er darauf, daß die *Erfahrung im Hier und Jetzt* mit der *Genese* und der alltäglichen *Lebenssituation verknüpft* wird, damit die Gruppe keine isolierte Insel im Leben der Teilnehmer ist, sondern ein ständiger Austausch zwischen „Früher" und „Heute", „Hier drinnen" und „Da draußen" stattfindet.

Dieser idealtypische Ablauf in der Konfliktbearbeitung ist fast immer auf mehrere Gruppensitzungen verteilt. Mal steht das Hier und Jetzt der ganzen Gruppe, mal die Problematik einzelner, mal die Erinnerung an die Kindheit, mal die Auseinandersetzung mit Konflikten aus dem Privat- oder Berufsleben der Teilnehmer im Vordergrund.

Die Darstellung macht wohl deutlich, daß in der ersten und zweiten Bearbeitungsphase die Intentionen des Therapeuten dahin gehen, die regressive Ebene des unreflektierten Bild-„Erlebens" schrittweise zu verlassen, um ein *emotional getragenes Durcharbeiten* anzuregen. Interventionen zur Bearbeitung der Gruppenimagination sind so gut wie nie weiter regressionsfördernd. Hier liegt auch ein Unterschied zur Arbeit des analytischen Gruppentherapeuten, der durch seine Interventionen – wobei auch Schweigen eine Intervention ist – eine optimale Regression in der Gruppe zu fördern sucht. Die Gruppenimagination ist hingegen als Ausdruck des tiefsten Regressionsniveaus, dessen die Gruppe gegenwärtig fähig ist, zu betrachten.

Während der Phase des Durcharbeitens muß der Gruppentherapeut die verschiedenen *Beziehungsebenen*, die in der Gruppe bestehen, im Auge behalten. Zum einen darf er die gegebenen *Realbeziehungen* zwischen Gruppe und Gruppenleiter nicht vernachlässigen – ein Bereich, der theoretisch bisher noch ungenügend bearbeitet worden ist. Deutlicher erarbeitet ist die Ebene des *Arbeitsbündnisses* (*Greenson* 1975), das von *König* (1974) auf die Gruppentherapie angewandt wurde. Den breitesten Raum hat die Beachtung der *Übertragungsbeziehungen* bisher gefunden. Die aktuellen Übertragungsbeziehungen haben sich in der vorhergehenden Gruppenimagination bildlich dargestellt. So bedeutet die Landschaft oder die „Bühne", auf der die Gruppenimagination geschieht, meist eine Übertragung auf die Gesamtgruppe oder den Gruppenleiter. Eine Wanderung durch die Wüste weist darauf hin, daß die Gruppe (oder der Gruppentherapeut!) als karg, wenig spendend gesehen wird. Eine Burg beinhaltet Schutz- und Abwehraspekte, eine Höhle frühe mütterliche Übertragungsanteile usw. Auch die Übertragungsbeziehungen der Gruppenmitglieder untereinander stellen sich oft sehr plastisch, nicht selten fast überzeichnet bis hin zur Karikatur in den Bildern dar. Besonders deutlich wird das bei Bildmotiven, in denen Gruppenmitglieder sich in Tiere oder Fabelwesen verwandeln oder sich verkleiden.

Bei seinen *Interventionen* muß der Gruppentherapeut ein Gleichgewicht wahren zwischen Interventionen, die auf die Gesamtgruppe bezogen sind, und Interventionen, die dem einzelnen weiterhelfen sollen. Er wird sich ebenfalls bemühen, gruppendynamische und tiefenpsychologische Konzepte zu vereinbaren, etwa durch Anwendung des „Segment-Modells" von *Kutter* (1976) oder des „Göttinger Modells" von *Heigl-Evers und Heigl* (1975).

4. Kasuistisches Beispiel

Das kasuistische Beispiel einer Gruppensitzung soll den bisher abstrakt dargestellten Ablauf verdeutlichen:

In einer Selbsterfahrungsgruppe von Psychologen und Ärzten, an der zwei Frauen und sechs Männer teilnahmen, hatte es eine heftige Auseinandersetzung zwischen zwei Männern gegeben. Innerhalb dieser Gruppe, die sich zum drittenmal für ein Wochenende zur Selbsterfahrung traf, war dies die erste Auseinandersetzung gewesen, in der Ärger und Wut nicht nur geäußert wurden als Mitteilung über ein Gefühl (etwa im Gruppenjargon: „Ich verspüre jetzt Ärger über Dich!"), sondern gelebt wurden: Der eine, nennen wir ihn Bernd, beschimpfte den anderen recht heftig und ließ auch nicht locker, während der andere, Richard, sich eher ausweichend verhielt.
Die Auseinandersetzung lag noch in der Luft, als die Gruppe sich zu Beginn der nächsten Sitzung wieder auf den Boden setzte, um sich auf ein Thema zu einigen. Gerda sagte, sie könne jetzt nicht einfach mit dem KB beginnen, solange sie nicht wisse, wie es Richard, dem Angegriffenen, ginge. Außerdem warf sie dem Gruppentherapeuten vor, er hätte mehr eingreifen müssen, um Richard vor Bernd zu schützen. Erst nachdem sich die Gruppe etwa 20 Minuten lang bei Richard vergewissert hatte, daß dieser auch die Hilfsangebote aus der Gruppe wahrgenommen hatte, und Richard deutlich gemacht hatte, er fühle sich ganz gefestigt, konnte die Gruppe sich der Themenfindung zuwenden. Nun wurde relativ rasch Rolfs Vorschlag angenommen, eine alte Burg zu besichtigen. Rolf erwähnte noch ganz nebenbei die Kemenate, fand da bei den anderen Männern lachendes Verständnis, und auch bei Sylvia, der jüngeren der beiden Frauen: sie lachte mit. Jochen fiel noch ein, daß in einer Burg ja auch Dornröschen wachgeküßt wurde.
In der Gruppenimagination mußte die Gruppe zunächst einige Hindernisse überwinden, um in die Burg zu gelangen. Im Boden des großen Rittersaales wurde eine Öffnung entdeckt, aus der Stimmengewirr nach oben drang. Unten sahen die Gruppenmitglieder ein Gelage von Landsknechten. Sie hatten Angst, entdeckt zu werden, und sahen mit einer Mischung aus Faszination und Angst hinab. Erst als Rolf unten zwischen den Landsknechten ein Gruppenmitglied – nämlich Sylvia, die jüngere Frau – entdeckte, traute sich einer nach dem anderen hinab. Rolf sah auf einem größeren Stuhl einen Bären, um den sich nun viele Imaginationen rankten. Besonders Bernd, der Angreifer aus der letzten Sitzung, machte diesen Bären schlecht: Er sei müde, abgeschlafft, versoffen, dreckig und verlaust,

habe ein Schweinsgesicht. Andere ergänzten ihn: Er habe stachelige Igelhaare, er sei häßlich, sei mit der Serviette um den Hals und Messer und Gabel in den Händen eingenickt. Andererseits hatten alle Respekt vor ihm: Er schien eine Art ungekrönter König da unten zu sein, der insgeheim alles mitbekam und den die Landsknechte sehr achteten. Nur Gerda fand den Bären sympathisch, kraulte ihm das Fell und schmiegte sich an ihn. Sylvia, halb Burgfräulein, halb Marketenderin, wurde von den anderen kaum wiedererkannt. Rolf und Richard spielten mit Laute und Flöte auf. Die Landsknechte und einige der männlichen Gruppenmitglieder überließen sich einem immer hektischeren, schnelleren Tanz. Mehr und mehr bekamen die Gruppenmitglieder von den Landsknechten Kleidungsstücke zur Verfügung gestellt und wurden selbst zu Landsknechten.

Wir beschränken uns auf diese Episode von ca. 5 Minuten aus der Gruppenimagination, da sie im Zentrum der therapeutischen Bearbeitungsphasen stand. In der ersten Bearbeitungsphase verlief das Gespräch zunächst lebhaft in der bereits dargestellten, mehr assoziativen Form. Die Bemerkung von Bernd, er habe gleich gedacht, der Bär habe etwas mit dem Gruppentherapeuten zu tun, wurde nur am Rande gestreift, obwohl der Therapeut selbst an dieser Stelle intervenierte, um das aufzugreifen. Rolf wandte sich dann intensiv Sylvia zu: Er habe bemerkt, daß sie alles mitgemacht habe. Sein kritischer Tonfall veranlaßte den Gruppentherapeuten zu der Frage: „Ihnen war es nicht so ganz Recht, daß sie alles mitgemacht hat?“ Rolf bestätigte das: Er habe kein gutes Gefühl dabei gehabt. Sylvia richte sich sehr nach den Bedürfnissen anderer. Bis auf Richard beschäftigten sich nun alle männlichen Gruppenmitglieder mit Sylvias Verhalten im katathymen Bild, das ihnen auch schon vorher aufgefallen war: Sylvia sage zwar nie nein, sei aber auch nirgends so ganz dabei.
Dieses Thema setzte sich auch in der zweiten Bearbeitungsphase fort. Sylvia sprach ihre Angst an, sich den Männern wirklich zuzuwenden, weil sie sich nicht den Zorn Gerdas, der anderen Frau in der Gruppe zuziehen wolle. Der Therapeut wies sie darauf hin, daß er meinte beobachtet zu haben, daß sie jedem, ob Mann oder Frau, auf ein Kontaktangebot mit einem vielversprechenden „vielleicht“ antworte, das alles offen ließe, sie sich aber nie durch ein klares Ja oder Nein festlege. Diese Beobachtung wurde von den Gruppenmitgliedern mit einigen Bemerkungen zu Sylvias Verhalten belegt. Indem Sylvia ein bewußtseinsnaher Anteil, nämlich ihr Verhalten auf der Ebene der Gruppenimagination nahegebracht wurde, konnte sie ein Stück ihrer depressiven Problema-

tik und ihrer Identitätsschwierigkeiten bearbeiten, die durch ein vorwiegend hysterisches Abwehrgefüge verdeckt wurden.
Das Gespräch konzentrierte sich sternförmig auf Sylvia, und der Therapeut bekam zunehmend den Eindruck, daß diese Situation von „acht Therapeuten mit einer Patientin" auch Widerstandscharakter in der Gruppe hatte. Sobald er die Gruppe darauf hinwies, daß sich jetzt alle Sylvia seit längerer Zeit zugewandt hätten, fiel Bernd sofort ein: Das störe ihn. Er sei noch ganz mit dem Therapeuten beschäftigt. Der Bär sei für ihn mit Sicherheit der Gruppenleiter gewesen. Er habe ihn so madig gemacht, weil er seit dem Streit mit Richard unheimlich wütend auf ihn sei. Er habe das deutliche Gefühl, der Therapeut würde ihn als gemein und brutal verurteilen, weil er Richard so heftig angegriffen habe. Bernd stand also unter dem Druck seines Über-Ichs, was er auf den Gruppentherapeuten projizierte. Wie in der Gruppenimagination den Bären, wollte er jetzt den Therapeuten dazu reizen, „doch endlich zuzuschlagen", ihn doch endlich zu bestrafen, damit er das hinter sich hätte – sein Über-Ich entlastet sei. Andererseits rechtfertigte er sich für seinen Angriff: Das sei doch eigentlich ein besonders intensives Kontaktangebot an Offenheit und Ehrlichkeit, das er da gemacht habe. Er fügte selbst ein Beispiel aus seinem Berufsleben an, als sein Angriff und der daraus resultierende Streit ihn mit jemand anderem näher zusammengeführt hatte. Er leistete also einen Transfer der Problematik aus der Gruppe heraus. Der Gruppentherapeut formulierte für ihn als innere Formel: „Ich bin unheimlich wütend und enttäuscht, weil der andere gar nicht sieht, daß mein Ärger eigentlich ein Angebot zur Annäherung ist, und mich als brutal und gemein hinstellt". Diese Intervention konnte Bernd annehmen. Da nun auch die anderen Gruppenmitglieder Einfälle zum Bären hatten, die sich auf den Gruppentherapeuten bezogen, konnte dieser gegen Ende der Sitzung zusammenfassen: „In der Gruppe stellt sich die Frage, wieviel Brutalität und Sexualität hier eigentlich möglich und erlaubt ist. Dabei wird sehr unterschiedlich erlebt, was ich hier zulasse: Bin ich nun schützend und steuernd, oder bin ich eigentlich der geheime Anführer dieser Landsknechtshorde? Denn für die einen, etwa Gerda, habe ich ja zu viel erlaubt, für andere war ich steuernd und schützend insofern, als ich insgeheim alles unter Kontrolle hatte und, wie Rolf hier eben bemerkte, möglicherweise in der Gruppenimagination als Bär eine schlimme Schlägerei verhütet habe".

In der Gruppenimagination hatte sich eine ödipal-triebhafte Szene dargestellt überwiegend mit Figuren, die Triebhaftigkeit repräsentierten, wie Landsknechte, Musikanten und Tänzer – nicht zu vergessen den Bären mit seiner Gerda. Bei einigen Gruppenmitgliedern waren die für sie typischen Charakterstrukturen (z. B. Sylvia halb Burgfräulein, halb Marketenderin) plastisch zur Darstellung gekommen.
Obwohl in dieser Sitzung auch andere Szenen der Gruppenimagination noch angesprochen wurden, kann doch immer nur ein kleiner Teilbereich dessen aufgegriffen werden, was die Gruppenimagination an Material liefert. Dieser Teilbereich wird davon bestimmt, in welche Richtung die Einfälle und Auseinandersetzungen der Gruppenmitglieder in der Durcharbeitungsphase gehen, was ihrem Bewußtsein am nächsten liegt. Beispielsweise wurden hier die deutlichen, homosexuellen Elemente des Männertanzes nicht aufgegriffen. Die Durcharbeitung bezog sich auch nicht nur auf die ödipalen Konflikte, wie das katathyme Bild es anbot, sondern schwerpunktmäßig auf Konflikte der Abgrenzung und Identität.

5. Abschließende Bemerkungen: Wirkfaktoren, Indikationen und Kontraindikationen

Die Etablierung der verschiedenen Arbeitsebenen bedeutet für den Therapeuten ein *Auseinandertreten seiner analysierenden und therapeutischen Funktionen.* Während der Phasen der Themenfindung und der Gruppenimagination konzentriert er sich ganz auf seine Beobachtungen und Schlußbildungen. Während der Bearbeitungsphasen konzentriert er sich auf die richtige Dosierung und zeitliche Abfolge seiner Interventionen.
Die Gruppenmitglieder können sich während der Imaginationsphase auf ihr spontanes Erleben einlassen, ohne jederzeit mit einer therapeutischen Intervention rechnen zu müssen, während sie in den Phasen der Nachgespräche dann wacher und innerlich besser gerüstet für Auseinandersetzungen sind.
Die Imaginationen der Gruppen können auch ohne Interventionen des

Therapeuten therapeutisch wirksam werden. Vieles äußert sich in ihnen so prägnant, daß es unmittelbar einsichtig wird – zumindest für die nicht direkt betroffenen Gruppenmitglieder. In den Imaginationen wird ein Wesenszug entweder intensiviert bis hin zur Karikatur, oder es werden bisher latente Verhaltensweisen manifest. Den Gruppenmitgliedern eröffnen sich vielfältige Möglichkeiten, adäquates und präzises Feedback zu geben. Das bedeutet eine *Verstärkung der Spiegelwirkung der Gruppe* – ein wesentlicher Wirkfaktor der Gruppentherapie. Denn dadurch, daß ein Teilnehmer sein eigenes Verhalten sowohl durch die Gruppenimaginationen als auch in den Gesprächen der Gruppe und in den Reaktionen der anderen auf ihn gespiegelt sieht, wird es ihm möglich, Wahrnehmungsverzerrungen abzubauen, seine Selbsteinsicht zu verbessern und angemessener auf Anforderungen der Realität einzugehen.

Eine weitere therapeutische Funktion der Gruppenimagination liegt in der *Intensivierung des gefühlsmäßigen Erlebens.* Die Wichtigkeit dieses Faktors ist vielfach belegt (z. B. bei *Yalom* 1974) und unmittelbar einleuchtend: Nur Erfahrungen, die einen Menschen innerlich berühren, können zu einer emotionalen Entwicklung führen, während Einsichten, die rein kognitiv bleiben, unwirksam sind.

Die Gruppenimagination schafft einen geschützten Raum, in dem sich die Dynamik der Gruppe projektiv entfalten kann und neue Verhaltensmöglichkeiten erprobt werden können. Die symbolische Verschlüsselung, der Fortfall von Realitätsverpflichtungen und die reduzierte Verantwortlichkeit wirken dabei angstmindernd und ermöglichen die *Freisetzung kreativer und emotionaler Kräfte* in den Teilnehmern.

In der psychoanalytischen Gruppentherapie ist den Gruppenmitgliedern selbst nur die manifeste Gesprächsebene bewußt. Durch die Gruppenimaginationen werden Gruppenprozesse auf der vorbewußten Ebene und z. T. auch auf der Ebene der unbewußten Phantasien (*Heigl-Evers und Heigl* 1976) in weiten Teilen allen Gruppenmitgliedern unmittelbar wahrnehmbar. In seinen Interventionen kann sich der Gruppentherapeut auf dieses nunmehr manifeste Material bereits direkt beziehen. Abwehrstrukturen werden deutlich schneller unterlaufen und teilweise außer Kraft gesetzt, damit aber auch in ihrer Wirksamkeit als Schutzfunktionen geschwächt.

Aus den bisher geäußerten Ausführungen folgen die *Indikationen und Kontraindikationen zum GKB.* Eine Differenzialindikation, die sowohl eine Abgrenzung zu den Indikationen zum Einzel-KB als auch zu den Indikationen für andere Gruppentherapiemethoden aufzeigt, kann noch nicht geleistet werden. Wohl aber ist es möglich, aus unseren klinischen Erfahrungen und aus den vorliegenden Veröffentlichungen einen klinisch wie theoretisch fundierten Indikationskatalog aufzustellen.

Als eine *Domäne des GKB* möchten wir die *Charakterneurosen* bezeichnen (*Kreische* 1976, *Kreische und Sachsse* 1978). Die Gruppe ist ein Medium, das immer wieder mit dem eigenen Verhalten konfrontiert. In GKB-Gruppen ist dieser Effekt besonders ausgeprägt, da das eigene Verhalten sich auf zwei Ebenen – in der Gruppenimagination und in den Bearbeitungsphasen – darstellt. In der Gruppenimagination werden eigene Verhaltensstereotypien schnell und oft fast kraß deutlich. Oder es entfalten sich auf dieser regressiven Ebene bisher verdrängte Antriebsbereiche, so daß eine Diskrepanz zwischen den andrängenden Wünschen und der realen Lebensgestaltung offenkundig wird. In beiden Fällen wird eigenes Verhalten schnell ich-dyston und konflikthaft, so daß der erste Schritt zur Auseinandersetzung mit der eigenen Widersprüchlichkeit getan ist.

Auf diesem Hintergrund werden auch die guten Ergebnisse verständlich, die *Kreische* (1976) bei Patienten erreicht hat, die unter *vegetativen Störungen und psychosomatischen Beschwerden* litten. Eine große Zahl von Einzelbehandlungen mit dem KB bei psychosomatischen Erkrankungen und psychovegetativen Symptomen haben überzeugende Therapieerfolge gezeitigt (vgl. die entsprechenden Beiträge in *Leuner* 1980 und *Leuner und Lang* 1982).

Eine sorgsame Abwägung der Indikationsstellung wird bei Patienten mit depressiver Symptomatik erforderlich (*Kreische* 1976, *Leuner* 1980).

Kontraindiziert ist das Gruppen-KB bei Patienten mit ausgeprägter *Regressionsneigung* sowie *Suchttendenzen,* etwa in Form eines Alkohol- oder Medikamentenabusus. Eine Ausnahme bildet offensichtlich die leichtere Rauschmittelabhängigkeit im Jugendalter (*Klessmann* 1977). Die für das Einzel-KB bekannten Kontraindikationen (*Leuner* 1980) wie mangelnde Intelligenz mit einem IQ unter 80, Psychosen oder psycho-

senahe Zustände, Borderline-Syndrome, hirnorganische Syndrome, die bereits genannten ausgeprägten depressiven Verstimmungen und ausgesprochen hysterische Neurosen gelten erst recht für das GKB.
Anders als das Einzel-KB hat das Gruppen-KB keine spezifische Durcharbeitungstechnik auf der Ebene des Bilderlebens. Es bedarf der anschließenden, sorgfältigen Bearbeitung, um therapeutisch wirksam zu werden (*Sachsse* 1979). So liegen auch *Erfahrungen mit anderen Formen des Durcharbeitens* vor. Bei der stationären Behandlung mit dem GKB in der Abteilung für Psychotherapie und Psychosomatik der Psychiatrischen Universitätsklinik Göttingen wird ein besonderes Gewicht auf die gestalterische Ausarbeitung der Gruppenimaginationen mit anschließender Bearbeitung in der Gruppe gelegt (*Leuner* 1980). *Wächter* (1976) arbeitet mit einer Integration von Katathymen Bilderleben und Psychodrama, *Kretzer* (1982) berücksichtigt bei der tiefenpsychologischen Aufarbeitung insbesondere gesprächstherapeutische Aspekte, *Kreische (Kreische und Sachsse* 1980) hat die Ergebnisse der interaktionellen Gruppentherapie (*Heigl-Evers und Heigl* 1979) angewendet.
Die Gruppentherapie mit dem Katathymen Bilderleben ist mit ihrer *Möglichkeit, in der Gruppenimagination kontrolliert zu regredieren, emotionales Erleben kreativ zu entfalten, internalisierte Objektbeziehungen sich projektiv manifestieren zu lassen und bei herabgesetzten Abwehrfunktionen auf einer kindhafteren Stufe der Persönlichkeit bisher ungelebte Anteile des eigenen Selbst einer Entwicklung zugänglich zu machen*, eine wirkungsvolle und mit besonderer Sorgfalt zu handhabende Form der Gruppenpsychotherapie. Deshalb kann das Verfahren nur dem im Katathymen Bilderleben und ergänzend dazu im GKB weitergebildeten Therapeuten empfohlen werden. Durch das Institut für Katathymes Bilderleben Göttingen wird hierfür ein currikularer Weiterbildungsgang angeboten.

Literatur

Breuer, K. u. *Kretzer, G.:* Beziehungen zwischen Gesprächspsychotherapie und Katathymem Bilderleben. Zentrale Weiterbildungsseminare für Katathymes Bilderleben (KB), „Schriftenreihe der AGKB" im Selbstverlag, Göttingen 1975

Greenson, R. R.: Technik und Praxis der Psychoanalyse. Klett-Verlag, Stuttgart 1975
Heigl, F.: Indikation und Prognose in Psychoanalyse und Psychotherapie. Verlag Vandenhoeck und Ruprecht, Göttingen 1978[2]
Heigl-Evers, A.: Zur Behandlungstechnik in der analytischen Gruppentherapie. Z. Psychosom. Med. 13: 266–276, 1967
Heigl-Evers, A.: Konzepte der analytischen Gruppenpsychotherapie. Verlag Vandenhoeck und Ruprecht, Göttingen 1972
Heigl-Evers, A. und *Heigl, F.:* Gruppentherapie: Interaktionell – tiefenpsychologisch fundierte (analytisch-orientierte) – psychoanalytisch. Gruppenpsychother. Gruppendynamik 7: 132–157, 1975
Heigl-Evers, A. und *Heigl, F.:* Zur tiefenpsychologisch fundierten oder analytisch orientierten Gruppenpsychotherapie des Göttinger Modells. Gruppenpsychother. Gruppendynamik 9: 237–266, 1975
Heigl-Evers, A. und *Heigl, F.:* Zum Konzept der unbewußten Phantasie in der psychoanalytischen Gruppentherapie des Göttinger Modells. Gruppenpsychother. Gruppendynamik 11: 6–22, 1976
Heigl-Evers, A. und *Heigl, F.:* Interaktionelle Gruppenpsychotherapie. In: Psychologie des 20. Jahrhunderts. Band 8, Lewin und die Folgen (Hrsg. A. Heigl-Evers, Mithrsg. U. Streeck). 850–858. Kindler-Verlag, München 1979
Kernberg, O.: Objektbeziehungen und Praxis der Psychoanalyse. Klett-Cotta, Stuttgart 1981
Klessmann, E.: Katathymes Bilderleben in der Gruppe bei jüngeren Drogenkonsumenten. In: *H. Leuner, G. Horn* und *E. Klessmann:* Katathymes Bilderleben mit Kindern und Jugendlichen. Ernst Reinhardt Verlag, München/Basel 1977
König, K.: Arbeitsbeziehungen in der Gruppentherapie – Konzept und Technik. Gruppenpsychother. Gruppendynamik 8: 152–166, 1974
König, K.: Übertragungsauslöser – Übertragung – Regression in der analytischen Gruppe. Gruppenpsychother. Gruppendynamik 10: 220–232, 1976
Kreische, R.: Die Behandlung von drei unausgelesenen Gruppen neurotischer Patienten mit dem musikalischen Katathymen Bilderleben (mKB). Med. Diss. Göttingen 1976, „Schriftenreihe der AGKB" im Selbstverlag, Göttingen 1980
Kreische, R. und *Sachsse, U.:* Theorie und Praxis des Katathymen Bilderlebens in der Gruppe. Vortrag auf dem 1. Internationalen Kongreß für Katathymes Bilderleben in Göttingen 1978 (unveröffentlicht)
Kreische, R. und *Sachsse, U.:* Neue Ergebnisse der Gruppenpsychotherapie mit dem KB. Vortrag und Workshop auf dem 2. Internationalen Kongreß für Katathymes Bilderleben in Salzburg 1980 (unveröffentlicht)
Kretzer, G.: Persönliche Mitteilung, 1982
Kutter, P.: Elemente der Gruppentherapie. Verlag Vandenhoeck und Ruprecht, Göttingen 1976
Leuner, H.: Symbolkonfrontation, ein nichtinterpretierendes Vorgehen in der Psychotherapie. Schweiz. Arch. Neurol. Psychiat. 76: 23–49, 1955
Leuner, H.: Das Landschaftsbild als Metapher dynamischer Strukturen. In: *H. Stolze* (Hrsg.): Arzt im Raum des Erlebens, 49–59. München 1959
Leuner, H.: Das assoziative Vorgehen im Symboldrama. Z. Psychother. med. Psychol. 14: 196–211, 1964
Leuner, H.: Grundzüge der Tiefenpsychologischen Symbolik I. Materialien zur Psychoanalyse und analytisch orientierten Psychotherapie Band IV, Heft 2, 166–187, 1978

Leuner, H.: Katathymes Bilderleben. Ergebnisse in Theorie und Praxis. Verlag Hans Huber, Bern, Stuttgart, Wien 1980

Leuner, H.: Zur psychoanalytischen Theorie des Katathymen Bilderlebens (KB). In: *Leuner, H.* (Hrsg.): Katathymes Bilderleben. Ergebnisse in Theorie und Praxis. Verlag Hans Huber, Bern, Stuttgart, Wien 1980

Leuner, H.: Katathymes Bilderleben, Grundstufe. Ein Seminar. Thieme-Verlag, Stuttgart, New York 1982[3]

Leuner, H.: Das Katathyme Bilderleben in der klinischen Psychotherapie. In: *Heigl, F.* und *Neun, H.* (Hrsg.): Psychotherapie im Krankenhaus. Verlag Vandenhoeck und Ruprecht, Göttingen 1981

Leuner, H. und *Lang, O.:* Psychotherapie mit dem Tagtraum. Katathymes Bilderleben: Ergebnisse II. Verlag Hans Huber, Bern, Stuttgart, Wien 1982

Nerenz, K.: Die musikalische Beeinflussung des Experimentellen Katathymen Bilderlebens und ihre psychotherapeutische Wirkung. Med. Diss. Göttingen 1965

Plaum, G.: Erste Ergebnisse des musikalischen Katathymen Bilderlebens in seiner Anwendung als Gruppentherapie. Med. Diss. Göttingen 1967

Preuss, H. G.: Gruppenpsychotherapie und Psychosomatik. Gruppenpsychother. Gruppendynamik 9: 191–211, 1975

Rogers, K. R.: Die klient-bezogene Gesprächstherapie. Kindler-Verlag, München 1973

Sachsse, U.: Das Katathyme Bilderleben der Gruppe (GKB). Die Gruppenimagination und die Analyse ihrer Dynamik. Med. Diss., Göttingen 1979, „Schriftenreihe der AGKB" im Selbstverlag, Göttingen 1980

Sachsse, U.: Symbolgestalten in der Gruppenimagination. In: *Roth, J. W.* (Hrsg.): Konkrete Phantasie. Verlag Hans Huber, Bern, Stuttgart, Wien 1984

Schindler, R.: Die Soziodynamik in der therapeutischen Gruppe. In: *Heigl-Evers, A.* (Hrsg.): Psychoanalyse und Gruppe. 21–32. Verlag Vandenhoeck und Ruprecht, Göttingen 1971

Schultz, J. H.: Das autogene Training. Thieme-Verlag, Stuttgart 1970[13]

Schultz-Hencke, H.: Lehrbuch der analytischen Psychotherapie. Thieme-Verlag, Stuttgart 1970[2]

Wolf, A. und *Schwartz, E. K.:* Psychoanalysis in Groups. Grune and Stratton, New York and London 1962

Wächter, H. M.: Katathymes Bilderleben und Psychodrama; Versuche der Synthese zweier verwandter Verfahren. Vortrag auf den 6. Zentralen Weiterbildungsseminaren für Katathymes Bilderleben in Bad Lauterberg 1976 (unveröffentlicht)

Yalom, I. D.: Gruppenpsychotherapie. Grundlagen und Methoden. Ein Handbuch. Kindler-Verlag, München 1974

3.3 Eine an Janovs Primärtherapie orientierte neuartige Methode der Gruppentherapie auf psychoanalytischer Grundlage

Sigrid Damm (Stuttgart)

1. Einleitung

Die Primärhterapie *Janovs* ist überwiegend eine Form der Gruppenpsychotherapie unter besonderer Beachtung des einzelnen in der Gruppe. In seinem Buch „Der Urschrei" beschrieb *Janov* eine neue Methode der Psychotherapie, die er Primärtherapie („Primal-Therapy") nannte (*Janov* 1970). Laut *Janov* handelt es sich um eine revolutionäre Therapieform. Patienten, die mit der Methode *des „Primal"** behandelt werden – mit diesem Ausdruck bezeichnet *Janov* Verhalten und Erleben seiner Klienten –, sollen körperliche und seelische Beschwerden, Erlebens- und Verhaltensstörungen innerhalb kurzer Zeit verlieren.
Janovs Lehren haben zuerst Bewunderer auf den Plan gerufen. Danach gab es eine Welle kritischer Ernüchterung, teils verursacht durch Unhaltbarkeit vieler seiner Theorien, teils infolge zweifelhaft ausgeführter Primär-Therapie und deren negative Folgen. *Hemminger* (1980) wurde ein besonders bekannter Kritiker der Primärtherapie. Auch innerhalb des sozialen Feldes der Psychoanalyse wurde die Methode bekämpft, unter anderen von *Ehebald* (1980) sowie von *Ehebald und Werthmann* (1982).

1.1. Praxis der Primärtherapie-Gruppen am „Primal Institute" Los Angeles 1974/75

Bei *Janov* spielt sich Primärtherapie vorwiegend in der Gruppe ab. Die Gruppen umfassen 15 bis etwa 100 Teilnehmer in einem Raum. Eine

* „Primal" als Substantiv und „primaln" als Verb wird in „Insider"-Kreisen auch innerhalb der deutschen Sprache englisch ausgesprochen! (Anm. des Hrsg.)

„primal session“ teilt sich auf in zwei Stunden „primal“ und 30 bis 60 Minuten „post-group“.
In der „*Primal-Phase*“ liegen die Patienten jeder für sich im abgedunkelten Raum. Die Patienten dürfen den jeweils von ihnen gewünschten Therapeuten wählen. Aus Therapeutenmangel kommt aber oft ein anderer, der einen gar nicht kennt. Der Therapeut bleibt oft nur wenige Minuten. Er bemerkt keineswegs immer, was beim Patienten vorgeht. So arbeitet dieser im wesentlichen für sich allein. Die Therapeuten verhalten sich teils als Gruppenleiter, teils als selbst primalnde Gruppenmitglieder.
In der anschließenden „*post-group*“ sitzen zwei Leiter an einem Tisch, während die Gruppenteilnehmer am Boden teils „primalnd“, teils redend, teils aufmerksam liegen. *Die „post-group“ dient vor allem der Verbalisierung und Verarbeitung „geprimalten“ Materials.* Die Teilnehmer formulieren was sie in der „Primal-Session“ erlebt hatten, berichten aber auch Probleme aus ihrem Leben. Übertragungen auf den Gruppenleiter und andere Personen kommen vor. Gelegentlich wurde die *Gruppe als „Zeuge“ oder „Spiegel“* genutzt. So zeigen Patienten beispielsweise ihre sado-masochistischen Werkzeuge, oder sie ziehen sich aus, um körperliche Mißbildungen zu zeigen. Gruppenleiter und Gruppe nehmen zum Gesagten Stellung soweit dies bei dem jeweiligen Informationsstand und dem ununterbrochenen „Primaln“ der Gruppenmitglieder möglich war.
Die Gruppensitzungen finden täglich statt. Einige Mitglieder kommen nach spontanem Entschluß täglich, andere nur alle paar Monate. So ist die jeweils anwesende Zahl unvorhersehbar. Zum Eintritt berechtigt eine Gruppenmarke, die zuvor paketweise im Büro gekauft wird.

1.2. Stellungnahme zu der am „Primal Institute“ 1974/75 praktizierten Primär-Therapie

Die Therapie war wenig differenziert. Die Aktivität lag überwiegend beim Patienten. Der Vorgang des „Primalns“ an sich wurde schon als heilend betrachtet. „Primaln“ als solches heilt jedoch nur selten. Es kann sogar seelische Vernarbungen „aufreißen“ und latente psychische Erkrankungen manifest werden lassen. Es führt auch nicht mit der von

Janov behaupteten Selbstverständlichkeit zur Herstellung von Gedankenverbindungen zwischen gegenwärtiger Symptomatik und deren historischen Ursachen (= „connections"). Der als „Primaln" bezeichnete Umgang mit sich selbst öffnet vielmehr gleichsam einen Schacht in die unbewußte seelische Tiefenschicht oder holt, einem „Bagger" vergleichbar, Erinnerungen, Gefühle und Phantasien aus dem Unbewußten herauf.

Am „*Primal Institute*" wurden zu wenig Verarbeitungshilfen angeboten. Viele Gruppensitzungen verliefen deshalb als *kathartische Abreaktionen.* Es kam auch zu „malignen Regressionen" (*Balint* 1968). Dies geschah deshalb, weil das Erwachsenen-Ich des Patienten durch die Therapie nicht ausreichend aktiviert wurde und weil das Arbeitsbündnis zwischen Patient und Therapeut den regressiven Vorgängen nicht als tragfähiger Gegenspieler gegenübergestellt wurde.

In den „post-group"-Sitzungen soll zwar die Erlebnisverarbeitung gefördert werden, viele Patienten äußerten sich dort aber nicht, was auch daran lag, daß die Indikation nicht mit der nötigen Sorgfalt gestellt war. Neben der „post-group" existierte meist *noch eine dritte Gruppenform, die untrennbar zur „Primär-Therapie" gehört, nämlich private Gruppenkontakte wie Wohngemeinschaften,* Familien-, Erziehung- und Arbeitsgemeinschaften unter Primärpatienten. Diese wirken sich teils stabilisierend aus, teils wurden sie zu erschreckend regressiven Abreaktionen der Mitglieder untereinander benutzt.

Trotz aller berechtigten Zweifel und Einwände bin ich nach persönlicher Erfahrung in Los Angeles der Meinung, daß die Technik des „Primalns" eine *Möglichkeit* enthält, den Patienten *Konfliktmaterial zugänglich zu machen, welches ihnen auf andere Weise unerreichbar bliebe.* Es werden seelische Veränderungen und Gesundungsprozesse in Gang gesetzt, die anders wohl kaum hätten stattfinden können (*Damm* 1978). *Deshalb wurde in Deutschland und in der Schweiz eine modifizierte Form der Primärtherapie* mit der Psychoanalyse verbunden und bei Patienten mit oft ungewöhnlichem Erfolg angewandt. Die Kombination beider Methoden bietet den Vorteil einer Koppelung sehr gegensätzlicher therapeutischer Ansätze: Widerstands- und Übertragungsanalyse fördern die regressiven Prozesse der Primärtherapie. Gleichzeitig wirken Disziplin und Bewußtheit der psychoanalytischen Arbeit der Gefahr einer Verselbständigung dynamischer Tiefenprozesse entgegen. Eine von mir entwickelte *Kombination* von *Primärtherapie* und *Psychoanalyse* stellt die „*Regressionstechnik*“ dar, bei der die Gruppe in spezifischer Weise genutzt wird, weshalb ich mich freue, daß dieses neuartige Methode hier vorgestellt werden kann.

2. Regressionstechnik in der Gruppe als spezielle Anwendung der Psychoanalyse

Neben den in der Regel einmal wöchentlich stattfindenden analytischen Einzelsitzungen findet jede Woche parallel eine *Regressionstechnik-Gruppe (R-Gruppe)* statt. Einzel- und Gruppenarbeit fügen sich gut zusammen, da bei der Regressionstechnik der einzelne in der Gruppe besonders beachtet wird.

2.1. Zum Setting der R-Gruppe

Eine Sitzung dauert insgesamt sechs Stunden. Davon entfallen drei auf die regressive Arbeit, drei auf die Durcharbeitung. Die Gruppe hat 12 Teilnehmer und zwei Therapeuten. Sie findet in einem 40 qm großen, abgedunkelten, gepolsterten und schallisoliertem Raum statt. In der Regressionsphase „primalt“ jeder Patient auf einer 2 x 1 m großen Matte für sich. Die Therapeuten gehen von einem zum anderen und bleiben beim einzelnen 20 bis 40 Minuten. In der Durcharbeitungsphase sitzen Patienten und Therapeuten im wieder erleuchteten Raum.

2.2. Beschreibung einer R-Gruppensitzung

2.2.1. Die Regressionsphase

Die Dunkelheit des Raumes, der zeitlich lange Auschluß der Außenwelt, die regressiv geladene Gesamtsituation der Gruppe und die Techniken des „Primalns“ begünstigen beim Patienten eine Änderung des normalen Bewußtseinszustandes. Als Einstiegsmöglichkeit bewähren sich *Spiel-Agieren und Rollenspiel:* Die *Kindersprache* und in der Kindheit gesprochene *Dialekte* erleichtern es. Hilfreich sind auch *Ersatzge-*

genstände an Stelle von Personen. Die Patienten ergreifen sie, streicheln etwa einen Stoffbären, stoßen ihn fort oder schlagen ihn. Sie weinen, lachen, strampeln, zittern, singen, schreien oder schlagen um sich; je nach der regressiv wiederbelebten in aller Regel traumatischen infantilen Szene.

Eine andere Ausgangstechnik setzt am Körperempfinden und Erleben an: Ein Zittern oder Kribbeln des Kinns, Muskelverkrampfungen, körperlicher Schmerz, Besonderheiten der Atmung werden zum Ausgangspunkt des „Primalns" (*Reich* 1933).

Ein *„Primal"* kann auch von *Stimmungen* ausgehen: „Lassen Sie die Leere, die Befangenheit, die Vergeblichkeit, die Sie spüren, mal wirklich kommen", sagt der Therapeut etwa in solchen Fällen. „Geben Sie den Impulsen einfach nach, die sich dann einstellen". Auch *Gefühle,* die der Patient verspürt, können als Anlaß dienen, zum Beispiel werden Angst, Wut, Schmerz, die noch ungerichtet sind und mit keiner Vorstellung verbunden, intensiv erlebt und das sich dabei einstellende Material ausgedrückt.

Ein *„Primal"* kann aber auch von einem *Traum* ausgehen und das, was latent zu diesem Traum gehört, dem Erleben und dem Ausdrucksverhalten aufschließen.

Eine andere Einstiegsmöglichkeit stellen *konkrete Alltagserlebnisse* dar: „Was möchte ich meinem Chef oder Partner jetzt sagen?" oder „Wie saß ich denn heute vor meiner Examensarbeit, als ich so unglücklich und gelähmt war?"

Damit dürfte klar geworden sein, daß der oft gebrauchte Ausdruck „Urschrei-Therapie" in hohem Maße irreführend ist. Geschrien wird selbst in der Primärtherapie *Janovs* nur manchmal.

Primärtherapie ist nicht mit der „Schreitherapie" (Casriel 1975, 1980) *zu verwechseln.* Der zentrale Unterschied besteht jedoch darin, daß *Casriel* Schreien als solches für ein Therapeuticum hält und dies sogar ritualisiert. In der Primärtherapie hingegen *kann* Schreien ein Therapeutikum darstellen. Es kann aber auch Abwehrzwecken dienen. *Therapeutikum ist also nicht das Schreien oder irgendeine andere Form des Agierens, sondern das Wiedererleben von Situationen, Ereignissen und Phantasien aus der Vergangenheit, die für den Patienten strukturierend wirksam geworden sind und deren anschließende Bearbeitung.*

2.2.2. Die Durcharbeitungsphase

Die Patienten fassen das in der Regressionsphase Erlebte in Worte. Dies fällt um so schwerer, je näher die Inhalte zum Primärprozeß gehören. Bei dem Material, welches der bewußten Person bisher unzugänglich war und nun verbalisiert werden soll, handelt es sich um Teilstücke, etwa um Sinneseindrücke oder mächtige Gefühle mit mitunter abstrusem Phantasie-Gehalt. Die Patienten sprechen oft schleppend und leise, manchmal weinend, zitternd oder schreiend. Oft finden sich kaum passende Worte. Dies gilt vor allem dann, wenn der Patient *Material aus präverbalen Entwicklungsphasen* „geprimalt“ hat. Erstschilderungen sind also oft unzusammenhängend, unvollständig und vieldeutig. Nach Annäherung der zusammengehörigen bewußten und unbewußten psychischen Anteile kommt es zu zusammenhängenden, flüssigen Beschreibungen der Auslösesituationen und -konstellationen sowie deren Ursachen und Folgen. Es liegt auf der Hand, daß zu spontan verlaufende gruppendynamische Prozesse das Verbalisieren der „Primals“ beeinträchtigen können. Deshalb ist es nicht erwünscht, daß der Patient, der gerade sein „Primal“ schildert, unterbrochen wird. Mitpatienten verhalten sich in der Regel sehr rücksichtsvoll. Sie nehmen oft erst Stellung wenn dies ausdrücklich gewünscht wird. Sie beginnen auch Schilderungen eigener „Primals“ oft mit der an den Vorgänger gerichteten Frage: „Bist Du fertig?“

3. Funktionen der Gruppe während der Regressions- und Durcharbeitungsphase

3.1. Regressionsphase

Die Funktionen der R-Gruppe für den einzelnen sind vielfältig. Entgegen der ursprünglichen Erwartung vieler Patienten fördert die Gruppensituation das „Primaln“.
Das Gruppengeschehen wirkt wie eine Art Urmeer. – Dieses poetische Wort fällt mir hier nur anstatt eines Begriffes ein. Die regressiven Prozesse mobilisieren sich oft wechselseitig immer stärker. Bei gemeinsa-

mem regressivem Verhalten werden Scham-, Angst- und Ekelschranken herabgesetzt. In Ausnahmefällen erhöhen sie sich auch, zeigen sich dann aber deutlich als Widerstände. In diesem Falle werden sie selbst zum Therapie-Inhalt.
Die *Gruppe* kann auch *als Mutter* wirken, in deren Schutz gefahrloser regrediert werden kann (*W. Schindler* 1980). Auch sind in dieser Arbeitsphase der Gruppe *„neue Mitmenschen"* vorhanden, die Hilfs-Ich-Funktion, *„Zeugen-"* und *„Spiegelfunktion"* (*Kohut* 1973, 1979) übernehmen. Im übrigen wird auf die Gruppe als Ganzes wie auf einzelne Mitglieder projiziert. Als besonders wirksam scheint mir die Auslöse-Funktion der Gruppe. Wenn ein Patient z. B. zu schreien oder zu schlagen anfängt, mobilisert er in Mitpatienten zugehörige Affekte: wer selbst Grund zum Schreien oder Schlagen hat, verspürt die eigenen Impulse deutlicher, wer Angst vor betrunkenen, schlagenden Vätern hatte, fühlt Angst und Abwehr stärker. Die Patienten handeln jedoch nicht überwiegend reaktiv; Gruppenmitglieder, die mit andersartigem Material beschäftigt sind, nehmen heftig agierende Mitpatienten meist nicht einmal wahr.

Fallbeispiel für die Auslöse-Funktion der Gruppe

Anläßlich einer Schrei- und Schlage-Szene bei einem Mitpatienten begann eine Patientin zu zittern und zu wimmern: „Hört doch auf! Hört doch auf!" Dabei erlebte sie von neuem, wie ihre erschreckend großen Eltern sich über ihren Kinderkopf hinweg anbrüllten oder der betrunkene Vater der Mutter zuschrie: „Wenn Du nicht sofort still bist, werde ich Dich am Fensterkreuz aufhängen!"

3.2. Durcharbeitungsphase

Auch in der Durcharbeitungsphase haben die Mitpatienten gegenüber dem Patienten, der sein „Primal" verbalisiert, verschiedene Funktionen: Sie haben *„Spiegel-Funktion"*, *„Verstärker-Funktion"*, die *Funktion des „wahrnehmenden Zeugen"*, der das Geschilderte quasi notariell bestätigt; anschließend kann man es weniger verdrängen, leugnen oder für ungeschehen erklären. Oft trauen Patienten ihren eigenen Gefühlen, Phantasien, Erfahrungen, Erkenntnissen erst, nachdem die Gruppe sie wahrgenommen und in ihrer vielfältigen Weise darauf reagiert hat.
Eine besonders wichtige Funktion der Gruppe in diesem Arbeitsab-

schnitt ist die der *„neuen Mitmenschen"*. Mit diesem Ausdruck sind nicht nur Hilfs-Ich-Funktionen von Mitpatienten gemeint, sondern vielfältige Funktionen, welche über Identifizierungs- und Gegenidentifizierungsvorgänge Hineinnehmen in das und Ausstoßung aus dem seelischen Gefüge ermöglichen. Auch unterstützen die „neuen Mitmenschen" in hohem Maße die kritische Wahrnehmung der Realität. Außerdem bieten sie vielfältige neue Beziehungsmöglichkeiten, wodurch sie oft zu neuen Fertigkeiten verhelfen, sich realitätsgerecht zu verhalten.
Häufig bitten die Patienten die Gruppe ausdrücklich um Stellungnahme zu ihrem Primärmaterial: nicht selten sind Fragen wie: „Findet ihr nicht auch, daß meine Eltern Recht hatten, als sie mich geschlagen haben?" oder: „Habt ihr denn wirklich auch Zärtlichkeits- oder Sexualbedürfnisse?" Die stets vielfältige, oft starke Gegensätze enthaltende Stellungnahme der Gruppe wirkt unter Umständen gewichtiger als die des Therapeuten. Dem Analytiker wird von Patienten leicht therapeutische Absicht unterstellt und deshalb seine Objektivität oder Ehrlichkeit angezweifelt.
Ferner bietet die Gruppe während der Durcharbeitungsphase viele *Projektionsmöglichkeiten,* welche Übertragungen erleichtern, für die der jeweilige Patient eine Gelegenheit braucht. Dazu folgendes *Fallbeispiel,* bei dem es dem Patienten möglich war, mit der Gruppe ein realeres Vaterbild zu gewinnen:

Eine 28jährige Patientin hatte eine ansprüchlich-destruktive Mutter und einen in seiner letzten Phase trunksüchtigen Vater. Dieser wurde von der Mutter als Wüterich und Schandfleck der Familie ständig abgewertet und endlich auch von der gesamten Umgebung völlig abgelehnt.
Die Patientin entdeckt nun in der Regressionsphase, daß sie zwar stets Angst vor des Vaters Jähzorn gehabt, er ihr aber doch mehr Liebe als die Mutter entgegengebracht hatte. Die liebevolle Bindung an den oft rührend-warmherzigen Vater hatte verdrängt werden müssen, um ein wenig Zuwendung von der sie sehr ablehnenden Mutter zu ergattern. Ohne ihr eigenes Wissen hatte die Patientin im Auftrag der Mutter gegen den Vater gekämpft und sogar während ihrer Adoleszenz daran gedacht, ihn zu erschießen. Während der regressiven Arbeit wurde ihr erstmalig bewußt, daß neben dem Vaterhaß auch Liebe zum Vater da war. Sie erlebte, daß *er* ihre eigentliche Mutterfigur gewesen war und weinte bitterlich.
In der folgenden Durcharbeitungsphase im erhellten Raum hatte die Patientin große Schwierigkeiten, den im dunkeln real erfahrenen guten Vater noch gelten zu lassen. Stammelnd, immer wieder abbrechend, berichtet sie im einzelnen, daß der Vater ihr Milch von den eigenen Kühen mit dem Fuhrwerk zur Klinik gebracht hätte, weil die Mutter sie als

Baby nicht habe stillen können; oder wie schön die Spaziergänge im Wald mit ihm gewesen wären. Sie brach erneut völlig verwirrt ab, schwieg und sagte schließlich, daß sie jetzt *gar nicht* mehr wisse, wie der Vater wirklich gewesen sei. Sie erzählt der Gruppe immer mehr Einzelheiten aus seinem Verhalten. Dann fordert sie einzelne Gruppenmitglieder auf ihr zu sagen, ob ein solcher Vater nun ein gemütskaltes Scheusal gewesen sei oder ein zwar jähzorniger, aber auch liebevoller, tatkräftiger, spontaner Vater, gequält durch eine Beißzange von Ehefrau.
Erst die vielfältigen Reaktionen der Gruppe, die sich anders als die ursprüngliche Umgebung verhielt und die positiven Seiten des Vaters sah, halfen der Patientin schließlich, daß sie wahr sein lassen konnte, was bei der Mutter nicht hatte wahr sein dürfen: liebevolle und väterliche Seiten ihres Vaters. Sie weinte zum ersten Mal über seinen Tod und schluchzte schließlich: „Zwei Sachen sind die schlimmsten: Daß ich ihm nie, nie mehr zeigen kann, daß ich ihn *doch* liebe, weil er tot ist, und daß ich meine Mutter und Geschwister nie, nie dazu werde bringen können, ihn zu sehen wie er wirklich war."
Danach gelang es der Patientin, die Beziehung zu ihrem Partner realer zu gestalten, weil sie von der Mutter induzierte Vaterprojektionen zurücknehmen konnte.

Die Vorgänge in der Durcharbeitungsphase unterstützen also die Fähigkeit zur Objektivierung der eigenen Problematik. Dies geschieht sowohl durch die Reaktion der Gruppe auf eigenes Verhalten als auch durch Erfahrung und Aufnehmen der andersartigen Eigengesetzlichkeiten der Problematik von Mitpatienten: Deutlicher als an der eigenen Person zeigt sich oft am anderen, wie stark der Druck der Konflikte, Ängste, Vorurteile und Defizienzerlebnisse das Denken, Fühlen, Wahrnehmen und Verhalten beeinflußt. So zeigt sich am Gefangensein des *andern* im Bannkreis seines neurotischen Reagierens oft erst objektivierbar und real die Gesetzlichkeit *eigener* Fehlgesteuertheit aus unbewußtpsychischen Strukturen, die aus internalisierten Objektbeziehungensresten stammen (*Kernberg* 1978, 1981).
Natürlich fehlen gruppendynamische Vorgänge nicht vollständig. Es kommt zu Externalisierungen der inneren Problematik der einzelnen Patienten. Es kommt auch zu Gruppenphantasien und gruppendynamischen Vorgängen. Wo solche auftauchen, werden sie meist – ebenso wie das übrige Material – als „*Parameter*" (*Eissler* 1953) genutzt.

4. Funktionen des Therapeuten in der R-Gruppe

In R-Gruppensitzungen sind Therapeuten oft *Übertragungsfiguren:* Positive oder negative Eltern-, Nachbarn-, Über-Ich-, Ich-Ideal- oder Trieb-Projektionsfiguren u. a. m.

Häufig dienen sie auch zur Unterstützung der kritischen Realitätswahrnehmung. Besonders leicht kann der Therapeut für die Gruppenmitglieder ein Primärobjekt werden. Im Schutz seiner „*holding function*" (*Winnicott* 1974), der neuen tragenden Beziehung, können die schlimmen alten Erlebnisse eher „geprimalt" oder auch neue korrigierende Erfahrungen gemacht werden.
Wenn Patienten fähig sind, selbstständig zu „primaln", beobachten die Therapeuten dies oft nur. Auf Wunsch des Patienten „agieren" sie aber auch manchmal mit, *ähnlich wie dies in Kinderanalysen geschieht.* Sie spielen dann die Rolle, die der Patient als Gegenspieler braucht, mitunter im Rollentausch auch seine eigene. Sie sprechen jedoch auch mit ihm über sein psychisches Material, seine Abwehr oder seine äußere und innere Situation.
Auch wenn Patienten noch nicht selbstständig „primaln" können, lassen die Therapeuten sie meist gewähren. Eventuell fragen sie nach Reaktionen auf Primär-Vorgänge in der Gruppe. Mitunter versuchen sie, mit möglichst einfühlsamen Fragen, vorsichtigem Ermuntern oder Berühren des Patienten, diesen zum „Primaln" zu aktivieren. Sie fordern vielleicht auf, Vater oder Mutter in einer bestimmten Situation nachzuahmen oder anzusprechen, und steigen dann in das Rollenspiel mit ein. Es kann auch vorkommen, daß sie mit dem Körperleben und -verhalten des Patienten arbeiten oder mit allem vorher geschilderten Einstiegsmaterial.
Grundsätzlich gilt die Devise: *So wenig therapeutische Aktivitäten wie möglich, aber auch so viel wie nötig oder förderlich.* Ganz ohne eine solche geht es in der Einleitungsphase des „Primalns" selten, da die meisten Patienten anfänglich fürchten, nicht „primaln" zu können. In der Regel sind sie beglückt, wenn erste Schritte gelingen.
Der Therapeut wirkt als wichtiger „Zeuge" für in seiner Anwesenheit „geprimaltes" Material. Wenn dem Patienten Einzelheiten des „Primals" entfallen sind, ist der Therapeut in einer Situation, als ob er einen Traumtext vollständig wüßte, von dem der Patient selbst nur Bruchstücke kennt. Solche Erinnerungslücken stellen sich oft ein, wenn das „geprimalte" Material für die psychische Balance des Patienten zu bedrohlich erscheint. Es ist jedoch eine Frage der fachgerechten Entscheidung, Amnesien bestehen zu lassen oder nicht. *Selbstverständlich gilt*

die bekannte Regel, daß zu frühes Bewußtmachen die Abwehr verstärkt. Allerdings pflegt, was bereits „geprimalt" und also unter einer gewissen Bewußtseinstrübung vom Ich zugelassen werden kann, meist von der Bewußtseinsfähigkeit nicht weit entfernt zu sein.

Im allgemeinen muß man Bewußtwerdung in *den* Fällen eher bremsen, in denen ein schwaches Abwehrgefüge einer heftigen inneren Dynamik gegenübersteht, andernfalls entstehen psychische Überflutungszustände. Es gibt jedoch Fälle, in denen das Einfügen von nicht erinnerten Primärelebnissen und eine konsequente Unterstützung der Bewußtwerdung die Therapie eher gefahrloser werden lassen und verkürzen.

Im Verlauf der Regressionsphase können sich vorübergehend leichtparanoide Zustände einstellen. Bei sachkundigem Umgang mit diesen haben wir während der nun siebenjährigen Arbeit mit R-Gruppen nie einen Patienten in eine psychotische Entwicklung abgleiten sehen. Meist sind die erwähnten leicht paranoiden Zustände nach der Durcharbeitungsphase abgeklungen. Ähnlich verhält es sich mit suizidalen Bereitschaften: Bei ausreichender Verarbeitungsfähigkeit des Patienten können diese in der Regressionsphase moblisiert werden. In der Durcharbeitungsphase gelingt es dann in der Regel, das unbewußte Anliegen zu objektivieren und sich von ihm zu distanzieren, so daß *die Gefahr suizidalen Ausagierens durch die Therapie deutlich reduziert* wird.

Zu welchen Zeiten sich der Therapeut aktiv, rein aufnehmend oder reaktiv verhält, entscheidet er aufgrund seiner Einschätzung der Situation, seiner Ausbildung und seiner mindestens zweijährigen Eigenerfahrung mit Primärtherapie. Es liegt auf der Hand, daß der Therapeut, um kritische Situationen zu beherrschen, die ablaufenden Prozesse übersehen muß, und daß Erfahrung mit Primärtherapie allein ihn hierzu nicht befähigt. Er braucht vielmehr eine umfangreiche tiefenpsychologische Gesamtausbildung. Fehlt diese, so kommt es zu Fehleinschätzungen von Behandlungssituationen oder der Indikation. Es können dann Mißerfolge oder gar Katastrophen auftreten, die zu Enttäuschung führen, wie sie zum Beispiel bei *Hemminger* ihren Niederschlag gefunden haben. Dieser hat als Nichtfachmann Primärtherapie mit Patienten ausgeübt. Nachdem er dabei eine nicht mehr behrrschbare Situation in einer Therapie erlebt hat, wandte er sich literarisch scharf und grundsätzlich gegen die gesamte Methode (*Hemminger* 1980).

Bei Ausübung dieser Therapiemethode muß der Therapeut gelegentlich dem verstärkten Sog des Unbewußten durch verstärkte Aktivität und Einflußnahme entgegentreten. Dazu noch eine Fallschilderung:

Fallbeispiel für einen Eingriff in eine gruppendynamische Episode

Zwei weibliche Gruppenmitglieder schrien sich in gegenseitiger Rivalität an, versuchten sich gegenseitig zu übertrumpfen und zu verletzen. Dabei kristallisierte sich heraus, daß es letztlich nicht um die manifesten Inhalte ging, sondern bei beiden Patientinnen um ein unbewußtes „First Lady-Problem". Dies hatte jeweils einen verschiedenen Hintergrund: Die eine Patientin kopierte ihre Mutter, eine zwanghafte „First-Lady", die andere versuchte, ihre Unwichtigkeitsgefühle durch Verkehrung ins Gegenteil zu unterdrücken.

Die Auseinandersetzung wurde vom Therapeuten aktiv unterbrochen. Er wies darauf hin, daß sie das zugrundeliegende Material bisher noch nicht „geprimalt" hätten und deshalb jetzt in der Gefahr stünden, sich gegenseitig zu mißbrauchen, indem sie es unfruchtbar ausagierten. – Eine ähnliche Vorgehensweise wandte *Janov* in der „post-group" an. Den Patienten wurde bei direktem Ausleben der Übertragungsbeziehung – oft zu sterotyp – gesagt: „Turn to the wall and tell it your daddy!" Gemeint war: ‚Mißbrauch mich nicht zur Abfuhr unbewußter Bedürfnisse, die Deinen Vater betreffen, dreh Dich zur Wand und setz Dich mit ihm „primalnd" direkt in Beziehung'.

5. Regressive Einzelarbeit

Gruppentherapie ist wesentlichstes Kernstück bei der Regressionstechnik. Für Patienten der R-Gruppe entfällt *Janovs* dreiwöchige Einzeltherapie als Eröffnungsmaßnahme. Dies geschieht aus zwei Gründen: a) Beim noch Ich-schwachen Patienten wird leicht die Verarbeitungsfähigkeit überfordert, wodurch zu viel seelisches Konflikmaterial aufsteigen kann. b) Außerdem kann eine an den Beginn gesetzte Intensiv-Phase die Abwehr für den Anfang zu stark mobiliseren. Intensive Einzeltherapie mit regressiven Mitteln findet während des Behandlungsprozesses nur bei speziellem Bedarf statt. In besonderen Fällen ist neben den Gruppensitzungen Einzeltherapie angezeigt.

Fallbeispiel zur Indikation für regressive Einzelarbeit

Ein Patient mittleren Alters litt an captativ-oral-sadistischen Störungen. Bedürfnisgesteuertes Zupacken wurde als zerstörend, sogar mörderisch erlebt. Ausfälle im Bereich von Zärtlichkeit, sexuellem Kontakt, seelischer Intimität und Selbstdurchsetzung fielen auf. Als sich während des Therapieprozesses die Ursachen der Symptomatik zu mobilieren begannen, wirkte dies für den Patienten unterschwellig so irritierend, daß er beruflichen Verpflichtungen nur noch mühsam nachkommen konnte. Um diesen Zustand rasch zu überwinden, wurde eine Woche regressiver Einzelarbeit eingeschoben, die täglich bis zu drei Stunden dauerte.
Es erwies sich, daß die Störung des Patienten entstanden war, nachdem er als Baby die Brust der Mutter blutig gebissen hatte. Er war abrupt abgestillt und danach für immer von der Mutter emotional abgeschoben worden. Der Patient, der an der Brust bloß hatte trinken wollen, erlebte sich als gefährlicher „Täter", der die eigene Mutter zerstört. Dabei spielten Projektionen unbewußter Phantasien der Mutter in das Kind eine entscheidende zusätzliche Rolle.
Bei der Einzelarbeit im Schutz der tragenden Beziehung zum Therapeuten kam das tiefunbewußte Material hoch, verbunden mit Schweißausbrüchen, Visionen von Blut, Beißen und Zerreißen, zusammen mit massiven Ängsten vor Mord, Zerstörung und entsprechenden Schuldgefühlen. Im Primärerlebnis fürchtete er, die Therapeutin umzubringen und bringt schließlich die Mutter in der Gestalt eines Ersatzobjektes um.

Durch die regressive Einzelarbeit wurde der angesichts dieses schwierigen Problems zögernd verlaufende Therapieprozeß beschleunigt. Außerdem konnte das Erleben und Verhalten des Patienten beim Aufsteigen des geschilderten Materials scharf beobachtet und genau dosiert beantwortet werden. Während der intensiven Einzelarbeit lief die Gruppe weiter. Für das Durchstehen der schwierigen, besonders frühen Objekt-Beziehungs-Problematik und deren Aufarbeitung bildete die Gruppe und die aus ihr kommende Bestätigung eine wichtige Stütze. Äußerungen wie: „Das sind Bedürfnisse, die wir auch haben!", oder: „Da muß man doch Angst kriegen!", oder: „Da kann man schon jemand umbringen wollen!" halfen dem Patienten, die „geprimalte" Realität zu glauben, für sich als evident zu erhalten und zu verarbeiten.
Nach Durcharbeitung dieses Frühtraumas und seiner Folgen war der Patient zu Bedürfnisbefriedigung und vollständiger psychosexueller Kontaktnahme fähig.

6. Spezielle Möglichkeiten der Kombination analytischer Einzelpsychotherapie mit Regressionstechnik in der Gruppe

Die in der Psychoanalyse integrierte R-Technik erschließt neue Möglichkeiten. Dies gilt vor allem für das Auffinden von *unbewußten Konflikten* oder *Defizienzerlebnissen.* Die Problematik wird dem einzelnen Patienten stärker evident. Die Einbeziehung der Regressionstechnik ermöglicht eine *vertiefte Aufarbeitung* relevanter pathogener Konflikte, die weiter reicht als in der klassischen Psychoanalyse.

6.1. Das Auffinden der unbewußten Problematik

Es gibt Behandlungsfälle, die sich wegen ihrer speziellen Thematik weniger für ausschließliche analytische Psychotherapie oder Psychoanalyse eignen, die aber auf eine parallele Anwendung von Psychoanalyse- und Regressionstechnik gut ansprechen.
Dies gilt z. B. für jene *Fälle, deren Problematik zum präverbalen Bereich gehört* und so beschaffen ist, daß sie mit anderen Mitteln schwer zu reaktualisieren ist, wie bei dem genannten Fall, der die Brust der Mutter blutig gebissen hatte. Es trifft auch für *Menschen mit ungewöhnlichen Lebensgeschichten* zu, die sich mit den bisher gewonnenen, wissenschaftlich gesicherten Modellvorstellungen schwer abbilden lassen. Auch unbewußtes Konfliktmaterial, *das sich im Übertragungsgefüge einer vorausgegangenen psychoanalytischen Einzeltherapie nur ungenügend externalisieren ließ, wird zugänglich:* Ein Patient, der sich z. B. neben einem mongoloiden Bruder als zu gut vorkam, als ungerecht vom Schicksal bevorzugt und mit unbewußten Schuldgefühlen kämpfte, erlebt in anderen Gruppenmitgliedern den behinderten Bruder. Ein anderer Fall, Kind trunksüchtiger oder schizophrener Eltern mit abartigen Phantasien und Verhaltensweisen, oder Kind seelisch verödeter oder verwahrloster Eltern, die schwere Defizienzerlebnisse verursachten, erfährt sich in der Gruppe wiederum mißhandelt. Jemand der als Kind Zeuge von Verstümmelungen; Verbrechen, Selbstmorden, Kriegsereignissen, Unfällen wurde, erkennt in der Gruppe zum ersten Mal, welche besonders tragischen Ereignisse sein Leben prägten. Men-

schen mit derartigen Sonderschicksalen können bei der geschilderten Therapiemethode Möglichkeiten finden, ihre Problematik zu externalisieren, sich selbst und dem Therapeuten begreifbar zu machen und zu verarbeiten, die sie sonst nicht hätten. Ungewöhnliche Identifizierungen oder ungewöhnliche Introjekte von Objekten nehmen im Zuge der Regression während des „Primalns" Gestalt an, besonders bei Fällen mit wenig differenzierten Erlebnisbereitschaften aus frühesten Lebensphasen (*Kernberg* 1981, *Ermann* 1982). Speziell für Patienten mit strukturellen Ich-Störungen bietet die Regressionstherpaie wesentliche Heilungschancen (*Rohde-Dachser* 1982, *Müller-Braunschweig* 1970).

6.2. *Zur Einsicht des Patienten in seine Problematik*

In der Regel werden unbewußte Fehlsteuerungen im Denken, Fühlen, Wahrnehmen, Verhalten und in der Psychosomathik nur dann aufhebbar, wenn der jeweilige Patient Einsicht in die zugrundeliegende Problematik erlangen kann. Wenn er einen Therapeuten aufsucht, sind ihm seine Symptome evident, nicht die zugrundeliegende Problematik.
Ähnlich wie in der *Spieltherapie* kleiner Kinder ergibt sich beim „Primaln" eine Ausweitung der freien Assoziation. Die Impuls-, Gefühls- und Phantasie-Ketten laufen *eigengesetzlich* in oft auch für den Therapeuten ganz unerwartete Richtungen. Durch den körperlich und emotional starken Ausdruck werden sie *wie durch ein Vergrößerungsglas* wahrgenommen. Wer eine Beziehungsperson in einem „Primal" erschlagen hat, erlebt in der Regel den Mordimpuls so evident, daß er ihn nur schwer wieder abwehren kann. Wenn anschließend die Gruppe noch Zeuge dieses Problems geworden ist, und es auch mitträgt, wird ein Wiedervergessen meist nahezu unmöglich. Die direkt folgenden Einzelstunden dienen dann der intensiven Durcharbeitung der betreffenden Impulse und ihres Umfeldes.
Nach meiner Erfahrung gehört zur vollen Einsichtnahme in die eigene Problematik als unverzichtbarer Bestandteil die *Klärung der äußeren Realität,* die seinerzeit die Fehlsteuerung im Unbewußten angeregt hat. Unsere Patienten fühlen sich häufig gedrängt, in ihrer Kindheit anwesend gewesene Personen hierzu zu befragen. Ohne Kenntnis dieser äußeren Realität fällt es bei besonders ungewöhnlicher Lebensgeschichte

den Patienten viel schwerer, sich selbst bei eigenen Reaktions- und Erlebnisweisen und deren Entstehung Glauben zu schenken, zwischen Schluß und Trugschluß unterscheiden zu lernen, so der eigenen Identität immer sicherer zu werden und schließlich eine relative Unabhängigkeit von äußeren Instanzen zu erlangen. Im Rahmen des zuletzt angedeuteten Prozesses kann es für manchen Patienten auch notwendig sein, Regungen oder Reaktionen des Therapeuten zu erfahren (*Searles* 1965, *Ermann* 1982).

6.3. Korrektur oder Besserung seelischer Störungen

Das Spektrum aufarbeitbaren Materials wird durch Einbeziehung der R-Gruppe bei vielen Patienten deutlich breiter und die Evidenz überzeugender. Die Besserungsaussichten steigen aber nicht nur, weil mehr Material ins Bewußtsein gehoben werden kann oder weil deutlichere Einsichten gewonnen werden können, die Regressionstechnik bietet selbst viel mehr auch neue zusätzliche seelische Verarbeitungsmöglichkeiten an.

Neben reifere, in der Psychoanalyse zur Verarbeitung genutzte Persönlichkeitsanteile treten archaische seelische Funktionen als offensichtlich wirksame Verarbeitungsmöglichkeiten hinzu: Symbolhandeln und -agieren, Gestikulieren, Mimik, Körperverhalten und -erleben, Körper- und Augenkontakte. Alle diese scheinen einen direkten Einfluß seelisch verändernder Art zu haben. Viele Erfahrungen legen den Schluß nahe, *daß bildhaftes und symbolisches Handeln an und für sich für die archaisch-seelische Sockelschicht bereits therapeutisch wirken kann.* Derartige Erfahrungen sind aus Kinder-Psychoanalysen ebenso bekannt wie aus dem Leben und Verhalten primitiver Völker.

Meist geht die Rückbildung der Symptome schubweise vor sich. Eine auslösende Situation oder Konstellation wird durchlebt. Der Widerholungszwang ist damit unterbrochen. Erleben und Verhalten ändern sich. Oft setzt sich der Wiederholungszwang aber wieder durch. Ein Rückfall in alte Beziehungsmuster tritt ein. Das betreffende traumatische Material wird aufs neue geprimalt. Dabei tauchen neue Aspekte auf. Neben die genannte archaische Verarbeitungsform tritt immer stärker eine andere, die das erkennende Erwachsenen-Ich betrifft. Der Patient erkennt im Rahmen des Gesamtverarbeitungsprozesse den Zusammenhang mit der Primär-Konstellation an den in seiner Lebensrealität auftauchenden Begleiterscheinungen. Je häufiger sich dies wiederholt, desto schneller und leichter lernt er, sich zu distanzieren. So erleben Patienten eine schrittweise Neuregulierung, die schließlich zur Veränderung unbewußter Regelmechanismen zu führen scheint, welche sich im Zusammenhang mit frühen Objektbeziehungen gebildet hatten. Schließlich treten die alten Gefühle und Handlungsbereitschaften nicht mehr auf. Die geschilderten Prozesse sind häufig mit vorübergehenden Identitätsverlustängsten verbunden. Diesen wirkt die Gruppe entgegen. Die Gruppe ist dann eine Art Mutterschoß, vertrauter, konstanter Umraum, aber auch neues Korrektiv. Die Wirkungen der Gruppe sind besonders wichtig, weil Patienten, die „primaln", oft vorübergehend in Gefahr geraten zu vereinsamen. Es gibt ja nur wenig Mitmenschen, die sich vorstellen können und wollen, daß jemand die Grundschicht der eigenen Psyche aufsucht und sich primärprozeßhaften Vorgängen weitgehend überläßt, um zutiefst wirksame Regelvorgänge wieder zu erleben, zu erkennen und zu verändern.

7. Schlußbemerkungen

Wie es für Psychoanalyse keine Patentlösung zur Korrektur seelischer Erkrankungen gibt, gibt es diese auch nicht für die hier vorgestellte Therapie-Kombination. Die Besserungsaussichten für manche Patienten sind jedoch insgesamt größer, speziell, wenn es sich nicht um „klassische Neurosen" handelt (*Kutter* 1979). Verschiedenartigere Störungen – vor allem auch strukturelle Ich-Störungen – sind behandelbar. Die Behandlungszeiten sind zum Teil wesentlich kürzer. Bei seelischen Erkrankungen infolge Störungen der kindlichen Frühentwicklung ergeben sich weitreichende Erlebens- und Verhaltenskorrekturen. Manche vorher therapieresistente Patienten können befriedigend therapiert werden. Es würde sich lohnen, die Wirksamkeit der Kombination durch geeignete Testuntersuchungen in regelmäßigen Zeitabständen an Patienten verschiedener Therapeuten wissenschaftlich zu überprüfen.

Die regressive Gruppenarbeit ist geeignet, Material aus schwer erreichbaren seelischen Schichten heraufzuholen. Sie bietet eine *Chance für bisher ungenutzte Verarbeitungsmöglichkeiten.* Dabei sind die geschilderten *Gruppenprozesse* für den gesamten Heilungsablauf *eine wichtige Voraussetzung.* Ohne regelmäßigen Einsatz der Einzel-Psychoanalyse würde jedoch die deutliche Darstellung oft ungewöhnlicher Objektbeziehungen während der Regressionsphasen bei hellem Tageslicht um so schneller verblassen, je unglaublicher und realitätsfremder sich diese beim „Primaln" dargestellt haben. Das Material würde entweder wieder im Unbewußten versinken oder zu Abwehrzwecken genutzt werden. Erst das psychoanalytische Durcharbeiten des „geprimalten" Materials und der zugehörigen, oft in der Übertragung externalisierten Objekt-Beziehungen, schafft – wie in vielen Kinder-Analysen – die Voraussetzung für eine dauernde Umgestaltung der Persönlichkeit. Bei unseren Patienten würde auch viel Material wieder in Vergessenheit versinken, wenn die beiden Arbeitsvorgänge nicht zeitlich parallel liefen. Manches „Material" könnte oft gar nicht erst mobilisert werden, wenn nicht Traum-, Übertragungs- und Widerstandsanalyse in Einzelsitzungen den Patienten befähigen würden, sich den befremdlichen Impulsen aus neuen Themenkreisen während der Gruppensitzungen zu überlassen. Die Chancen kombinierter Therapie werden für den Arbeitsbereich ambulanter Psychotherapie nur selten diskutiert. *Kutter* (1982) ergänzt die Gruppentherapie durch eine nachfolgende Einzeltherapie. Dies erscheint insofern naheliegend als Methoden-Kombinationen in der stationären Psychotherapie seit langer Zeit angewandt werden (*Eichinger* 1983; *Fürstenau* 1974; *Heigl-Evers* und *Heigl* 1968, 1970; *Schrode* 1981).
Vermutlich werden kombinierte Therapiemethoden im Bereich ambulanter Psychotherapie unter anderem durch die Finanzierungspraktiken seitens der Kostenträger behindert: Bei stationärer Psychotherapie werden Kosten für jeden Therapietag vergütet, wobei die therapeutischen Einzelmaßnahmen im Ermessen der Institution stehen, während in der ambulanten Psychotherapie die erbrachte Einzelleistung finanziert wird. Dabei ist Einzelpsychotherapie als Kassenleistung auf 50 Minuten beschränkt, Gruppentherapie auf 100 Minuten.
Die derzeitige Regelung schützt zwar die ambulante Psychotherapie vor

einer Überflutung durch ungeprüfte Behandlungsmethoden, sie versperrt aber auch der Einführung neuer, wirksamer Methoden durch qualifizierte Behandler den Weg. Der forschende Psychoanalytiker sollte auch im sozialen Feld ambulanter Praxis Methoden erproben und anwenden können, die den Erfordernissen schwieriger Krankheitsbilder besser gerecht werden als die traditionell anerkannten Therapiemethoden der analythischen Psychotherapie und der tiefenpsychologisch fundierten Psychotherapie.
Dazu kommt die eine Methoden-Kombination erschwerende Tatsache, daß nur wenige Therapeuten verschiedene Methoden qualifiziert handhaben können. Dabei könnte diese Schwierigkeit dadurch überwunden werden, daß in den bei Psychotherapeuten immer üblicher werdenden Gruppen-Praxen Kollegen miteinander zusammenarbeiten, die jeweils verschiedene Methoden beherrschen und dabei genug voneinander wissen, um diskussionsfähig zu sein.

8. Literaturverzeichnis

Balint, M.: Therapeutische Aspekte der Regression. Die Theorie der Grundstörung. Klett, Stuttgart 1968

Casriel, D.: Die Wiederentdeckung des Gefühls. Schreitherapie und Gruppendynamik. Goldmann Taschenbuch, München 1975

– In der Nähe des Anderen sich selbst finden. Psychologie heute, 4, 1980, S. 60

Damm, S.: Primärtherapie aus psychoanalytischer Sicht. Materialien zur Psychoanalyse und analytisch orientierten Psychotherapie. Hg. v. P. Hahn und E. Herdickerhoff, Band IV, Heft 2, 1978, S. 125–148

Ehebald, U.: Der Arzt und die Angebote des Psychomarktes. Materialien zur Psychoanalyse und analytisch orientierten Psychotherapie. Bd. VI, H. 2, 1980, S. 90–123

Ehebald, U. u. *Werthmann H.-V.:* Primärtherapie – ein klinisch bewährtes Verfahren. Zeitschrift für psychosomatische Medizin und Psychoanalyse, 28, 1982, S. 407–421

Eichinger, H.-J.: Erfahrungen mit der kombinierten Gruppen-/Einzelpsychotherapie bzw. „Conjoint“-Therapie. Gruppenpsychotherapie und Gruppendynamik, Band 18, 1983, S. 189–195

Eissler, K. R.: The Effect of the Structure of the Ego on Psychoanalytic Technique. J. Amer. Psy. Asscn., 1, 1953, S. 104–143

Ermann, M.: Zur analytischen Psychotherapie von Patienten mit strukturellen Ich-Störungen in der Gruppe. Gruppenpsychotherapie und Gruppendynamik, Band 18, 1982

Fürstenau, P.: Zur Problematik von Psychotherapiekombinationen. Gruppenpsychotherapie und Gruppendynamik, Band 8, 1974, S. 131–140

Heigl-Evers, A. u. F. Heigl: Analytische Einzel- und Gruppenpsychotherapie, Differencia specifica. Gruppenpsychotherapie und Gruppendynamik, Band 2, 1968, S. 21–52

– Gesichtspunkte zur Indikationsstellung für die kombinierte Einzel- und Gruppenpsychotherapie. Gruppenpsychotherapie und Gruppendynamik, Band 4, 1970, S. 82–89

Hemminger, H.: Flucht in die Innenwelt. Ullstein GmbH Frankfurt/M., Berlin, Wien 1980

Janov, A.: The Primal Scream. Putnams's Sons, New York 1970, dt.: Der Urschrei. Fischer, Frankfurt 1975

Kernberg, O. F.: Borderline-Störungen und pathologischer Narzißmus. Suhrkamp, Frankfurt 1978

– Objektbeziehungen und Praxis der Psychoanalyse. Klett u. Cotta, Stuttgart 1981

Kohut, H.: Narzissmus. Eine Theorie der psychoanalytischen Behandlung narzißtischer Persönlichkeitsstörungen. Suhrkamp, Frankfurt 1973

– The Restoration of the Self. Int. Univ. Press, New York, 1977. dt.: Die Heilung des Selbst. Suhrkamp, Frankfurt 1979

Kutter, P.: Psychoanalyse im Wandel. Psyche, 13, 1979, S. 385–394

– Psychoanalytic Contributions to the Understanding of the Group Process. In: The Individual and the Group, hg. v. Malcolm Pines and Lise Rafaelsen, Plenum Publishing Corporation New York & London 1982

Müller-Braunschweig, H.: Zur Genes der Ich-Störungen. Psyche, 24, 1970, S. 657–677

Reich, W.: Charakteranalye. Selbstverlag Wien, 1933. Fischer Taschenbuch 1981[6]

Rohde-Dachser, Ch.: Diagnostische und behandlungstechnische Probleme im Bereich der sogenannten Ich-Störungen. Zeitschrift für Psychotherapie und medizinische Psychologie, 32, 1982

Schindler, W.: Die analytische Gruppentherapie nach dem Familienmodell. Ernst Reinhardt, München 1980

Schrode, H.: Die Gestaltungstherapie-Gruppe als Ergänzung der stationären Langzeit-Einzeltherapie. Gruppenpsychotherapie und Gruppendynamik, Band 17, 1981, S. 77–95

Searles, H. F.: Der psychoanalytische Beitrag zur Schizophrenieforschung. Kindler, München 1965

Winnicott, D. W.: Reifungsprozesse und fördernde Umwelt, Kindler, München 1974

4. Konsequenzen der systemtheoretischen Orientierung für die psychoanalytische Gruppentherapie

Peter Fürstenau (Düsseldorf)

Am Ende ihrer instruktiven Arbeit „Konzepte der analytischen Gruppenpsychotherapie" schreibt *Annelise Heigl-Evers* (1978, S. 88) über die nächsten Forschungsaufgaben im Bereich der psychoanalytischen Gruppentherapie: „Künftige Untersuchungen sollen meines Erachtens vor allem auf eine noch schlüssigere Integration psychoanalytisch-tiefenpsychologischer und gruppendynamisch-sozialpsychologischer Konzepte und Begriffe sowie auf deren empirische Überprüfung ausgerichtet sein." Diese Anregung soll im folgenden in dem Sinne aufgegriffen werden, daß als eine für die weitere Entwicklung der psychoanalytischen Praxeologie meines Erachtens entscheidende sozialwissenschaftliche Konzeptualisierung die systemtheoretische Orientierung herausgestellt und kurz bezüglich einiger hier besonders relevanter Aspekte charakterisiert werden soll. Anschließend sollen einige Konsequenzen für die psychoanalytische Gruppentherapie diskutiert werden.

Die folgenden Ausführungen stehen im größeren Zusammenhang praxeologischer Überlegungen, die von der geringen Brauchbarkeit der überkommenen psychoanalytischen Theorie für die Steuerung psychoanalytischer Behandlungsprozesse angeregt wurden (*Fürstenau* 1979). Zunehmend hat sich in den letzten Jahren eine systemtheoretische Orientierung als für die psychoanalytische Praxeologie hilfreich erwiesen. Nach meinen eigenen Vorstellungen sind insbesondere folgende Aspekte einer systemischen Orientierung für eine Diskussion gruppentherapeutischer Probleme innerhalb der Psychoanalyse förderlich:

Erstens die zentrale Bedeutung eines Modells, genauer: eines dynamischen Strukturmodells, für eine konzeptbezogene Diskussion klinischer

Fragen und Probleme. Es handelt sich bei diesem Modell um eine Darstellung der Verlaufsdynamik gesunden wie psychisch kranken familiären Lebens unter besonderer Akzentuierung der für die Psychoanalyse entscheidenden Eltern-Kind-Beziehung. Daraus ergibt sich eine Reihe von triangulären Netzwerken, Eltern-Kind-Dreiecken mit mehrfachem Positionswechsel des einzelnen im Laufe seines Lebens. Zu dieser ersten Dimension des Modells kommt eine zweite, die sich auf die Persönlichkeitsentwicklung bezieht und den Spielraum progressiver bzw. regressiver Ausgestaltung der Persönlichkeitsstruktur jedes einzelnen betrifft. Schließlich gehört zu diesem dynamischen triangulären Netzwerk als dritte Dimension die der Funktionsaufteilung innerhalb familiärer Verbände. Die bekannteste störungsrelevante Operation in diesem Bereich ist die unbewußte Delegation. Auf eine nähere Darstellung dieses Verlaufsmodells der psychoanalytischen Praxeologie (vgl. *Fürstenau* 1983) muß an dieser Stelle verzichtet werden.
Ich komme daher gleich zu dem nächsten Gesichtspunkt: daß die psychoanalytische Therapie unter Bezugnahme auf dies Modell als eine artifizielle vorübergehende der Eltern-Kind-Beziehung analoge Beziehung eigener Art definiert ist, die die Förderung gesunder bzw. gesünderer Weiterentwicklung (im Sinne des eben skizzierten Modells) zum Ziel hat. Sie bedient sich dabei (Stichwort Übertragung) struktureller und operationaler (verfahrensmäßiger) Instrumente, die *nach Analogie derjenigen konzipiert sind, die zum psychoanalytischen Modell gehören.* Das Modell bewährt sich hier, indem es nach dem Analogieprinzip der Therapie Orientierung hinsichtlich Gestaltung und Durchführung bietet. Das bedeutet, daß das Modell gesunder Entwicklung, das heißt eine *Gesundheitskonzeption*, die psychoanalytische Therapie in vielerlei Hinsicht bestimmt und steuert. Diese Konzeption psychoanalytischer Therapie beinhaltet zugleich, daß die psychoanalytische therapeutische Beziehung eine vorübergehende räumlich-zeitliche Abgrenzung innerhalb der für Therapeut und Patientensystem gemeinsamen gesellschaftlichen Realität darstellt. Das wiederum hat zur Folge, daß die Behandlung nur als ein offenes System angesehen werden kann – im Gegensatz zu der bisher üblichen Darstellung als ein geschlossenes System (vgl. *Fürstenau* 1984). Daraus ergeben sich des näheren folgende Konsequenzen:
Hinsichtlich der rahmensetzenden (konstitutiven, strategischen) Aktivi-

tät des Psychoanalytikers: daß die psychoanalytische Behandlung als eine begrenzte vorübergehende Lebensbeziehung des Patientensystems mit dem Analytiker gemeint ist, daß der Analytiker nach seinen fachlichen Kriterien über den Rahmen der psychoanalytischen Beziehung verfügen muß und nicht der Patient (oder das Patientensystem); sonst entsteht ein veränderungsresistenter pathologischer Pakt zwischen beiden, nicht eine an Gesundung, das heißt: Veränderung orientierte Behandlung. Die rahmensetzende Funktion des Psychoanalytikers zeigt sich vor allem in der Suche nach und Entscheidung für den veränderungsoptimalen Systembezug der psychoanalytischen Beziehung, das heißt die Wahl desjenigen Behandlungsarrangements hinsichtlich Einbeziehung von Familienangehörigen, das am ehesten Zugänglichkeit des Familiensystems für Veränderung verspricht. Nach meiner Überzeugung ist die *Wahl des veränderungsoptimalen Systembezugs eine entscheidende strategische Operation* des Psychoanalytikers – eine Intervention, die auf Erfolg oder Mißerfolg der psychoanalytischen Behandlung größten Einfluß hat.

Für die Durchführung der psychoanalytischen Behandlung innerhalb des konstituierten Rahmens (die Taktik der psychoanalytischen Therapie) resultieren aus den vorhin vorgetragenen Modellüberlegungen insbesondere zwei Konsequenzen:

Für das Verstehen, die Wahrnehmungsverarbeitung des Psychoanalytikers, ergibt sich eine von der traditionellen psychoanalytischen Auffassung markant abweichende neue Formulierung: Verständnishorizont, Bezugsrahmen für die Bearbeitung und Integration der Wahrnehmungen des Psychoanalytikers (vor allem seiner Gegenübertragung) ist nicht mehr die Bewußtseinseinheit, das Ich des Patienten, wie es zuletzt *Argelander* (1979) herausgestellt hat. Der Verständnishorizont und Bezugsrahmen der Wahrnehmungsverarbeitung wird *vielmehr von dem Personenverband, dem familiären Teilsystem determiniert*, das durch den Behandlungsrahmen abgesteckt ist, wobei zusätzlich in Rechnung zu stellen ist, daß dieser ausgegrenzte Netzwerkbereich zu dem weiteren familiären und gesellschaftlichen Feld hin offen ist. Konkret klinisch heißt das, daß die einzelnen Wahrnehmungen vom Psychoanalytiker daraufhin verarbeitet werden müssen, *immer besser zu verstehen, welche Funktionen die einzelnen Personen des Patientensystems für dieses Sy-*

stem, diesen familiären Verband haben. Verständnishorizont ist also die Sinnstruktur eines Personenverbandes oder psychosozialen Systems, nicht mehr der Bezugsrahmen der klassischen deutschen Philosophie und Psychologie einschließlich der klassischen Psychoanalyse: das Bewußtsein bzw. Ich einer Einzelperson.

Hinsichtlich der Interventionsmethodik ergibt sich aus dem bisher Ausgeführten als Prinzip der Intervention: aus dem in der Interaktion mit dem Patientensystem jeweils gewonnenen *Systemverständnis* heraus so zu intervenieren, daß damit eine Veränderung des Patientensystems in Richtung auf mehr Gesundheit (im Sinne des Modells) gefördert wird. Die Interventionsmodi resultieren dabei aus den verschiedenen Momenten des vorhin geschilderten Modells und sind dementsprechend keineswegs auf einen bestimmten Interventionsmodus wie etwa die zusammenhangsaufdeckende Interpretation beschränkt. Die Interventionsmöglichkeiten ergeben sich in der jeweiligen Situation sowohl aus der Verarbeitung der Übertragungskonstellation wie aus der Einschätzung der gesunden Ressourcen des Patientensystems auf dem Hintergrund des schon gewonnenen Systemverständnisses.

Wendet man sich mit der dargestellten systemtheoretischen Orientierung der psychoanalytischen Gruppenpsychotherapie zu, dann fällt die *Sonderstellung der Gruppentherapie* sofort ins Auge: daß sie im Gegensatz zur Einzeltherapie, Paar- und Familientherapie nicht einen Ausschnitt aus dem familiären Netzwerk als Patientensystem definiert, mit einem psychoanalytischen Therapeuten in Beziehung setzt und in einem entsprechenden Behandlungsarrangement (Setting) zusammenfaßt. Vielmehr werden hier Personen, die innerhalb ihrer familiären Netzwerke unterschiedliche Positionen innehaben, *in einem künstlichen Verband zu Behandlungszwecken* versammelt, ähnlich wie in Arbeitsorganisationen, die zu Familie indifferent stehen. Das ist – vom Standpunkt des familiären Netzwerks her gesehen – eine atomistisch-additive Ausgangslage, die nur dadurch gemildert wird, daß den in dem künstlichen Behandlungssystem versammelten Patienten die Behandlungsbedürftigkeit, die Beziehung zum Therapeuten und die Zielsetzung: in ihren jeweiligen Lebensverhältnissen gesünder zu werden, gemeinsam ist.

Diese bezüglich der jeweiligen familiären Systeme atomistische Ausgangslage erklärt, weshalb die psychosozialen Störungen der Patienten

im Gruppenprozeß eine hohe Chance haben, sich zu addieren, und es häufig sehr leicht ist, den Gruppenprozeß als einen Manifestationsprozeß von Störung, die Gruppe zum Beispiel als hysterische, schizoide, psychosomatische zu beschreiben. Je kränker im Sinne einer strukturellen Ichstörung die Patienten (als einzelne gesehen) sind, desto eher liegt eine Entwicklung des Gruppenprozesses im Sinne dysfunktionaler Machtverhältnisse, psychotisch-archaischer oder anderer regressiver Mechanismen und Reaktionen nahe. Innerhalb des Behandlungssystems mag sich effektiv viel ereignen, fraglich scheint jedoch, ob die Aufarbeitung des in der Gruppe Erlebten mit der Folge einer gesünderen Bewältigung der Aufgaben und Situationen des Alltags, der eigentlichen familiären und außerfamiliären Lebensverhältnisse der einzelnen Patienten, gegenüber der Manifestation mißlingender Lebensbewältigung im Gruppenprozeß letztlich das Übergewicht gewinnt, die Patienten also gesünder werden. Dies Problem stellt sich auch dann, wenn es gelingt, innerhalb der Gruppenbehandlung selbst klinische Besserungen im Sinne gesünderer Verhaltenslösungen zu beobachten; denn der Transfer in die Situation des eigentlichen, ursprünglichen Lebensverbandes ist damit, wie wir wissen, nicht automatisch verbunden, und dies um so weniger, je strukturell kränker die Patienten (in persönlichkeitspsychologischer Beschreibung) sind bzw. waren.
Günstiger hinsichtlich Besserungs- bzw. Heilungschancen liegen die Verhältnisse natürlich dann, wenn die Patienten auf dem Hintergrund einer intakten Ichstruktur nur funktionell gestört sind. Dann folgt der *Gruppenprozeß* weitgehend dem *Modell eines emotionale Krisen überwindenden Kooperationsprozesses,* der sich in dosierter Form schrittweise psychosozialen Problemen, die in der Gruppe manifest werden, stellt und gerade aus der atomistischen Ausgangslage und Heterogenität Anstoß und Anregung erfährt. Die Patienten sind hier imstande, den Bezug zu ihren eigentlichen alltäglichen familiären und außerfamiliären Lebensverhältnissen selbst bewußt und ausdrücklich aufrechtzuerhalten. Sie verarbeiten das, was sie in der Gruppe erleben, weitgehend selbständig in Hinblick auf seinen Nutzen für ihre Alltagskonstellationen, da sie an der Aufhebung ihrer funktionellen Einschränkungen selbst stark interessiert und zu einem solchen Transfer befähigt sind.
Klinisch bedeutsamer als dieser uns auch sonst aus der psychoanalyti-

schen Therapie bekannte Spezialfall der psychoanalytisch gut behandelbaren strukturierten Patienten ist jedoch die erste Kategorie der schwerer gestörten. Hier kommt unter den geschilderten Umständen (der hohen Chance zur Manifestation von Störung, Pathologie im Gruppenprozeß) der Führung der Gruppe durch den Psychoanalytiker besondere Bedeutung zu, soll der Gruppenprozeß letztendlich zu gesünderen Lösungen im alltäglichen familiären und extrafamiliären Kontext der Patienten führen. Eine Eigentümlichkeit der gruppentherapeutischen Praxeologie ist mit diesen Verhältnissen gut erklärbar, die Tatsache nämlich, daß fast alle Gruppentherapeuten zu *Interventionstheorien* neigen, *die auf eine starke Reduktion möglicher Komplexität, auf eine ziemliche Einseitigkeit und Rigidität hinauslaufen,* indem sie zum Beispiel empfehlen, sich auf die Analyse des hic et nunc zu konzentrieren oder die Gruppe vor allem als ein Ganzes anzusprechen, oder den Gruppenmitgliedern, dem Gruppentherapeuten und der Gruppe selbst bestimmte familiäre Positionen (Geschwister, Vater, Mutter) regelhaft zuordnen oder die Forderung aufstellen, den Gruppenprozeß möglichst konstant auf einem bestimmten Regressionsniveau zu halten. Mir scheint, daß dies für die psychoanalytische Gruppentherapie typische Phänomen der starken Normierung einer bestimmten Umgangsweise damit zusammenhängt, daß die Zusammenfassung der Patienten außerhalb und unabhängig von ihren jeweiligen familiären Kontexten es nahelegt, zur Überwindung der damit verbundenen atomistischen Situation, die psychoanalytische Gruppentherapie als ein geschlossenes Verlaufssystem mit markanter Eigenkultur aufzufassen.
Diese *Tendenz zum geschlossenen System* findet sich auch in vielen nicht-psychoanalytischen Gruppenkonzeptionen. Darauf beruht weitgehend die Attraktivität von Gruppenerfahrungen für Patienten und Klienten. Gruppen versprechen intensive Erlebnisse und Erfahrungen in einem weitgehend abgeschirmten Rahmen; diese Erlebnisse haben in sich einen hohen emotionalen Wert – unabhängig von einem Transfer in die alltägliche Lebenssituation. Klinisch bedeutet das, daß die erhoffte Transferwirkung auf die normale Lebenssituation auch bei wiederholter intensiver Teilnahme an therapeutischen Gruppen keineswegs immer erreicht wird; die Teilnahme an therapeutischen Gruppen also durchaus mit einem pathologischen Lebensarrangement verträglich scheint.

Um so mehr ist unter diesen Umständen für den analytischen Gruppentherapeuten geboten, sich an einem Modell klar zu orientieren, um den *atomistisch-desintegrierenden, fragmentierenden Tendenzen* in Hinblick auf mehr Integration und Gesundheit entgegenzuwirken und die heilenden Kräfte des Gruppenarrangements für die Behandlung der Patienten wirklich nutzbar zu machen.
Gruppendynamische Erfahrungen haben mich darin bestärkt, die Funktion des Gruppentherapeuten als eine auf das „Unternehmen gesunden Lebens" zielende komplexe Tätigkeit zu sehen, die jeweils verschiedene Gesichtspunkte in der Situation frei zu integrieren hat, um die Mitglieder der Gruppe in Richtung auf mehr Gesundheit zu fördern – ein komplexes unter Bezugnahme auf Modellüberlegungen und Wertorientierungen auszuübendes „Management", nicht eine zwanghaft engen Verhaltensanweisungen folgende Arbeit.
Konzeption und Wertorientierung ergeben sich aus dem vorhin skizzierten psychoanalytischen Modell. Das bedeutet konkret, daß der analytische Gruppenpsychotherapeut stets in folgendem Spannungsfeld operiert: einem Feld, das einerseits *durch die aktuellen Vorgänge* gebildet wird, die sich *in der Gruppensituation* zwischen allen Beteiligten ereignen, andererseits *durch die aktuellen Lebensverhältnisse der Patienten* in ihren familiären Systemen und sonstigen Lebenszusammenhängen. Sowohl für die Aktualität der Gruppenvorgänge als auch für die Aktualität der außerbehandlungsmäßigen Lebensverhältnisse gilt, daß sie eine *Geschichte* haben, die in die Aktualität fördernd, aber auch störend, verwirrend hineinwirkt. Je stärker es gelingt, diese beiden Aspekte: *Hier und Dort* einerseits, *Jetzt und Damals* andererseits konkret miteinander in Beziehung zu setzten und zu bearbeiten, um so mehr kann erwartet werden, daß die *Gruppe als ein künstliches therapeutisches Medium* wirklich der weiteren Entwicklung der Patienten in ihren jeweiligen familiären und außerfamiliären Lebensbezügen dient. Das setzt jedoch eine ständige Bemühung des Therapeuten um klare Erfassung nicht nur der behandlungssystemimmanenten Gruppenvorgänge, sondern auch der behandlungstranszendenten Lebensumstände und Lebensbezüge der einzelnen Gruppenmitglieder voraus, deren Förderung ja letztendlich Ziel der Therapie ist. Dies gilt um so mehr, wenn die Gruppentherapie mit einer vorübergehenden Entfernung der Patienten

vom üblichen Milieu verbunden ist, wenn es sich um eine *Gruppentherapie in institutionellem Kontext* handelt. Wird der Bezug zu den eigentlichen Lebensverhältnissen der Patienten nicht schon während der stationären Gruppentherapie *kontinuierlich und konkret* hergestellt und verfolgt, kann nicht erwartet werden, daß ein etwa während des Klinikaufenhaltes erzielter Behandlungserfolg nach Rückkehr in die familiären und Arbeitszusammenhänge stabil bleibt, und zwar unabhängig davon, ob eine angemessene, das heißt systembezogene ambulante Nachbehandlung erfolgt oder nicht.
Es gibt viele Gründe, weshalb Gruppentherapie auch innerhalb der Psychoanalyse in den letzten Jahrzehnten große Verbreitung gefunden hat. Unsere Tendenz, eine weite Indikation für psychoanalytische Gruppentherapie zu stellen, sollte uns jedoch nicht dazu verführen zu meinen, wir könnten auf eine ausdrückliche und sorgfältige Überlegung darüber verzichten, wie wir möglichst sicherstellen können, daß in der Gruppentherapie nicht nur Dynamik entsteht, sondern eine solche in der richtigen Richtung.

Literatur

Argelander, H.: Die kognitive Organisation psychischen Geschehens; ein Versuch zur Systematisierung der kognitiven Organisation in der Psychoanalyse, Klett-Cotta, Stuttgart 1979

Fürstenau, P.: Zur Theorie psychoanalytischer Praxis. Klett-Cotta, Stuttgart 1979

Fürstenau, P.: Paradigmawechsel in der Psychoanalyse (angesichts der strukturellen Ich-Störungen). In: H. H. Studt (Hg.), Psychosomatik in Forschung und Praxis. Urban & Schwarzenberg, München, Wien 1983

Fürstanau, P.: Der Psychoanalytiker als systematisch arbeitender Therapeut. Familiendynamik 9, S. 166–176, 1984

Heigl-Evers, A.: Konzepte der analytischen Gruppenpsychotherapie. Vandenhoeck & Ruprecht, 2. Aufl. Göttingen 1978

Personenverzeichnis

Sachverzeichnis

J. Cremerius: Vom Handwerk des Psychoanalytikers: Das Werkzeug der psychoanalytischen Technik

problemata 101 und 102. 1984. Zus. 448 S.

Die in diesem Band versammelten Aufsätze sind aus der Erfahrung der psychoanalytischen Praxis heraus geschrieben. Sie berichten vom Handwerk des Analytikers. Demzufolge handeln sie alle von der psychoanalytischen Behandlungsmethode, und zwar von ihrer Theorie wie von ihrer Praxeologie. – Die theoretische Position des Verfassers ruht auf den Grundansichten Freuds und erhielt wesentliche Impulse von Sándor Ferenczi und Michael Balint. Das bedeutet die Verschiebung des Akzentes von der objektivierenden Arbeit am Material zu einer Arbeit an der Interaktion, d. i. der Übertragungs-Gegenübertragungs-Dynamik. Indem das Augenmerk vor allem auf Interaktion gerichtet wird, erweisen sich gewisse Begriffe der Freudschen Theorie als revisionsbedürftig, so z. B. die Begriffe Übertragung, Durcharbeiten, Phantasie, Abwehrmechanismus und Abstinenz. Kritische Revisionen der psychoanalytischen Technik erfordern auch die Auseinandersetzung mit den Freudschen Paradigmata.

A. L. Kadis et al.: Praktikum der Gruppenpsychotherapie

Nach der 2. amerikanischen Aufl. übersetzt von H. Lobner, ergänzt und herausgegeben von P. Kutter. – problemata 90. 1982. 320 S.

„Insgesamt liegt eine ausgezeichnete Übersicht über Ansätze, Formen und Inhalte analytisch orientierter Gruppenpsychotherapie vor, die auch die Nachbarschaft und Abgrenzung zu/von anderen Gruppenpsychotherapien darstellt. Es scheint mir gerade für die Praxis und Ausbildung an psychiatrischen Institutionen eine nützliche Arbeitshilfe.“ *Psychiatrische Praxis*

K. A. Menninger / Ph. S. Holzman: Theorie der psychoanalytischen Technik

Aus dem Amerikanischen übersetzt von I. John, beraten von F.-W. Eickhoff. – problemata 52. 1977. 235 S.

„Das Buch ist für Studenten geschrieben, die mit der psychoanalytischen Ausbildung beginnen. Es hat propädeutischen Charakter. Dadurch, daß es sich auf das Grundsätzliche in der Darstellung der Theorie der Therapie beschränkt, bleibt der Stoff überschaubar, kann als ein Ganzes aufgenommen werden. So ist das Buch didaktisch geschickt in die großen Gebiete der Technik gegliedert, die in knappen Kapiteln sehr praxisnah dargestellt werden ... Ein empfehlenswertes Lehrbuch!“ *Psyche*